독일의 이해

독일의 이해

이관우 지음

우물이 있는 집

책머리에

독일은 우리의 우방이면서 무엇보다도 분단국으로서 우리와 비슷한 환경을 지켜왔기 때문에 우리에게 특별한 관심의 대상이 되어 왔다. 이제 독일은 통일 초기의 혼란을 극복하고 굳건한 성장의 토대 위에서 선진대국의 길을 걷고 있다.

우리보다 앞서 통일과정을 걸어온 독일로부터 우리는 통일한국을 위한 본보기를 찾을 수도 있고, 과거 독일의 시행착오들은 우리의 민주복지국가 건설에 있어 필요한 각성제가 될 수도 있다. 이것은 독일과 독일의 사회 및 문화를 정확히 이해하는 것을 전제로 한다.

이 책은 독일을 다방면에서 포괄적으로 이해하는 데 도움이 되고자 쓰였다. 이 책에서는 독일이라는 나라가 형성되어 오늘날에 이르기까지의 역사적 발전과정과 총체적인 삶의 양태로서의 문화현상이 기술되어 있다. 그러나 이 책에서 주로 다룬 것은 역사보다는 문화이다. 또한 문화를 이루어나가는 토대이며 주체가 되는 땅과 사람, 즉 국토와 국민에 대해서도 설명하고 있다.

흔히 우리가 말하는 문화는 주로 정신적이며 예술적인 분야에 국한되곤 하지만 이 책에서는 좀 더 포괄적인 의미의 문화를 상정하여 예술과 학문의 독자적인 영역만이 아닌 경제적·사회적·정치적 과정 속의 모든 인간활동으로서의 문화를 다루었다. 따라서 이 책에서는 물질적 삶을 촉진하고 정신적·도덕적 삶을 표현하는 폭넓은 영역을 문화의 대상으로 삼았다.

그리하여 이 책은 정치, 외교, 경제, 사회, 교육, 문화예술, 현대적인 삶 등을 한데 아울러 설명하고 있다. 그러므로 독일이라는 나라의 역사와 국토와 국민과 문화를 깊이 있게 탐구하기에 앞서 폭넓게 이해하는 데에 비중을 두고 있다.

독일을 모든 분야에 걸쳐 포괄적으로 설명해놓은 책을 쉽게 접할 수 없는 상황에서 이 책은 독일과 독일국민의 삶을 널리 이해하는 데 작은 길잡이가 되리라 믿는다. 무엇보다 이 책은 독일문화를 알고자 하는 대학생들의 교양 및 전공교재로서의 활용가치가 있을 것이며, 독일과 유럽의 문화에 관심이 있는 일반 독자들에게 교양서로서의 역할도 할 수 있으리라 생각한다.

아무쪼록 이 책이 독일에 관심이 있는 모든 독자들에게 조금이나마 도움이 되기를 기대한다.

2015. 2. 이관우

차례

I. 역사

　19세기까지도 사람들은 독일의 역사가 서기 9년에 시작되었다는 것을 정설로 믿었다. 그해에 고대 게르만 종족인 케르스쿠 족의 지도자 아르미니우스Arminius(B.C. 17~ A.D. 21)*가 토이트부르거발트 전투를 통해 세

---

* 아르미니우스는 게르만의 일족인 케르스쿠 족의 족장의 아들로 태어나 어려서 로마군에 끌려가 로마 시민권을 얻어 기사계급에까지 오르면서 로마군의 전술을 터득하고 로마군의 강점과 약점을 파악한 후 다시 고국 게르마니아로 돌아오게 된다. 그는 게르만족의 왕국을 세워 왕이 될 야심을 지니고 있었기에 그를 시기하고 두려워한 친척들과 갈등을 빚기도 했다. 그 무렵 로마의 아우구스투스 황제는 라인 강을 넘어 엘베 강 연안까지 이르는 게르마니아 영토를 지배하고자 바루스를 총독으로 파견한다. 바루스는 금의 생산량이 크게 부족한 게르만 부족에게서 세금을 금으로만 거두고 로마의 자민족 우월주의 등을 내세워 게르만인의 감정과 성격을 무시한 채 게르마니아를 무리하게 로마식으로 개조하여 예속시키려 한다. 또한 바루스는 아르미니우스의 군사적 능력을 포함한 전체적인 능력을 인정하고 그를 신임하기는 했지만 아르미니우스를 도시의 치안관 정도로만 생각하고 지휘관 같은 중책은 맡기지 않는 등 홀대한다. 그리하여 아르미니우스는 바루스에게 적개심을 품고 당초 로마와 협력하여 그 힘을 빌려 자신이 게르만족의 왕이 되려던 계획을 수정하여 서기 9년에 자신을 따르는 게르만족으로 군대를 구성하여 속임수로 바루스를 전장으로 불러낸 후 토이트부르거발트 전투에서 로마군을 격파했다. 그는 서기 21년 그가 게르만족의 왕이 될 것을 두려워 한 친척들에 의해 죽었는데, 독살이라는 설과 자객의 칼에 찔려 죽었다는 설이 있다. 아내 투스넬다는 이후 로마에 포로로 잡혔고 로마에서 그의 아들 투멜리쿠스를 낳았다. 아르미니우스를 게르만족의 민족적 영웅으로 평가하는 시각은 19세기 후반에 절정에 이르렀다. 이는 그를 "두말할 나위 없는 게르만의 해방자 liberator haud dubie Germaniae"로 표현한 타키투스의 평가에 힘입은 것이었다. 그러나 아르미니우스가 살았던 시대에는 통일된 하나의 게르만국가, 즉 독일이라는 개념은 아예 존재하지 않았으므로 오늘날에는 그를 독일 역사의 시발점으로

개의 로마지역을 점령했던 것이다. 그리하여 아르미니우스는 독일 최초의 국가영웅으로 인정받았다. 1838년부터 1875년 사이에는 데트몰트 인근에 그의 거대한 기념상이 세워졌다. 그러나 오늘날에는 독일 역사의 시점을 더 이상 그렇게 간단하게 보지 않는다. 독일 민족의 형성은 수 세기 동안 계속된 하나의 과정이었다.

독일은 자유로운 민주주의와 능률적인 의회체제에 이르는 동안 수많은 역사적 우여곡절을 겪었다. 즉 독일은 근대초기의 소국가로부터 3월혁명*의 무산과 바이마르공화국을 거쳐 국가사회주의에 의한 반역사적 모험을 거쳐 왔다.

19세기 이후 중심적 개념이었던 통일과 자유는 2차 세계대전 후 분단 기간 동안에도 독일인들의 마음을 흔들었다. 1990년 재통일과 함께 비로소 '독일문제'는 해결되었다.

보는 시각은 크게 설득력을 얻지 못하고 있다.

* 1848년 3월 13일 반동적인 '빈체제'의 중심지 오스트리아의 수도 빈에서 민주주의를 요구하는 시민폭동이 일어났는데, 이것이 이른바 독일 3월혁명의 발단이었다. 2월에 발발한 프랑스 2월혁명에 영향 받아 일어난 이 시민봉기는 오스트리아를 중심으로 한 독일 전역으로 파급돼 독일 3월혁명의 기폭제가 됐다. 사태를 수습하지 못한 재상 메테르니히는 런던으로 망명했고, 황제는 출판의 자유를 인정하고 헌법제정을 약속해야 했다. 혁명의 영향으로 오스트리아제국 영역 안에 있던 헝가리, 체코, 북이탈리아 등지에서도 민족주의운동이 일기 시작했다. 오스트리아와 함께 유럽의 또 다른 축을 이루고 있던 프로이센의 수도 베를린에서도 3월 18일 혁명이 발발, 국왕은 자유주의적 내각구성을 허락하고 헌법 제정과 의회 소집을 약속했다. 그러나 독일 통일의 범위를 놓고 오스트리아 중심의 대독일주의와 프로이센 중심의 소독일주의로 분열하는 동안 수구파에 의한 반혁명이 진행돼 6월에는 체코와 북이탈리아의 민족운동이 진압됐고, 10월에는 빈에서도 혁명세력이 와해됨으로써 혁명은 실패했다.

1. 중세부터 1945년까지

독일은 역사상 매우 오랜 동안 통일국가가 아니라 '독일민족의 신성로마제국'의 틀 속에 있는 많은 영방국가들의 느슨한 결합체로 존재해 왔다. 오랜 세월이 흐른 후 마침내 1871년에야 비로소 독일제국이 성립되었다.

'도이치deutsch'라는 어휘는 8세기에 처음 등장했다. 이것은 프랑크제국Frankenreich의 동쪽 지역에서 사용되는, 교양어인 라틴어와 다른 토속적인 민중언어를 의미했다. 샤를마뉴(별칭 카를 대제)의 죽음(814) 후 프랑크제국은 언어경계선을 따라, 즉 중세초기프랑스어를 사용하는 서쪽지역과 신고독일어를 사용하는 동쪽지역으로 분열되었다. 점차 동쪽 거주자들에게서 공속감이 형성되었고, 독일어가 사용되는 이 지역에서는 '독일Deutschland'이라는 나라가 이루어졌다. 서쪽 경계선이 일찍이 확정된 반면 동쪽 거주지는 14세기에야 비로소 공고화되었다. 그 후 독일민족과 슬라브족과의 잦은 간섭과 분쟁으로 인한 유동적인 국경상태는 2차 세계대전 때까지 계속되었다.

(1) 중세

콘라트 1세의 즉위(911)는 동프랑크 제국으로부터 독일제국으로의 이행으로 인정된다. 그러나 왕의 공식적인 칭호는 콘라트의 가계혈통에 따라 처음에는 '프랑크 왕'이었다가 나중에야 '로마 왕'이 되었다. 제국은 11

세기 이후 '로마제국'으로, 13세기 이후에는 '신성로마제국'*으로 불렸고, 15세기에 '독일'이란 말이 덧붙여진 '신성로마제국 독일'로 불렸다. 이 제국에서 왕은 상류 귀족에 의해 선출되었다. 왕은 예외적인 경우를 제외하고는 선왕과 혈족관계에 있었다. 중세의 제국은 고정된 수도가 존재하지 않았으며, 왕은 거처를 옮기며 통치했다. 제국의 세금은 존재하지 않았고, 왕은 신탁하여 다스리던 '제국토지'로부터 재원을 대부분 조달받았다. 왕은 전승되어온 부족법전과 거대 부족장들의 지지를 토대로 지배자로 인정되었고, 독자적인 입법권, 과세권, 군대통수권과 함께 교회의 최고권위를 부여받았다. 동시에 왕은 평화유지를 위한 최고기관으로 존재했다.

오토 1세는 962년에 로마에서 황제로 임명되었다. 그의 후계자들에게도 이어진 이 황제권은 전체 유럽에 대한 지배권을 의미했다. 그러나 이념과 현실 사이에는 큰 괴리가 있었다. 왕들은 매번 대관을 받기 위해 로마의 교황에게 가야 했으며, 이 때문에 교황이 거머쥐고 있던 지배권에도 큰 관심을 보여 교황과 갈등을 빚곤 했다. 하인리히 4세는 교황에 대한 독일 황제의 확실한 우위를 더 이상 지키지 못했다. 주교 서임권을 둘러싼 투쟁은 1077년 교황 그레고르 7세에 대한 하인리히 4세의 카노사의 굴욕**으로 끝났다. 그 후부터 교황과 황제는 동등한 지위로 대립하게

---

* 962년 오토 1세 황제 대관과 함께 동프랑크 제국으로부터 탄생한 제국은 1254년 '신성로마제국'이라는 공식 명칭을 갖게 되었다. '신성로마제국'은 한편으로는 고대 '로마제국'을 잇는 통치권을 표현한 것이며, 다른 한편으로는 황제의 종교적 역할을 나타낸 것이다. 제국은 1806년 라인동맹이 조직된 직후 합스부르크의 프란츠 2세가 나폴레옹의 요구에 따라 퇴위할 때까지 800년 이상 존속했다.

** 주교 서임권을 둘러싸고 교황과 황제간의 투쟁에서 비롯된 사건으로 교황권의 절정을 상징한다. 교황 그레고르 7세에게서 파문당한 신성로마제국 황제 하인리히 4세는 1077년 북이탈리아의 카노사 성 밖의 눈 속에 3일간 서서 사면을 받았다고 전해진다. 교황은 이로 인해 독일 제후와 동맹할 수 있는 호기를 놓치게 되어 이 사건은 실리 면에서 황제의 정치적 승리로 평가되고 있다.

되었다. 이어진 슈타우프 왕조에서는 표면적으로는 권력을 장악한 듯 보였지만 영토의 분열이 시작되었고, 종교적이면서 세속적인 영주들은 절반의 황제권을 가진 '영방제후'가 되었다. 서유럽의 다른 나라들에서 민족국가들이 이루어지는 동안 독일에서는 온갖 세력들이 권력투쟁을 벌이고 있었던 것이다. 이것이 바로 독일인들이 수 세기에 걸쳐 뒤늦은 민족국가를 세우게 된 근원이었다.

(2) 중세 후기와 근세 초기

카를 4세는 1356년 '황금칙서'로 일종의 제국헌법을 만들었다. 여기에서는 7명의 영향력 있는 영주들인 선제후들이 무엇보다도 국왕 선출의 최종적인 권리를 부여받았다. 이로써 영방세력을 토대로 한 제국의 제도 개편이 완료되었다.

군소 백작들과 귀족들과 기사들이 점차 세력을 잃어가는 동안 도시들의 경제적 힘은 커져갔다. 도시들은 영방군주에 대항하여 신분세력을 형성했다. 도시들은 동맹을 맺어 결합함으로써 더 막강해졌는데, 북해 연안도시들이 뤼베크를 중심으로 한자동맹을 결성함으로써 내륙무역이 활기를 띠었다.

교황으로부터 대관을 받지 않은 최초의 황제인 막시밀리안 1세는 1495년 제국개혁을 통해 제국의회, 제국정부, 제국대심원을 둔 새로운 형식상의 국가체제를 구축했다. 그러나 내용면에서 제국의 활성화는 이루어지지 않았다. 본래 의도와는 달리 '황제와 제국'이라는 이원체제가 발전했던 것이다. 제국의 우두머리인 황제 앞에 제국의 모든 계층들인 선제후, 제후, 도시들이 맞서게 되었다. 황제들은 자신들을 선출할 때 적용한 '협약들'에 의해 위축되었고, 그들의 지위는 점점 더 약화되어갔다. 이와 동시에 유력한 영주들의 영향력은 커져갔다.

그러나 제국동맹은 계속 유지되었다. 그 속에서 도시들은 중요한 경제적 중심지가 되었다. 직물공업과 광업 위주의 경제형태는 수공업자들의 조합체제를 뛰어넘어 원거리 무역과 같은 초기 자본주의적 특성을 띠었다.

이와 동시에 르네상스와 휴머니즘의 영향으로 비판적 정신이 일깨워졌는데, 이 정신은 무엇보다도 교회의 폐해에 대해 반기를 들었다. 교회

1512년의 신성로마제국 독일 영토

에 대한 만성화된 불만은 무엇보다도 1517년 마르틴 루터Martin Luther의 등장에 의하여 급속히 확산된 종교개혁 속에서 폭발되었다. 종교개혁운동은 1517년 10월 31일 오랜 가톨릭교회의 폐해에 반발하는 루터의 95개 조항의 발표로 시작되었다. 이 운동의 목표는 교회의 교리를 복음에서 표명된 신앙의 진리 속으로 되돌리는 것이었다. 결과는 종교적인 영역을 뛰어넘어 널리 확산되어 전체 사회체계가 개혁운동 속에 빨려 들었다. 사회적 불안을 느낀 제국기사들이 반란을 일으키고, 농민들의 불만은 1525년 농민전쟁으로 폭발했다. 농민전쟁은 독일 역사상 최초의 대규모 혁명운동이었지만 유혈진압 되었다.

(3) 종교분열의 시기

종교개혁의 덕을 본 것은 주로 지방제후들이었다. 가톨릭교와 신교 간의 투쟁 후 그들은 1555년 아우크스부르크 종교평화협정*에서 종교를 그들의 예속 아래 통제할 수 있는 권리를 얻었다.

신교는 가톨릭과 동등한 가치를 인정받게 되었다. 이로써 독일의 종

---

* 독일에서 가톨릭교뿐만 아니라 신교인 루터교도 존속할 수 있도록 한 최초의 항구적인 법률적 기초로 1555년 이전에 아우크스부르크에서 소집된 신성로마제국 의회가 1555년 9월 25일자로 공표했다. 제국의회는 앞으로 제국의 신민은 종교적 이유 때문에 다른 신민들과 전쟁을 벌여서는 안 되며, 교파들이 평화적으로 다시 통합될 때까지 이 평화협정은 유효하다고 결정했다. 교파로 인정된 것은 로마 가톨릭교도들과 아우크스부르크 신앙고백의 지지자들인 루터교도들뿐이었다. 게다가 제국의 각 영지에서는 한 교파만 인정되었기 때문에 영주가 한 교파를 선택하면 그 신민들은 의무적으로 그 교파를 따라야 했다. 다른 교파를 따르는 사람은 재산을 처분하고 그 교파를 인정하는 영지로 옮겨갈 수 있었다. 이미 몇 년 전에 종교적 동질성을 잃어버린 제국의 자유도시들은 이 일반결정에서 제외되어 여러 자유도시에 사는 루터교 시민들과 가톨릭 시민들은 각자 원하는 대로 자유롭게 종교생활을 했다. 몇 가지 결점이 있었음에도 불구하고 아우크스부르크 종교평화협정은 50년 이상 계속된 심각한 종파 간 갈등으로부터 제국을 건져냈다.

교 분열이 필연적으로 예고되었다. 종교개혁 시기에 황제 자리에는 카알 5세(1519~1556)가 앉아 있었는데, 그는 세습에 의해 카알 대제 이래 가장 큰 세계제국의 지배자가 되어 있었다. 그는 자신의 세계정치에 대한 관심에 따라 독일에서 완벽한 지위를 얻기 위해 지나친 요구를 했다. 그의 퇴위 후 이 세계제국은 계속하여 분열의 길을 걸었다. 한쪽에서는 독일 민족의 신성로마제국의 틀 안에서 독일 영방국가들이, 다른 쪽에서는 서유럽의 민족국가들이 16세기 후반 유럽의 국가체제를 이루었다.

아우크스부르크 종교평화협정 당시에 독일은 전체의 4/5가 신교 지역이었다. 그러나 종교 간의 분쟁은 그것으로 끝난 것이 아니었다. 그 이후 수십 년 동안에 가톨릭교회는 반종교개혁을 통해 많은 지역들을 되찾았다. 종교 간의 갈등은 첨예화되어 신교연맹(1608)과 가톨릭연합(1609)과 같은 종교단체의 성립을 가져 왔다. 급기야 보헤미아에서의 지역적 갈등이 30년전쟁을 초래했다. 이 전쟁은 해가 감에 따라 유럽의 대결로 확산되었고, 거기에서는 종교적인 대립과 함께 정치적인 대립들이 충돌했다. 그에 따라 1618년에서 1648년 사이의 이 유럽의 분쟁은 독일의 많은 지역들을 피로 물들이면서 국토를 황폐화시키고 주민을 말살했다. 독일 인구는 1,800만에서 700만으로 감소했고, 경제활동과 상업활동은 마비상태에 이르렀다.

1648년의 베스트팔렌 평화조약은 프랑스와 스웨덴에 대한 영토할양을 가져 왔고, 스위스와 네덜란드의 제국연방으로부터의 분리를 확정했다. 협정은 제국의회 의원들에게 종교적이며 세속적인 사안들에 있어서의 모든 본질적인 귀족의 권리를 보장했고, 그들에게 외국의 동반자들과의 동맹을 결성하는 것을 허용했다.

(4) 절대주의 시기

그 후 프랑스의 절대주의가 독일의 각 영방국가들의 궁정에 강한 영향을 미쳤다. 거의 무제한의 권력을 지닌 영방제후들에게는 엄격한 행정, 체계적인 재정운영, 상비군의 배치가 허용되었다. 많은 제후들은 그들의 거주지역을 문화적 중심지로 만들고자 하는 욕심을 갖고 있었으며, '계몽적 절대주의aufgeklärte Absolutismus' 속에서 학문과 함께 어느 정도는 비판적 사고 또한 촉진시켰다. 중상주의Merkantilismus의 경제정책은 절대적으로 통치되는 국가들을 역시 경제적으로 강화시켰다. 그리하여 바이에른, 브란덴부르크(후일의 프로이센), 작센, 하노버와 같은 영방들은 독자적인 세력 중심지가 되었다.

오스트리아는 침공해오는 터키를 막아내고, 헝가리와 발칸지역의 일부를 획득함으로써 거대세력으로 부상했다. 아울러 프로이센도 프리드리히 빌헬름 1세와 프리드리히 대왕 치하에서 똑같이 군사적 강국으로 성장함으로써 18세기 독일에는 이 양대 강국이 형성되었다. 이 두 나라는 유럽의 강국정책을 추구하며 서로 경쟁적 이익을 꾀해 나갔다.

(5) 프랑스혁명

제국을 붕괴시킨 사건은 서쪽에서 닥쳐왔다. 1789년 프랑스에서 혁명이 일어났던 것이다. 프로이센과 오스트리아는 혁명으로 무너져 내리는 프랑스의 봉건적 사회체제를 지키기 위해 일치되어 인접국 프랑스의 혼란에 무력으로 개입했다. 그러나 자유, 평등, 인권, 삼권분립의 정신은 혁명의 역동성을 부추겼다. 사명감에 불타는 프랑스 혁명군은 동쪽 나라에서의 개입시도를 방어하는 데에서 나아가 역습을 하기에 이르렀다. 제국은 마침내 붕괴되었다. 라인 강 좌측은 프랑스에 의해 점령되었고, 그 밖의 지역은 새로이 분할되어 중부지역 국가들의 세력이 강화되었다. 프랑스의 보호령 아래 이들 대부분의 국가들이 포함된 '라인동맹'*이 결성되었고, 1806년 프란츠 2세 황제의 퇴위로 독일 민족의 신성로마제국은 공식적으로 막을 내렸다.

그러나 혁명의 불꽃은 독일로 번지지는 않았다. 물론 독일에서는 이미 지난 수 년 동안 계속하여 개인의 독자적 성향들이 귀족과 시민 사이의 경계를 극복하고자 시도해 왔으며, 식자층에서는 서쪽에서의 몰락을 새로운 시대의 태동으로 환영했다. 그러나 독일에서의 그러한 움직임이 확산되는 데에는 어려움이 있었는데, 중앙집중적으로 이끌어지는 프랑스와는 반대로 제국의 봉건적 구조가 새로운 이념들의 확산을 저해했기 때문이다. 게다가 바로 혁명의 본거지인 프랑스가 독일인을 점령세력으로 적대시하고 있었던 것이다. 나폴레옹과의 전쟁에 의해 독일의 새로운 국민적 운동이 훨씬 더 확산되었으며 마침내는 해방전쟁**에서 그 정점을 이루었다. 독일은 사회적 변화들로부터 영향 받지 않고 존속했다. 처음에는 라인동맹국들에서, 그 후 프로이센(여기에는 슈타인, 하르덴베르크,

---

* 1806년 나폴레옹의 후원으로 조직된 남서독일 16개국의 동맹으로 라인연방이라고도 한다. 가맹국은 각각 주권을 주장하고 독일제국으로부터의 탈퇴를 선언했기 때문에 8월 6일 프란츠 2세는 제위에서 물러나고 신성로마제국은 역사의 막을 내렸다. 이 동맹은 나폴레옹의 원정에 많은 원군을 제공했으며, 잘게 갈라져 있던 독일의 국토를 정리하는 데 도움이 되었다. 끝까지 가맹하지 않은 나라는 오스트리아, 프로이센, 브라운슈바이크, 헤센뿐이었는데 이 동맹은 1813년의 해방전쟁에서 나폴레옹이 패배하자 해체되었다.

** 1812년 나폴레옹 1세의 프랑스군이 러시아 원정에서 좌절된 이래 프로이센을 중심으로 유럽 여러 나라가 동맹하여 나폴레옹체제를 타파한 전쟁. 나폴레옹의 모스크바 철수를 계기로 러시아와 동맹을 맺은 프로이센은 1813년 3월 프랑스에 선전포고를 했으며 잇따라 오스트리아, 바이에른, 스웨덴이 동맹에 가담하였고 마침내 1814년 3월 동맹군의 파리 진격으로 나폴레옹은 스스로 퇴위했다.

샤른호르스트, 훔볼트 등이 동맹을 이룸)에서 개혁이 이끌어져 마침내 봉건적 제약들이 무너지고 예속의 지양, 생업활동의 자유, 도시의 자치, 법 앞에서의 평등, 공통적 국방의무 등을 토대로 한 자유로운, 책임을 지는 시민적 사회가 창출되었다. 물론 많은 개혁사항들은 불완전한 상태에 머물렀다. 입법에의 참여는 시민들에게는 대부분 배제되었고, 단지 남부독일에서 일부 제후들만이 그들의 국가들에서 점차적으로 헌법을 준수했다.

(6) 독일동맹과 1848년의 혁명

많은 독일인들에게서 프랑스군의 침공에 맞서 나폴레옹을 격퇴하고 독자적인 민족국가를 세우고자 하는 갈망이 고조되었다. 그러나 유럽의 새로운 질서를 정한 1815년의 빈회의*에서 나온 것은 독일동맹 뿐이었다. 독일동맹은 주권을 지닌 개별 국가들의 느슨한 결합체로 프랑크푸르트에 공동의 기구인 연방의회를 두었는데, 이는 선거에 의해 선출된 의원들이 아닌 각 나라의 사절들로 이루어진 회의체였다.

독일동맹은 양대 세력인 프로이센과 오스트리아가 합의할 경우에만 효력을 발휘할 수 있었다. 이후 수십 년 동안 독일동맹은 통일과 자유를 향한 온갖 노력들을 억압하는 것을 그 주된 과제로 삼았다. 언론과 출판은 엄격한 검열 아래에 놓였고, 대학들은 감시를 받았으며, 정치적 활동은 거의 불가능했다.

---

* 1814~1815년 나폴레옹 몰락 후의 어지러운 유럽 사태를 처리하기 위하여 각국 대표들이 오스트리아 수도 빈에 모여 회의를 개최했다. 영국, 러시아, 프로이센, 오스트리아 등이 주도권을 쥐고 프랑스혁명 이전의 구질서 회복과 강대국의 소국 병합 및 영토 확장을 꾀해 이전의 영토를 되찾고 왕조를 부활시켰다. 이로 인하여 프랑스혁명이나 나폴레옹의 개혁에 의한 모든 혁신이 거의 다 파괴되고 전제정치가 다시 부활하였다.

그 사이에 현대적인 경제적 발전이 이루어져 이 같은 보수적인 경향들을 저지했다. 1834년에는 독일관세동맹이 이루어짐으로써 하나의 통일된 내국시장이 만들어졌다. 1835년에는 첫 독일 철도가 운행되었으며, 산업화가 시작되어 현대적인 기술과 공업이라는 아주 새로운 위력이 사람들의 삶 속에 파고들었다. 공장들과 함께 공장노동자들의 새로운 계층도 형성되었다. 그들은 처음에는 산업현장에서 더 나은 벌이수단을 발견했으나 급격한 인구증가는 곧 노동력의 초과를 초래했다. 게다가 사회복지법률들이 결여되어 있어 다수의 공장노동자들이 엄청난 곤경 속에서 살았다. 그들의 긴장상태는 1844년의 슐레지엔 직조공들의 폭동에서와 같이 폭력적으로 폭발했는데, 이 폭동은 프로이센의 군대에 의해 진압되었다. 다만 서서히 노동운동의 첫 태동이 이루어질 수 있었다.

1789년의 혁명과는 달리 1848년의 프랑스 2월혁명은 독일에서 즉시 반향을 일으켰다. 3월에는 모든 연방주들에서 민중봉기가 일어나 겁먹은 제후들에게서 많은 특권들을 박탈했다. 5월에는 프랑크푸르트 파울교회에서 국민의회가 소집되었다. 국민의회는 오스트리아의 대공 요한 Johann을 제국대표로 선출하고 제국내각을 구성했는데 내각은 물론 어떤 권력수단이나 권한도 갖지 않았다. 국민의회에서는 제한된 피선거권의 입헌군주제를 추구하는 진보적인 중도파가 지배적이었다. 후일의 지역파당의 시초로 간주되는 보수파로부터 극단적인 민주파에 이르기까지의 국민의회의 분열은 헌법제정을 어렵게 했다. 진보적인 중도파 역시 모든 분파들이 직면한 '대독일적großdeutsch' 해결, 즉 오스트리아를 포함한 독일제국을 지지하는 층과 '소독일적kleindeutsch' 해결, 즉 오스트리아를 제외한 독일제국을 지지하는 층 사이의 대립을 극복할 수 없었다. 격

럴한 논란 끝에 옛 것과 새로운 것의 결합을 추구하고, 의회에 책임을 지는 정부를 규정한 민주적인 헌법이 제정되었다. 그런 다음 오스트리아가 전체적으로 12개 이상의 민족을 포괄하는 국토영역으로 미래의 제국이 될 것을 고집하자 소독일 개념이 승리를 거두었다. 국민의회는 프로이센의 왕 프리트리히 빌헬름 4세에게 세습적인 독일 황제 직위를 부여했다. 그러나 혁명에 의지한 황제의 권위를 원치 않았던 왕이 이를 거부함으로써 국민의회와 입헌자유주의의 원칙들도 계속하여 붕괴되었다. 1849년 5월에는 작센, 팔츠, 바덴에서 '아래로부터von unten' 헌법의 실행을 강행하려는 민중봉기가 일어났으나 실패했다. 이로써 독일혁명의 패배가 확인되었다. 대부분의 획득된 땅들은 원상태로 회복되었고 개개 국가들의 헌법은 보수적으로 개정되었다. 1850년에는 옛 독일동맹이 재결성되었다.

(7) 독일제국의 성립

1850년대는 커다란 경제적 도약의 시기였다. 독일은 산업국이 되었다. 생산량에 있어서는 아직 영국보다 훨씬 뒤쳐져 있었으나 성장 속도에서는 영국을 능가했다. 성장의 선도역은 중공업과 기계공업이었다. 프로이센은 경제적으로도 독일의 최대 세력이 되었다. 경제적 힘은 자유로운 시민층의 정치적 자각을 강화시켰다. 1861년에 이루어진 독일 진보당은 프로이센에서 의회의 가장 강력한 정당이 되었으며 군대 조직을 보수적으로 개편하려는 정부의 방안을 거부했다. 1862년 새로 임명된 총리 오토 폰 비스마르크Otto von Bismarck는 힘의 정치를 강행하여 수년간을 헌법에 규정된 의회에 의한 예산 승인이 없이 통치했다. 진보당은 감히 야당을 넘어서는 수준의 저항을 하지 못했다.

비스마르크는 대내정치의 불안한 입지를 대외정치의 성공을 통해 공고히 할 수 있었다. 독일-덴마크전쟁(1864)에서 프로이센과 오스트리아는 강제로 덴마크로 하여금 슐레스비히-홀슈타인을 할양토록 하고 그 땅을 우선은 두 영방이 공동으로 통치했다. 비스마르크는 그러나 처음부터 양 영

제국 총리 비스마르크 (1815~1898)

방의 합병을 서둘렀으며 오스트리아와의 공공연한 갈등을 부추겼다. 독일과의 전쟁(1866)에서 오스트리아는 패하고 독일 무대를 떠나야만 했다. 독일동맹은 해체되었고 그 대신 마인강을 따라 북쪽으로 모든 독일 영방들을 포괄하는, 비스마르크를 연방총리로 하는 북독일동맹이 들어섰다.

비스마르크는 연방총리로서 계속하여 소독일주의에 의한 독일의 통일을 위해 진력했으며, 스페인 왕위계승을 둘러싼 외교적 대립에서 비롯된 1870/71년의 보불전쟁에서 프랑스의 저항을 불러일으켰다. 이 전쟁에서 공동으로 싸움으로써 남부독일 국가들에서도 애국심이 고양되어 이들 국가들이 곧 북독일동맹을 통해 독일에 합류했다. 마침내 1871년 1월 18일 베르사유 궁전에서는 프로이센의 왕 빌헬름 1세가 독일 황제로 선포됨으로써 독일제국이 성립되었다.

이 독일제국은 국민운동에 의해 '아래로부터'가 아니라 제후들의 결의에 의해 '위로부터' 성립되었다. 새로운 제국의회는 보편적이며 평등한 선거에 의해 구성되었다. 아울러 프로이센과 다른 동맹국들에서는 소득에 따른 계층별 선거권이 확립되었다. 경제적 성공으로 시민계층이 점점 더 영향력을 키워갔지만 정치적인 결정적 주도권은 여전히 귀족과 귀족 출신의 많은 장교들이 쥐고 있었다.

비스마르크는 19년간 제국총리로서 통치했다. 그는 일관된 평화정책과 동맹정책을 통해 새로운 유럽의 역학관계 속에서 제국의 확고한 지위를 확립하고자 노력했다. 그러나 그의 대내정치는 이러한 선견지명의 대외정책과는 반대였다. 그는 이해할 수 없을 만큼 민주적인 시대의 경향에 역행했는데, 야당은 그를 '제국의 적으로reichsfeindlich' 인정하였다. 그는 진보적 시민층의 좌익과, 가톨릭 정치집단과, 특히 12년간(1878~1890) 특별법인 사회주의자통제법을 통해 금지시킨 조직화된 노동운동과 가차없이 맞서 궁극적으로 성과 없는 대결을 했다. 그리하여 진보적인 사회보장법에도 불구하고 광범위한 노동자 집단은 국가에게 적대적이었다. 비스마르크는 결국 자기 체제의 희생자가 되어 1890년 젊은 황제 빌헬름 2세에 의해 축출되었다.

(8) 제1차 세계대전

경험이 부족하고 나이가 어린 황제 빌헬름 2세의 통치로 독일은 외교적으로도 궁지에 빠졌다. 그는 오래 전부터 앞서 나간 제국주의 강국들의 세계정치적 도약을 뒤쫓고자 했지만 그럼으로써 점차 고립 속에 갇혔다. 대내적으로는 사회민주당이 대다수 유권자들의 지지를 받았지만 정치적 참여에서는 계속 배제되었다. 사회민주당은 1차 세계대전에서 낡은 질서가 무너져 내린 후에야 기회를 잡을 수 있었다.

1914년 6월 28일의 오스트리아 왕위 계승자의 피살은 1차 세계대전의 발발을 이끌었다.* 이 전쟁에 있어서의 책임문제는 여전히 논쟁거리로 남아 있다. 틀림없이 한편으로는 독일과 오스트리아가, 다른 한편으로는 프랑스, 러시아, 영국이 의식적으로 그 전쟁을 이끌어나가려고 하지는 않았지만 그 같은 모험을 감행할 준비는 되어 있었다. 모든 나라들은 처음부터 전쟁 수행 시 비난받지 않을 개략적인 전쟁목표들을 가지고 있었다. 독일의 작전계획에 담긴 신속한 프랑스의 점령은 이루어지지 않았다. 오히려 서쪽에서의 전쟁은 마르네 전투에서의 독일의 패배 이후 곧 진지전으로 빠져 들어 결국 양측에 엄청난 손실을 준, 군사적으로 무의미한 물자전쟁의 극치를 이루었다. 황제는 개전 이후 배후로 물러났고 미약한 제국총리들은 전쟁이 진행되는 동안 파울 폰 힌덴부르크Paul von

---

* 1914년 6월 28일 일요일 오전 11시쯤 세르비아 출신의 대학생 가브릴로 프린치프가 사라예보에 친선 방문했던 오스트리아의 황태자 프란츠 페르디난트 대공과 호엔베르크 소피아 황태자비를 암살하게 되는데, 이 사건을 사라예보 사건이라고 부른다. 오스트리아는 이 사건 직후 세르비아에 반오스트리아적 교육의 금지, 반오스트리아 단체의 해산, 사라예보 사건 재판에 오스트리아 관리의 참여 보장 등을 요구하는 최후통첩을 보냈으나 세르비아가 부분적으로 거부하자 즉각 세르비아와의 외교관계를 단절하고, 7월 28일 세르비아에 선전포고를 한다. 이에 맞서 러시아와 프랑스가 즉각 총동원령을 내린다. 오스트리아와 동맹관계인 독일은 전쟁을 발칸 반도에 국한시킬 생각으로 러시아에 대해 동원령 취소를 요구했지만 러시아가 이를 묵살하자 8월 1일 러시아에 선전포고한다. 이에 프랑스가 독일에 대항하는 동원령을 내린다. 독일은 러시아와 프랑스 두 전선에서 전쟁을 벌이게 되는 경우를 최대한 피하기 위해 즉각 프랑스 쪽으로 병력을 이동한다. 러시아가 병력을 충분히 동원하기 전에 대(對)프랑스전에서 재빨리 승리를 거두려는 속셈이었다. 8월 1일 독일군은 룩셈부르크의 국경을 넘어 진격한다. 이어 벨기에를 침공하고, 프랑스로부터 중립을 지키겠다는 약속을 얻어 내지 못하자 독일은 프랑스에 대해 정식으로 선전포고한다. 이어서 영국이 프랑스를 도와 독일에 선전포고하고, 이탈리아와 미국까지 독일에 대항하여 참전함으로써 세계대전으로 확대되었다.

Hindenburg 원수를 우두머리로 하고 에리히 루덴도르프Erich Ludendorff 장군을 실질적인 수장으로 한 최고사령부의 압력에 점점 더 굴종할 수밖에 없었다. 1917년 미국의 참전은 마침내 이미 오래 전부터 구상되어 온 결단을 가져 왔는데, 러시아에서의 혁명과 동쪽에서의 평화가 더 이상 변화될 수 없는 것이라는 판단이었다. 나라가 완전히 유혈초토화가 되었음에도 불구하고 루덴도르프는 상황을 오인한 가운데 1918년 9월까지 '승리의 평화Siegfrieden'를 고집하다가 전격적으로 즉각적인 휴전을 요구했다.

군사적인 파멸과 함께 정치적인 파멸이 동반되었다. 황제와 제후들은 1918년 11월에 왕권을 순순히 내놓았으며, 어느 누구도 믿을 수 없는 존재가 되어버린 군주국의 옹호에 나서지 않았다. 독일제국은 이제 강압적이며 혁명적인 교육독재로부터 등을 돌리고 여성선거권의 도입, 각 연방과 지역선거의 민주화, 의회에 책임을 지는 정부 등 더 많은 민주주의를 중시하게 되었다. 독일은 이제 공화국이 되었다.

(9) 바이마르공화국(1919-1933)

권력은 사회민주주의자들에게 넘어 왔다. 그들 대다수는 이미 오래 전에 혁명적 이념들로부터 등을 돌렸으며 옛 국가형태로부터 새로운 국가형태로의 질서 있는 이행을 공고히 하는 것을 주된 과제로 삼았다. 공업과 농업에서의 사유재산은 침해되지 않고 유지되었고, 대부분 반공화국적인 정신을 지닌 관리 및 재판관들에게도 예외 없이 책임이 부과되었으며, 황제의 장교단은 군대의 통솔을 받게 되었다. 사회주의적 방향에서 혁명을 계속해 나가려는 극좌세력의 시도에 대해서는 군사적으로 대응조치가 취해졌다. 바이마르에서 열려 새로운 제국헌법을 제정한 국민

의회의 1919년 1월 선거에서는 공화주의적인 3개 정당 – 사회민주당, 독

일민주당, 중앙당 – 이 다수를 차지했다. 그러나 1920년대 동안에 국민

과 의회에서는 민주적인 국가에 대해 상당히 적대시 해 온 세력이 점점

강해져 갔다. 바이마르공화국은 '공화주의자 없는 공화국Republik ohne

Republikaner'이었으며 그 적대자들과 격렬한 싸움을 벌였고, 지지자들에

게서도 미온적인 보호를 받았다. 무엇보다도 전후의 경제적 곤경과 독일

이 1919년에 서명해야만 했던 베르사유 평화조약*의 억압적인 조건들이

공화국에 대한 깊은 회의를 불러 일으켰다. 점증하는 국내정치의 불안이

그 결과로서 나타났다.

  1923년에 전후의 혼란은 그 절정에 달했다(인플레이션, 루르 점령, 히틀

러 폭동, 공산주의의 전복기도들). 그 후 경제적인 회복과 함께 확실한 정치

적 안정이 찾아 들었다. 구스타프 슈트레제만Gustav Stresemann**의 대외

정책은 패전국 독일이 로카르노 조약***(1925)과 국제연맹에의 가입(1926)

---

*   제1차 세계대전 휴전 후 연합국 측 31개국과 독일이 맺은 강화조약으로 1919년 6
월 28일 파리 근교 베르사유궁전에서 조인되었다. 이 조약에 따라 독일은 해외 식
민지를 잃고, 알자스-로렌을 프랑스에 반환했으며, 유럽에서의 영토를 삭감 당했
고, 전쟁도발의 책임에 따라 연합국 손해에 대한 배상이 부과되었고, 육군병력은
10만 이내, 해군의 군함 보유량은 10만t 이내로 제한되었다. 또한 라인 강 좌안은
비무장지대로서 15년간 연합국의 점령 아래에 두고, 자르지방은 15년간 국제연맹
의 관리 아래에 두며, 15년 후에 주민투표에 의해 그 귀속을 결정하기로 했다.

** 독일의 정치가(1878~1929)로 1923년 8월 인플레의 대혼란 중에 총리로 선출되
자 프랑스군에 대한 저항을 중지하고 통화의 안정을 꾀했다. 같은 해 11월부터 29
년 10월 죽을 때까지 공화국 외무장관으로 있으며 정계의 중심인물로 활약했다. 그
는 전승국과 협조하여 독일의 국력을 회복시키는 정책을 폈으며, 로카르노 조약을
맺어 독일의 국제연맹 가입을 성공시켰다. 또한 보상금액을 경감시키고 라인란트로
부터의 점령군 철수를 확약받았으며, 소련과의 친선에 노력하면서 독일을 다시 유
럽의 패자로 만들기 위해 동부유럽으로 진출을 꾀하는 등 정치가로서의 명망을 보이
기도 했다. 26년 로카르노 조약 체결에 노력한 공로로 노벨평화상을 수상했다.

*** 1925년 10월 26일 스위스 로카르노에서 중부유럽의 안전보장을 위해 유럽 국가
들이 체결한 국지적 안전보장 조약으로 영국, 프랑스, 독일, 이탈리아, 벨기에 5국

을 통해 정치적 동등권을 되찾도록 했다. 예술과 학문은 '황금의 20년대 goldene zwanziger Jahre'*에 짧지만 왕성한 번성기를 체험했다.

1925년 공화국 초대 대통령이었던 사회민주당의 프리드리히 에베르트Friedrich Ebert가 죽은 후 이전의 원수 힌덴부르크가 우익 후보로서 국가수령에 선출되었다. 그는 엄격하게 헌법에 의지했으나 결코 공화국과의 긴밀한 내적 관계를 이루지는 못했다. 바이마르공화국의 몰락은 1929년의 세계경제공황과 함께 시작되었다. 좌우의 극단주의는 실업과 전반적인 곤경을 이용했다. 의회에는 지배적인 절대다수당이 존재하지 않았고 내각은 헌법상 매우 강력한 제국대통령의 지지에 의지했다. 극단적인 반민주주의적인 경향과 혁명적인 듯한 선동을 곁들인 분노에 찬 반유대인주의를 결합한, 지금까지 미미했던 아돌프 히틀러Adolf Hitler(1889~1945)의 국가사회주의운동이 1930년 이후 도약적으로 힘을 얻게 되어 1932년에는 가장 강력한 정파로 성장했다.

간의 집단안전보장 조약과 독일과 벨기에, 독일과 프랑스, 독일과 폴란드, 독일과 체코슬로바키아 사이의 중재재판 조약 등 5개 조약과 2개 협정으로 구성되었다. 가장 중요한 것은 라인란트에 관한 현상유지를 위한 상호안전보장 조약으로 이것만을 로카르노 조약이라고 부르기도 한다. 이 조약은 베르사유 조약에 의해 결정된 독일 서부 국경지역의 현상유지와 불가침, 라인란트의 영구 비무장화, 독일·프랑스·벨기에의 상호 불가침, 분쟁의 평화적 처리 등을 규정하고 있어 1차 대전 후의 집단 안전보장 조약으로는 최대의 성과물이라 할 수 있다. 그러나 히틀러는 36년 3월 일방적으로 로카르노 조약을 파기하고 라인란트에 침공하여 재무장을 단행하였고 39년에 폴란드를 침공하자 이 조약은 유명무실해졌다.

* 경제 부흥 및 정치 안정이 이루어지던 1924~1929년에 잠시 융성했던 바이마르공화국의 황금기를 뜻한다. 이는 특히 제국의 수도였던 베를린에서 크게 느낄 수 있었다. 베를린은 문화와 과학 부문에서 유럽의 중심지로 발전했으며, 기술의 진보와 건축, 연극, 문학, 영화에서의 예술적 실험정신이 생활에 활력을 불어넣었다. 1929년의 세계경제공황으로 인해 '황금의 20년대'는 저물고 바이마르공화국의 몰락이 가시화되었다.

공화주의자 없는 공화국 바이마르

(10) 국가사회주의의 독재(1933-1945)

바이마르 공화국의 수년 동안에는 대다수 독일인들에게서 자유민주주의적 체계에 대한 그다지 뿌리 깊은 불신은 존재하지 않았다. 그러나 무엇보다도 오랜 세월 동안의 국내정치의 혼란, 정치적인 적대자들 사이의 폭력적인 - 유혈적인 시가전에까지 이르는 - 투쟁, 세계경제공황에 의해 촉발된 대량실업이 국가권력에의 신뢰를 심각하게 흔들어 놓았다.

1920년대 말 좌우의 극단주의자들은 극심한 실업과 널리 확산된 경제난을 이용하여 세력을 키워나갔다. 제국의회에는 정권을 담당할 수 있는 과반의석의 다수당이 존재하지 않았다. 내각은 의회의 동의 없이도 행사할 수 있는 대통령 긴급조치권에 의존하고 있었다. 이미 1925년에 프리드리히 에베르트의 뒤를 이어 제국대통령이 된 파울 폰 힌덴부르크는 엄격하게 헌법을 준수했으나 공화국과 친밀한 관계를 유지하지는 못했다. 1932년 11월 6일 바이마르공화국의 마지막 제국의회 선거에서 히틀러의 나치당은 같은 해 7월 31일의 선거에서보다 200만 표를 잃었다. 반면 공산당(KPD)은 60만 표를 더 얻어 100석이라는 막강한 의석을 확보했다. 공산당의 약진은 무엇보다도 보수진영으로 하여금 내전에 대한 공포심을 일으켰고, 이에 따라 히틀러는 보수진영을 강력한 지지층으로 확보하게 되었다.

히틀러의 국가사회주의운동은 국민과 의회에서 다수 지지자를 얻지는 못했지만 경제위기의 영향으로 독일에서 가장 막강한 세력이 되었다. 히틀러는 고용창출 계획과 전쟁물자 비축계획을 통해 경제를 다시 활성화시키고 실업을 신속히 감소시키는 데 성공한다. 1933년 초 극심한 경제위기가 끝날 조짐을 보이자 우익 보수당원들은 과격한 반민주주의자 아돌프 히틀러를 총리에 취임시켜 자신들의 이익을 꾀하고자 했다. 1933년 1월 30일 힌덴부르크는 심각한 우려를 하면서도 히틀러를 보수정치인들을 중심으로 한 내각의 총리로 임명하고, 히틀러의 요구에 따라 제국의회의 해산 또한 승인했다. 그럼으로써 히틀러의 정권장악이 시작되었다. 1934년 힌덴부르크가 죽자 히틀러는 스스로 총리관저와 대통령관저를 통합하고 최고명령권자로서 군대를 손에 넣었다.

히틀러는 집단적 폭력과 박해를 통해 이미 선거전에서 상대자들을 위축시켰다. 그는 또 사회민주주의자들의 반발에도 불구하고 아직 체포되거나 도피하지 않은 의원들을 심하게 압박하여 전권위임법을 통과시키도록 하여 자신에게 거의 무제한의 입법권을 위임토록 했다. 국가사회주의자들은 수주일 안에 모든 민주적인 장치들을 파괴한 후 이를 표면적으로 합법성을 띤 듯한 체제로 대체했다. 히틀러는 기본권을 실질적으로 무력화시켰고, 노동조합과 정당(자신의 정당까지도)을 불허했으며, 언론자유를 금했고, 불만을 지닌 사람들에게 가차 없는 테러를 자행했다. 수천 명의 사람들이 재판절차 없이 수용소 속으로 사라졌다.

정치적 박해와 함께 처음부터 인종차별의 망상이 등장했다. 이 망상은 '북방'의 인종을 이상적 기준으로 삼았고, 나아가 '살 가치가 없는' 인종에게로 발전하여 이상적 기준에 부합되지 않은 생명을 조직적으로 근절시키기에 이르렀다. 이러한 인종 근절행위는 저항자들을 두려워하여 비밀리에 행해졌지만 극단적인 유대인 배척행위는 공공연하게 이루어졌다. 유대인 시민들은 모든 사람들이 지켜보는 가운데 국가나 정당조직으로부터 무시당하고, 모욕당하고, 공직에서 해고되고, 생명을 위협받고, 조직적으로 철저히 박해받았다. 1938년에는 유대인 교회들과 시설들이 박해를 받아 파괴되었다. 강제수용소에 끌려온 유대인들에게 나치의 앞잡이들이 저지른 만행은 대다수 인간의 상상력으로는 이루 다 상상하지 못할 정도였다. 비인간적인 수용소 상황, 가혹한 노동, 조소적이며 인간경시적인 의학실험에 의한 '인종근절'과 궁극적으로는 모든 유대인들의 살해가 나치체제에 의해 — 무엇보다도 점령된 동부지역에서 — 자행되었다. 유럽에 거주하는 유대인들을 조직적으로 학살한 홀로코스트 Holocaust*는 나치정부가 원하는 것 이상으로 많이 알려져 6백만 명으로

---

* 홀로코스트는 유럽에 살고 있는 6백만 명의 유대인을 관주도적인 조직적 계획 아래 학살한 행위를 가리킨다. 유대인 외에도 집시, 동성애자, 또한 나치주의자들이 '원치 않고' '살 가치가 없다'고 판단한 사람들이 홀로코스트의 희생자가 되었다. 이들은 상상조차 하기 힘든 학살계획의 희생자로 살인공장과 강제수용소에서 착취, 고문, 억압, 살해당했다. 학살에 앞서 인종주의 및 반유대주의 사상을 선동하고 유대인의 권리와 재산을 박탈했으며, 이들을 고립화시켰다. 홀로코스트에는 모든 국가기관뿐만 아니라, 군부, 기업, 은행, 학계, 의료계의 엘리트들이 직간접적으로 참여했다.

추산되는 남자들과 여자들과 아이들이 불과 몇 년 동안에 살해되었다.

이런 행위들에 대한 독일의 여론은 상이했다. 한편에서는 거리낌 없는 폭력을 비판했고, 다른 한편에서는 사회가 정화되었음을 실감한다고 평했다. 히틀러가 권력을 장악하기 전에 이미 시작되어 정권에 유리하게 작용했을 경제의 회복은 실업자들의 눈으로는 히틀러가 거창하게 선전적으로 내세운 고용창출계획과 유례없는 군비계획에 의해 촉진되었다고 보였다. 이 군비계획은 약탈로 정복한 지역에서 자금이 나오지 않았다면 틀림없이 조만간 국가를 도산에 이르게 했을 것이다. 그의 입지는 또한 커다란 대외정책의 성과들을 통해 강화되었다. 1935년에는 그때까지 국제연맹의 통치 아래에 있던 자르란트가 독일로 환속되었고, 1936년에는 독일 군대가 1919년 이래 비무장화 되었던 라인란트에 진주했다. 1938년에는 오스트리아가 제국에 합병되었고, 서방강국들은 히틀러에게 주데텐란트Sudetenland*의 합병을 허용했다. 이 모든 것이 독재자 히틀러에게 과감하게 저항한 많은 계층의 사람들이 있었을지라도 그에게 자신의 정치적 목표들의 신속한 실현을 손쉽게 해 주었다.

(11) 제2차 세계대전

히틀러는 그 정도의 독일제국 영토 확장만으로는 충분한 만족을 얻지

---

* 현재의 체코 주데텐 산맥을 둘러싼 보헤미아 · 모라비아의 북부지역으로 제1차 세계대전 말에 독자적인 지역으로 확정되면서 당시 인구의 대부분을 차지하던 독일인들은 체코슬로바키아로 편입되었다. 그 후 이 지역은 독일과 체코슬로바키아 사이의 끊임없는 불화의 진원지로 바뀌었다. 마침내 1938년 프랑스 · 영국 · 이탈리아 · 독일이 참가한 뮌헨회담(9. 29~30)에서 히틀러에 굴복한 참가국들이 체코슬로바키아에게 10월 10일까지 주데텐란트를 독일에 양도하라는 최후통첩을 보냄으로써 주데텐란트는 독일 영토가 되었다. 제2차 세계대전 후 체코슬로바키아는 주데텐란트를 되찾아 독일주민 대부분을 추방하고 체코인들이 살게 했다.

못했다. 그는 더 많은 영토를 원했다. 그리하여 1939년 3월 독일 군대를 프라하로 진격시켰고, 같은 해 9월 1일에는 폴란드를 공격함으로써 제2차 세계대전을 촉발시켰다. 이 전쟁은 5년 반 동안에 550만 명의 목숨을 앗아갔고, 유럽의 대부분 지역을 황폐화시켰다. 많은 나라들에서 독일인들은 무자비한 점령자들로서의 인상을 남겼다. 점령 지역은 프랑스의 대서양 연안으로부터 모스크바 근교에까지, 북부 노르웨이로부터 아프리카 북부에까지 이르렀다. 1941년 6월 22일에는 소련에 대한 공격과 함께 동유럽에서의 혹독한 살인의 전투가 시작되었다.

1941년 미국의 참전과 1943년 스탈린그라드에서의 패배로 전황은 반전되었다. 연합군은 점령지역들을 해방시키면서 어느 정도 강력하게 조직된 나치에 대한 저항그룹들을 발견했다. 그런가 하면 독일에서도 해마다 개인이나 국민의 모든 계층으로 이루어진 다양한 집단의 절망에 찬 저항이 계속하여 존재해왔다. 특히 장교들에 의해 이끌어진 1944년 7월

2차대전 직후의 베를린

20일의 폭탄공격은 좌초되었다. 히틀러는 그의 사령본부에 대한 폭격을 받고 살아나 잔학한 복수를 했던 것이다. 저항에 참여했던 사회 각층의 4천명이 넘는 사람들이 다음 몇 달 동안에 처형되었다. 모든 희생자들을 대표하는 저항의 주역들로는 원수 루트비히 벡Ludwig Beck, 연대장 그라프 슈타우펜베르크Graf Stauffenberg, 전 라이프치히 시장 카알 괴르델러 Carl Goerdeler가 꼽힌다. 전쟁은 양 측에서 막대한 희생자를 낸 가운데 계속되었고, 마침내 전체 제국영토는 연합군에 의해 점령되었다. 히틀러는 1945년 4월 30일 스스로 목숨을 끊었으며, 독일 역사상 가장 어두운 장이 무조건적인 항복과 함께 막을 내렸다.

2. 독일의 분단

(1) 1945년 이후의 재편

전후 독일에 있어서 '0시Stunde Null'*는 1945년 5월 8, 9일의 항복과 함께 시작되었다. 독일군의 무조건적 항복 이후에도 23일간 마지막 제국정부는 해군제독 되니츠의 지배 아래 존속했다. 그런 다음 그는 체포되었고, 후일 그의 동료들은 다른 국가사회주의 독재체제의 고위관리들과 함께 평화와 인간성에 대한 범죄 혐의로 뉘른베르크 재판정에 서게 되었다.

제국영토에서는 승전세력들 – 미국, 영국, 소련, 프랑스 – 이 6월 5일 최고통치권을 이어 받았다. 그들의 핵심목표는 런던협약(1944년 9월 12일)과 이에 바탕을 둔 후속 협정들에 따른 독일에 대한 완전한 통제권의 행사였다. 이러한 정책을 토대로 독일 땅은 세 부분으로 갈라진 수도 베를린과 세 총사령관의 공동관리위원회 아래 세 개의 점령지역으로 분할되었다. 점령지역으로의 분할은 독일이 1914년과 1939년에 이어 다시는 세계지배세력을 차지하지 못하도록 영원히 저지시키려는 뜻이 있었다. 사람들은 독일인의 정복욕을 잠재우려 했으며, 군국주의를 전멸시키고자 했고, 독일인들을 종족살해와 전쟁범죄에 대해 단죄하고 민주주의적 사고 속에서 재교육시키고자 했다.

---

* 독일인들이 제2차 세계대전으로 폐허가 된 1945년을 일컫는 말로 모든 것이 철저하게 파괴돼 사실상 '무(無)' 혹은 시간이 멈춰버린 듯한 막막함을 나타내는 문학적 표현이다.

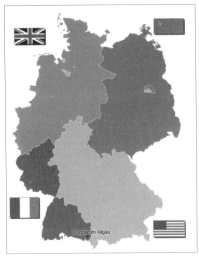

2차 세계대전 종전 직후 4개 승전국들에 의해 분할된 독일

1945년 2월의 얄타회담*에서 프랑스는 3대강국에 의해 독자적인 점령지역을 할당받아 네 번째 통제세력이 되었다. 얄타회담에서는 독일의 국가로서의 독자적 존재를 부인하는 것이 그 의도였을 뿐 제국영토의 분할은 논외였다. 그러나 무엇보다 소련의 스탈린은 경제권으로서의 독일을 차지하려는 데에 관심을 기울였다. 그는 독일의 침략에 의해 소련이 당한 엄청난 희생에 대해 점령지역 하나만으로는 보상될 수 없다며 막대한 금전적 보상을 요구했다.

이에 따라 본래의 계획과는 달리 영국과 미국 역시 독일의 주요 부분을 차지하려 들었다. 이것은 그러나 보상욕에 의해서가 아니라 1944년 가을 이후 미국의 루스벨트 대통령이 추구해 온 세계의 세력균형체계의 틀 속에서 중부유럽 또한 안정된 균형 위에 세우고자 했기 때문이다. 이

---

* 제2차 세계대전 중 크림반도의 얄타에서 연합국 미국 · 영국 · 소련의 수뇌들이 종전 후 독일에 대한 처리를 논의하기 위해 가진 회담(1945. 2. 4~11)으로 미국의 프랭클린 D. 루스벨트 대통령, 영국의 윈스턴 처칠 총리, 소련의 요시프 스탈린 최고인민위원이 참석했다. 독일을 미국 · 영국 · 프랑스 · 소련이 분할점령한다는 원칙을 재확인했다. 또한 연합국은 독일인에 대해 최저생계를 마련해주는 것 외에는 일체의 의무를 지지 않는다는 원칙을 채택하고, 독일의 군수산업을 폐쇄 또는 몰수한다고 선언했으며, 주요 전범들은 뉘른베르크에서 열릴 국제재판에 회부하기로 합의했다. 배상금 문제는 위원회를 구성해 위임하기로 했다.

를 위해 독일에서의 경제적 안정은 불가피했다. 루스벨트는 이에 따라 독일 국민이 장차 농업만으로 살아가도록 되어 있는 악평 받던 모겐소 계획Morgenthau-Plan(1944년 9월)을 곧 폐지했다.

승전세력들에게는 독일의 무장해제와 군대해산이라는 공동목표만이 존재하게 되었다. 독일의 분할은 서방세력들이 쉽게 알아차리지 못한 가운데 스탈린이 폴란드와 남동부유럽의 군사적 해방 내지 정복 직후 이 땅들의 대대적인 소련화를 이끌면서 급속히 이루어졌다.

1945년 5월 12일 처칠은 미국 대통령 트루먼에게 소련군의 전선에 '철의 장막'이 내려져 있으며 "그 뒤에서 무슨 일이 진행되고 있는지는 알 수 없다."고 전문을 보냈다. 서방측은 라인과 루르에서의 보상정책에 소련을 동참시킬 경우 가능한 결과들을 계속해서 주의 깊게 탐구했다.

결과는 유럽의 전후 새 질서 창조를 본래 목표로 한 포츠담회의(1945. 7. 17~8. 2)에서 긴장들을 해소하기 보다는 훨씬 더 공고히 한 협정들에 이르게 되었다. 유일하게 의견이 일치된 것은 탈나치화, 탈군사화, 경제적 탈중앙집중화와 독일인에 대한 민주주의로의 교육뿐이었다. 서방측은 나아가 심각한 결과를 낳은 독일인들의 폴란드, 헝가리, 체코슬로바키아로부터의 추방에 동의했다. 이러한 추방은 인권을 바탕으로 행해져야 한다는 서방측의 요구와 달리 그 후 약 775만 명의 독일인들이 참혹하게 추방되었다. 그들은 독일의 전쟁범죄로 인한 대가를 치러야 했고, 또한 소련의 쾨니히스베르크와 동부 폴란드의 점령 결과인 폴란드 서쪽 국경의 변경으로 인한 대가를 치러야 했다. 최소한의 합의점은 4개의 점령지역이 경제적이며 정치적인 단위들로서 유지되어야 한다는 것이었다. 모든 점령세력들은 그 사이에 그들의 보상을 우선 각각의 점령지역으로 대체했다. 이로써 – 그 후 나타났듯이 – 근본적인 변화가 이루어졌다. 보상 처리와 함께 그 네 지역의 상이한 정치적 및 경제적 체제와의 결합으로 독일은 냉전체제가 이룬, 세계의 어느 곳에도 존재하지 않았던 나라가 되었다.

그러는 동안에 각각의 점령지역들에서는 독일적 정당들과 행정조직들이 형성되기 시작했다. 이러한 것은 소련 점령지역에서 엄격한 조종 아래 급속하게 이루어졌는데, 거기에서는 이미 1945년에 전체 점령지역 단위에서 정당들이 허용되고 많은 중앙행정조직들이 이루어졌다. 소련 점령세력은 망명지 모스크바에서 돌아온 독일공산당 지도부의 도움으로 독일 동부지역에서 '반파시즘적–민주주의적 변혁'을 관철시켜 모든 결정적인 정치적, 사회적 기능을 독일 공산주의자들과 그들의 지지자들에게 집중시켰다. 공산당원 그룹의 우두머리 발터 울브리히트는 다음과 같은 표어를 제시했다.

"민주적으로 보이도록 치장은 해야 하지만 우리는 모든 것을 손에 쥐어야만 한다."

여기에서는 점령지역 단위의 정당들과 많은 중앙행정기관들이 생겼다.

한편 3개의 서방 점령지들에서는 아래로부터 위로 정치적인 활동의 발달이 이루어졌다. 정당들은 처음에는 지역적으로만 허용되었으나 주들이 성립된 후 주 단위로 허용되었고, 점령지역 전체단위에서의 정당들은 나중에야 등장했다. 점령지역 전체단위의 행정기관들은 단지 시초 단계였다. 그러나 폐허 속에 놓인 나라의 물질적 빈곤은 주들과 점령지역들의 경계를 넘는 광범위한 개발계획으로만 극복될 수 있는데도 4개 지배세력들이 이를 실현하지 않자 미국과 영국은 1947년 각각의 점령지를 양자공동지역으로 통합했다.

동방과 서방에서의 지배체제의 알력과 각각의 점령지역에서의 매우 상이한 보상정책은 전체 독일의 통일된 재정, 관세, 원자재, 생산정책의 봉쇄로 이끌어 지역 간의 심각한 분열을 초래했다. 스탈린은 루르지역의 공동관리를 요구했지만 동시에 자신의 점령지역은 배제했다. 그는 소련 점령지역에서의 공산주의적 정치에 대한 서방의 간섭을 거부했다. 독일 공산당(KPD)과 독일사회민주당(SPD)이 강제 통합되어 독일사회주의통일 당(SED)이 된 것과 같은 소련의 의도적 대책에 대해 서방측은 무력하게 머물렀다.

서방측에서도 방침의 변화가 명확해졌다. 1946년 9월 6일 미국 국무 장관 제임스 번스는 슈투트가르트 연설에서 새로운 구상을 표명했다. 이 에 따라 폴란드와의 국경은 이제 잠정적인 것으로 간주되었고, 서방 연 합군의 독일 주둔은 점령으로서보다는 공산주의의 확산에 대한 방어로 인식되었다. 프랑스가 좀 더 긴밀한 협력의 이점을 확신한 후 이제 3개 의 점령지에서는 삼자공동지역으로서 단일한 서방 경제구역이 형성되었 다. 이러한 사태전개에 직면하여 영국과 미국도 서방지역에서의 독자적 인 이익 확보에 착수했다. 사회주의는 대부분 보수적인 성향을 띤 장교 들에게는 하나의 공포였다. 그리하여 전통적인 소유구조와 사회구조가 서방지역에서 유지되어 존속했다. 또한 경제적 곤경은 탈나치화의 지속 대신 유용한 독일 전문기술력의 시급한 재건으로의 결집을 불러 일으켜 소련의 서방 위협에 대한 성공적인 전초기지의 확보를 이루었다.

방위세력으로서 서방 3개국의 책무는 소련 국가 및 당서기장 스탈린 이 삼자공동지역에서의 마르크화 도입을 구실로 서베를린을 소련 점령

소련의 육로 봉쇄로 서베를린 시민들에게 보급품을 공중 보급한 '건포도폭격기'

지역에 합병시키기 위해 봉쇄했을 때 심한 시련에 처하게 된다. 1948년 6월 24일 밤 소련은 서쪽 점령지역과 서베를린 사이의 육로를 전면 봉쇄하여 주변 점령지역으로부터 서베를린으로의 에너지와 식량의 공급이 중단되었다.

이에 맞서 서방 연합군 측은 유례없는 공수작전을 감행하여 1949년 5월까지 서베를린 시민들은 공수를 통한 보급을 받았다. '건포도폭격기 Rosinenbomber'*들은 27만7천여 회의 비행을 통해 230만 톤의 식량, 의약품, 연료, 건축자재를 공수하여 서베를린 시민들의 생명을 유지시켰다. 이렇게 함으로써 미국은 서방의 정치와 생활문화의 전초기지로서 베를린과의 강력한 유대를 행동으로 나타냄과 함께 힘과 결의를 과시했다.

---

* 1948년 6월부터 1949년 5월까지 약 11개월 간 소련이 서베를린을 봉쇄하자 미국이 서베를린 시민들을 기아에서 구출하기 위해 대대적인 공수작전을 펼치며 사용한 폭격기를 일컫는 별칭으로 폭탄 대신 빵이나 건포도 등의 식량을 투하한 데서 비롯되었다.

(2) 독일연방공화국(서독)의 성립

1948년 각 연방주 총리들은 서방측 삼자공동지역에서 수립될 국가의 헌법을 제정하기 위한 회의를 소집했다. 이 헌법은 처음부터 독일의 재통일까지의 잠정적인 것으로 간주되었으므로 기본법Grundgesetz으로 불렸다. 이 기본법 속에는 서방 점령국들의 의향을 비롯한 많은 이념들이 담겼는데, 무엇보다도 몰락한 바이마르공화국의 체험이 중요한 바탕이 되었다.

헤렌킴제에서 열린 헌법제정을 위한 회의(나중에는 각 주의회 의원들로 구성된 전체 주 평의회가 됨)는 민주적이며 사회적인 연방국가의 수립을 결정했다. 이들 남녀 대표들은 1848/49년과 1919년의 정신, 1944년 7월 20일의 '양심의 봉기'로부터 민주주의적 전통을 이어받은 전후 제1세대 정치인들이었다. 이들은 '또 다른 독일'을 구현하여 점령국들의 존경을 받았다. 기본법은 1949년 5월 23일 엄숙한 선포식과 함께 탄생했다. 1949년

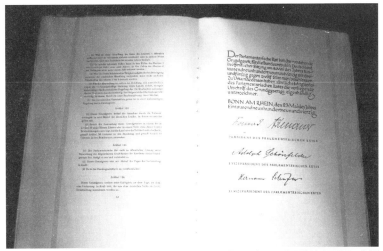

1949년 5월 23일 공포된 독일연방공화국 기본법

8월 14일 선거에 의해 최초의 연방의회가 구성됨으로써 헌법은 실체적 권능을 얻었다. 연방총리 콘라트 아데나워*(CDU)가 이끄는 최초의 연방 정부는 3년 전 바이언스 미국 국무장관이 과제로 선언한 대로 독일을 '자유롭고 평화를 사랑하는 세계국가들 사이의 명예로운 위치'로 되돌려 놓기 위한 기반을 닦았다.

아데나워와 초대 연방대통령 테오도르 호이스(FDP), '경제기적'의 아버지로 불리는 루트비히 에르하르트는 물론 야당 사민당(SPD)의 위대한 지도자인 쿠르트 슈마허나 에리히 올렌하우어, 또한 세계주의자 카를로 슈미트 역시 서독의 새로운 정당정치에 있어서 두드러진 족적을 남기고 독일이라는 나라에 대한 새로운 신뢰를 일으켰다. 이들은 조금씩 점령조례와 국제적인 위원회들에서 독일의 발언권과 정치적 영향력을 넓혀 나갔다. 또한 이스라엘과 유대인 단체들에 대한 일관된 배상정책은 독일이 국제사회에서 새로운 평가를 얻는 데에 기여했다. 독일은 일찍이 1952년 룩셈부르크에서 이스라엘의 유대인 난민들에 대한 정착지원금 지불에 관한 첫 협정에 조인했다. 총 900억 마르크에 달한 배상금 중 약 1/3은 이스라엘 국가와 유대인 단체들에, 특히 전 세계 유대인 난민들을 위한 피해지원기금을 운영하는 유대인보상청구회의에 지불되었다.

독일인들의 새로운 연방공화국에 대한 일체감은 처음부터 경제의 성장에 의해 촉진되었다. 미국에서 들어온 수백만 박스의 지원물품은 극심한 곤궁 속에 있던 패전국 국민과 승전국 국민 사이의 유대를 구축했다.

---

* 콘라트 아데나워(1876-1967)는 기민당 소속 정치가로 1949년부터 1963년까지 독일연방공화국 초대 연방총리를 역임했다. 그의 일관적인 서방정책으로 독일은 국제사회에 통합되고 나토 및 유럽경제공동체(EWG)의 가맹국이 될 수 있었다. 그의 업적으로는 프랑스와의 화해 및 이스라엘과의 화해 노력 등도 포함된다.

미국의 대외원조가 장래의 새로운 기반을 세운 것이다. 경제부흥의 결정적 동력이 된 것은 1947년 6월 조지 C. 마셜 미국 국무장관이 발표한 유럽 원조 및 부흥계획이었는데, 이에 따라 1948년부터 1952년까지 약 14억 달러가 서독에 지원되었다.

(3) 독일민주공화국(동독)의 성립

서부 독일에서 사회적 시장경제의 모델이 구축되어 가는 동안 소련 점령지역에서는 산업의 사회주의화가 진행되었다. 동서 독일의 분단은 1949년 10월 7일 독일민주공화국의 헌법 공포로 법적으로 완결되었다. 이로써 2개의 국가가 존재했는데, 두 나라는 서로가 재통일되어야 할 전체독일의 중핵이며 표본이라고 주장했다. 독일민주공화국은 단일명부식 비례대표제 선거를 도입했고, 독일사회주의통일당(SED)에 의한 국가와

베를린장벽 설치 모습 (1961)

사회의 철저한 조종과 통제를 행하여 소련에 의해 지배되는 동중부 유럽과 남동부 유럽의 '인민민주의'의 모범이 되었다.

　오더-나이세 선까지의 독일을 엄격한 중립적 지위를 지닌 '민주적이며 평화애호적인' 국가로 재통일시키자는 소련의 제안은 아데나워의 긴급한 조언에 따라 서방세력들에 의해 그다지 깊게 검토되지 않았다. 아데나워는 연방공화국의 서쪽 병합지역을 위험에 노출시키려 하지 않았던 것이다. 그리고 1년 후 스탈린이 사망하고 소련 지도층의 변화가 있은 직후인 1953년 6월 17일 독일민주공화국에서의 민중봉기를 소련의 탱크가 유혈로 진압했을 때 아데나워는 자신의 판단이 옳았음을 확인했다. 헝가리에서도 1956년 11월 소련 군대가 민중봉기를 진압했다. 소련은 핵무기 확대계획을 강화했고, 1957년 10월에는 서방세계에 '스푸트니크 충격'*을 일으킨 인공위성 '스푸트니크'에 의해 우주개발 경쟁에서도 우위에 섰다.

　이러한 배경에서 전개된 상황은 오랫동안 변함없이 지속되었다. 서방세력들이 서베를린에 주둔하여 자유와 안전을 수호한 반면 동베를린 정부는 점점 더 차단책을 펴나갔다. 1961년 8월 13일에는 베를린의 중심부를 관통하는 장벽이 설치되었고, 동서 베를린의 경계선을 따라 죽음의 벨트가 구축되었다. 이것은 동베를린으로부터 서쪽으로의 탈출행렬을 막으려는 것이었다.

---

* 　스푸트니크는 1957년 10월 4일부터 1961년 3월 25일 사이에 10기가 발사된 소련의 첫 인공위성의 이름으로 이 스푸트니크 시리즈는 총체적인 소련의 우주개발계획의 실질적 토대를 이루었다. 스푸트니크 1호는 직경 0.58m, 무게 83.6kg으로 1957년 10월 4일 발사되어 전 세계의 경탄과 충격을 불러일으킨 최초의 인공위성으로서 1958년 1월 4일 소실되었다.

3. 분단의 극복

(1) 신 동방정책

미국과 소련 양대 강국 사이의 핵 경쟁이 교착상태에 빠져 긴장완화 정책이 시작되었다. 이 긴장완화 정책은 1968년의 프라하 개혁정책('프라하의 봄')의 탄압에도 불구하고 계속되어 구체적인 결과를 이끌었다. 1970년 3월 19일 양 독일의 정부 수뇌인 브란트와 슈토프가 동독의 에르푸르트에서 첫 정상회담을 가졌다. 두 달 후인 5월 21일에는 서독의 카셀에서 2차 정상회담이 이루어졌다.

빌리 브란트 연방총리의 긴장완화 및 평화정책의 핵심이 된 것은 1970년 8월 12일 독일연방공화국과 소련 사이에 맺은 무력포기와 유럽에서의 불가침 및 현 국경선의 인정에 관한 모스크바 협정이었다. 연방정부는 '독일 통일에 관한 각서'에서 재통일의 요구를 일방적으로 강력하게 표명했다. 1970년 12월 7일의 바르샤바 협정에서는 폴란드와의 관계가 정상화되고, 오더-나이세 선이 폴란드의 서쪽 국경으로 인정되었다. 1971년 9월 3일의 4개 승전국 간 베를린 협정은 베를린의 현 상태를 확인했다. 이에 따르면 서베를린은 독일연방공화국의 헌법상의 일부분이 될 수 없으나 상호간의 '연결'은 유지되고 계속 발전되어야 한다는 것이었다. 또한 베를린의 분단으로 인한 불편을 더 견디기 쉽고 장벽의 통과를 더 쉽게 하는 '상황의 실질적 개선'이 가능해졌다. 베를린 문제는 전반적으로 완화되고 조정된 것이다. 1972년 12월 21일에는 양 독일 간의 기본조약이 체결되어 독독관계가 정상화되었고, 양 측의 상설대표부 설

1971년 노벨평화상을 수상한 빌리 브란트 총리

치가 합의되었다. 이에 따라 많은 개별협정들이 체결되는 길이 열렸다. 1973년 9월 18일 양 독일은 유엔에 가입했으며, 1975년 8월 1일에는 두 나라가 유럽의 안보와 협력에 관한 헬싱키 유럽안보협력회의 폐막문서에 서명했다.

연방총리 빌리 브란트는 1971년 '오랜 적대자들 사이에서의 화해정책'을 인정받아 2차 세계대전 이후 독일인으로서는 처음으로 노벨 평화상을 수상했다. 그러나 조약은 아직 비준되지 않았다. 국민들과 의회에서는 현 상황의 인정에 의해 통일이 어려워지는 것은 아닌지, 우호관계로 결속된 국민들이 사는 유럽에서 과거 독일의 동쪽 영토로의 진입이 더 쉬워질 것인지에 대한 열띤 논쟁이 이어졌다. 집권당의 과반의석이 무너져 야당 대표인 라이너 바르첼은 조직적인 불신임투표에 의해 브란트 총리를 해임할 수 있는 좋은 기회를 얻었다. 그러나 이 시도는 1972년 4월 27일 좌초되었다. 1972년 5월 17일 연방의회는 야당인 기민당/기사당의 대부분 의원들이 기권한 가운데 모스크바 및 바르샤바의 협정을 비준했다. 의회는 협정 비준에 관한 '해명 결의'에서 이 협정들이 독일의 평화적인 재통일에 위배되지 않는다고 밝혔다.

앞당겨 실시된 총선에서는 사민당-자민당 연합이 전보다 더 많은 수의 과반의석을 획득함으로써 브란트 정부의 동방정책에 대한 분명한 지지를 증명했다.

(2) 동서독 간 대화의 지속

1974년 5월 빌리 브란트가 총리실에서 일어난 동독 간첩사건(기욤 사건)*으로 물러난 후 새 총리가 된 헬무트 슈미트 또한 균형정책을 이어나갔다. 헬싱키 유럽안보협력회의 폐막문서에서 정한 국경통과의 자유와 인권 및 시민권의 더 강한 존중이라는 기본이념은 1975년부터 중부 및 동부유럽에서 일어난 경직된 권위주의적 정권에 대한 저항운동의 바탕이 되었다. 서독 정부는 동독의 주민들을 위해 독독 간 화해와 협력 사업을 계속해 나갔다. 서독의 막대한 자금지원 아래 동독을 통과하는 베를린과 함부르크 사이의 고속도로가 건설되었고, 서베를린으로의 통과수로가 정비되었다. 이밖에도 서독은 동독에 돈을 주며 계속하여 정치범들을 석방토록 했다. 서독은 33,755명의 정치범을 석방시키고 25만 명의

---

* 빌리 브란트 서독 연방총리의 비서였던 귄터 기욤(Günter Guillaume, 1927~1995)이 동독 정보기관 슈타지의 지령을 받고 암약하던 간첩임이 밝혀져 브란트 총리가 사임에 이르게 된 사건이다. 기욤은 1956년 동독 국가보안부 소속 중앙정보국의 지령을 받고 '특수임무 장교'로 서독에 입국하여 동독을 탈출한 망명자라고 속였다. 그는 서독에 정착한 후 사민당 활동을 시작하며, 프랑크푸르트 사민당의 보수적 당내 분파에서 주로 경력을 쌓는다. 그 후 기욤은 연방총리실 직원이 된다(1970년). 1972년 10월에는 총리의 당무비서가 된다. 기욤의 업무는 다른 직원과 함께 사민당 당대표를 겸직하고 있던 브란트 총리의 당내일정을 조정하고, 당기관과 당원과의 문서유통을 담당하는 것이었다. 기욤은 이 업무를 통해 브란트의 최측근 그룹이 되었고, 개인적으로 총리와 함께 휴가를 떠날 정도로 가까워졌다. 그는 다량의 정보를 동독에 넘겨준 혐의를 받고 1974년 서독 수사 당국에 검거됐다. 1975년 국가반역죄 혐의로 13년형을 선고받고 복역 중 동·서독 첩보원 교환으로 풀려나 동독으로 돌아갔다. 브란트 총리는 정치적 책임을 지고 사임했다.

이산가족을 상봉시키는 데에 모두 약 34억 마르크를 동독에 지불했다.

서독의 국가와 사회는 1977년부터 이른바 적군파(RAF)의 테러에 의해 어마어마한 도전에 직면했다. 백화점 방화에서 시작된 테러는 암살, 폭탄공격, 습격, 납치 등으로 확산되어 오랫동안 정치세계를 지배하고 법률의 엄격한 개정을 이끌었다. 그러나 이러한 테러는 서독의 행동력과 국민의 국가에 대한 지지를 흔들어놓지는 못했다.

(3) 나토 이중결의

서유럽의 국가들이 유럽공동체 안에서 더욱 긴밀하게 결속해 나간 반면 동유럽에서는 새로운 분쟁이 긴장완화의 70년대 말과 80년대 초를 에워싸고 있었다. 소련의 군대는 아프가니스탄을 침공했다. 폴란드에서는 국가로부터 독립된 노동운동이 태동한 후 계엄령이 선포되었다. 소련에서의 신형 중거리미사일 배치 또한 역사를 첨예한 대결의 시대로 후퇴시키려 했다. 소련의 아프가니스탄 침공에 항의하여 미국, 캐나다, 노르웨이, 서독은 1980년 모스크바 올림픽에 불참했다. 그리고 소련의 미사일 배치에 대해서는 이른바 나토 이중결의로 응수했다. 즉 한편으로는 소련과 무기감축 및 긴장완화를 위한 협상을 계속해나가겠지만 소련이 신형 미사일을 폐기하지 않는 한 서방측도 신형 미사일을 배치하겠다는 것이었다.

동서독 관계에 있어서도 양독관계를 손상시키지 않기 위한 노력이 필요했다. 동독은 동베를린과 동독을 방문하는 서독인들에게 부과하는 최저 환전액을 대폭 올렸던 것이다. 그밖에도 국가 및 당서기장 에리히 호네커는 동독 국민의 고유국적을 인정해줄 것과 상설 대표부의 대사관으로의 승격을 요구했다. 이러한 상황에서 헬무트 슈미트 서독 총리가 동독을 방문했지만 거의 아무런 양보도 얻어내지 못했다. 동독 정권이 이데올로기를 더욱 공고하게 다지게 된 것은 이웃 나라 폴란드에서의 대규모 시민집단의 저항운동에 대한 반응이었는데, 폴란드 국민들은 경제개혁과 자유와 군축을 점점 더 공공연히 요구하고 있었다.

그러나 동방세계에서만 미사일 배치 문제로 권위가 실추된 것은 아니었다. 본에서는 자민당(FDP)이 경제정책의 노선수정을 결정하고 연정에서 이탈한 후 집권 사민당(SPD)의 일반당원들까지도 평화운동과 일부 노동조합의 압력을 받아 나토 이중결의를 굳건히 고수하는 연방총리 슈미트에게서 등을 돌리게 되었다.

1982년 10월 1일 헬무트 콜은 건설적 불신임투표에 의해 기민당/기사당-자민당 연합의 새 연방총리로 선출되었다. 콜은 연방정부의 기존 안보정책의 연속성을 지켜나가면서 프랑스 및 미국과의 긴밀한 협력을 이어나감으로써 통일된 유럽의 안정을 확고히 하고 강화해 나가고자 했다. 콜 정권은 대대적인 평화운동시위에도 아랑곳하지 않고 군비증강을 고수하여 1983년 11월 연방의회는 미사일 배치를 다수결로 통과시켰다. 이에 따라 나토도 위기에서 벗어났다. 그러나 80년대 중반에 미국과 소련 사이에 군축을 위한 새로운 대화가 시작되어 독일에 새로 배치된 미사일들은 곧 다시 폐기될 수 있었다.

(4) 동독의 붕괴

동독에서는 통제경제, 비밀경찰, SED(독일사회주의통일당)의 전횡, 엄격한 검열에도 불구하고 국민의 대다수가 국가체제와 융화되었다. 국가에 의해 조정되고 보조되어 개인에게 매우 값싼 생필품이 공급된 것이 국민으로 하여금 체제를 지지하는 데 한몫을 했다. 동독 체제에는 유연한 부분도 있어 다양한 삶을 영위하는 것이 가능했다. 또 국제 경기대회에서의 동독의 우수한 성적과 소련에 대한 거액의 배상에도 불구하고 동독이 동구권 사회주의 국가들 가운데에서 최고의 1인당 국민총생산과 가장 높은 생활수준을 나타낸 것도 근로자들에게 만족감을 주었다.

그러나 정부의 선전에도 불구하고 국민들 사이에서는 경제적으로 서독을 능가하는 것은 상상에 그치게 될 것이라는 생각이 서서히 자라났다. 중앙집권제와 계획경제는 자원의 고갈과 생산성의 감퇴를 불러와 동독정권은 공약을 연장하고 계속하여 서독에서 거액의 차관을 들여오지 않을 수 없게 되었다. 소비재에 있어서는 필요할 때마다 즉석 조달한다는 원칙이 지배했다. 특히 젊은 세대에게는 널리 만연된 밀고와 끝없는 선전으로 덮인 이 나라가 신뢰할 수 없는 대상이 되어갔다. 국민들 사이에서는 자기결정권과 공동결정권, 개인의 자유와 소비재의 질 향상에 대한 요구가 높아져갔다.

1980년대 중반에는 점점 더 많은 사람들이 서독으로의 출국을 위한 새로운 길을 찾기 위해 동베를린의 서독 상설대표부와 프라하 및 바르샤바의 독일 대사관으로 몰려들었다. 소련에서 새로운 집권자가 된 미하일 고르바초프는 긴장완화, 신뢰, 투명성을 지지하며 1985년부터 자유를 향해 진력했다. 헬무트 콜 서독 총리는 1987년 에리히 호네커 동독 공산당 서기장이 본을 방문했을 때 소련에서의 정치의 전환에서 비롯된 독독관계에 대한 새로운 관점을 이렇게 표명했다.

"우리는 현존의 국경선을 존중하지만 분단은 상호이해의 과정을 통해 평화적인 방법으로 극복하고자 한다.”

그러나 동독의 SED 지도부는 고르바초프의 표어인 ‘페레스트로이카(개혁)’와 ‘글라스노스트(개방)’에 물드는 것을 원치 않았다. 국가 및 당서기 호네커에게는 새로운 시민운동들이 단지 “극단주의자들의 난동”의 일종일 뿐이었다. 장벽의 철수에 대한 요구에 그는 1989년 1월 “반독재주의적인 보호벽은 그것의 설치를 가져온 조건들이 변화되지 않는 한 그대로 존재할 것이다. 그것은 50년, 100년 후에도 그대로 남아 있을 것이다”라고 응수했다.

고르바초프가 “공동의 유럽 가족”을 언급하고 헬무트 콜이 “유럽에서의 수십 년 간 굳어진 껍질의 분쇄”에 대해 낙관적으로 확신하는 상황에서 동독정권의 완고한 요지부동은 동독 국민의 불만을 심화시켰다.

동독에서는 계속 진전되는 동서 양 진영의 군축협상으로 개혁과 더 많은 자유에 대한 요구가 강해져갔다. 1988년 초에는 동베를린에서의 시위에서 평화운동단체인 ‘아래로부터의 교회’ 회원 120명이 체포되었다. 체포된 사람들을 위해 게체마네 교회에서는 2천여 명이 참석한 가운데 기념예배를 올렸다. 2주 후에는 4천 명이 이 교회로 모여들었고, 드레스덴에서는 경찰이 인권과 의사표현 및 언론의 자유를 요구하는 시위대를 해산시켰다.

1989년 여름부터 동독체제는 점점 더 빨리 혼란의 소용돌이로 빠져들었다. 헝가리가 출국을 원하는 동독 시민들을 위해 국경을 개방함으로써 수천 명이 오스트리아를 경유하여 서독으로 넘어갈 수 있었다. 이 같은 바르샤바조약 규범의 파괴는 동독에서 점점 더 많은 사람들로 하여금 저항하도록 고무시켜 점차 교회 밖에서도 저항운동이 확산되었다. 이들은

70년대부터 주로 교회에서 확산되어 온 미미한 저항운동에 합류해왔다. 동독정권이 1989년 10월초 건국 40주년 기념행사를 성대하게 거행할 때 무엇보다도 라이프치히에서는 "우리는 한 민족이다!"라는 구호를 앞세운 대대적인 시위가 벌어졌다. 1956년의 헝가리, 1968년의 프라하, 1980년의 폴란드에서와는 달리 이번에는 소련이 무력으로 진압할 의향이 없음이 즉시 확인되었다. 이것이 낡은 체제에 대한 시민들의 압박을 더욱 강화시켰다. 마침내 호네커가 국가 및 당서기직에서 사임하고 그의 후임자 에곤 크렌츠가 '전환'을 약속했지만 체제의 와해를 막을 수는 없었다. 내각과 SED 정치국은 총사퇴했다.

(5) 비폭력혁명

동독에서의 '부드러운 혁명'은 국가조직을 일종의 마비상태에 빠뜨렸다. 1989년 11월 9일 저녁 SED의 베를린 지역총서기인 권터 샤보브스키가 여행의 자유에 관한 새로운 규정을 발표하자 동독 주민들의 기대감은 한껏 들끓었고, 베를린의 국경검문소 문은 활짝 열렸다. 사실상 장벽이 무너져 내린 이날 밤 국경거리와 서베를린의 쿠어퓌르스텐담 광장에서는 이루 형언할 수 없는 환희의 광경이 연출되었다. 발터 몸퍼 베를린 시장은 당시의 전체 독일의 분위기를 이렇게 표현했다.

"우리 독일인들은 지금 세상에서 가장 행복한 민족이다."

장벽 개방의 뉴스는 폴란드 바르샤바를 방문 중이던 서독 총리 콜에게 전해졌다. 그는 하루 일정의 그곳 방문을 중단하고 급히 베를린으로 돌아와 셰네베르크 시청사의 발코니 위에서 2만 명의 시민들 앞에서 연설했다. 그는 이 행복한 순간에 냉정을 찾을 것을 당부하고 고르바초프와

베를린장벽의 개방에 환호하는 시민들(1989년 11월)

아울러 서방의 친구들에게 그들의 지원에 대해 감사했다. 자유의 정신이 온 유럽을 사로잡고 있다고 총리는 외쳤다. 다시 바르샤바로 돌아간 그는 유럽의 평화, 안보, 안정을 위한 독일—폴란드 간 협력의 확대 및 심화에 관한 성명에 서명했다.

동독의 평화적인 붕괴는 수십 년 동안 추구해왔으며 많은 사람들이 더 이상 가능하지 않다고 여겨온 독일 재통일의 기회를 가져왔다. 연방총리 콜은 1989년 11월 28일 10개 항 계획을 제시했다. 이것은 당면한 긴급 경제원조, 정치 및 경제체제의 근본적 개혁, 조약공동체와 국가연합을 거쳐 연방국가 체제로의 독일의 재통일이라는 골자를 담고 있었다. 동독의 반체제파는 이 구상에 찬성했다. 그러나 동독에서 저항하고 시위를 벌이는 사람들에게는 이 구상이 너무 오랜 시간을 요하는 것이었다. 이미 오래 전부터 거리의 구호는 "우리는 민족이다"에서 "우리는 한 민족이다"

로 바뀌어 있었다. 1990년 1월 15일에는 라이프치히에서 "독일, 통일된 조국"을 슬로건으로 내걸고 15만 명이 모였다. 시민권의 운동은 한스 모드로가 이끄는 새로운 정부를 불신했다. 서쪽의 물결은 한 주 한 주가 지나면서 점점 더 강력해져갔고, 동독체제의 불안정은 급속히 높아져갔다.

(6) 동독에서의 자유총선

동독 시민들은 1990년 3월 18일 40년 만에 처음으로 자유로운 선거를 할 수 있었다. 기민당(CDU)과 민주개벽(DA)이 41.7%를 득표하고, 사민당(SPD)이 21.9%, 독일사회동맹(DSU)이 6.3%, 자유당이 5.9%를 획득했으며, 지금까지 절대권력을 누려온 SED는 명칭이 민주사회주의당(PDS)으로 바뀌어 16.4%를 얻었다. 이것은 재통일을 가속화하는 의미의 투표였다. 로타르 드 메지에르가 CDU, DSU, DA, SPD, FDP 연립정부의 총리가 되었다. 서독의 콜 정부는 드 메지에르와 1990년 7월 1일자로 경제, 화폐, 사회통합을 하기로 일정에 합의했다. 동독이 독립적인 국가로 존속하기에는 더 이상 경제적 기반이 존재하지 않았다. 1990년 8월 동독 인민회의는 동독이 가능한 한 빨리 서독의 기본법 적용영역 속으로 들어가는 것에 찬성했다. 8월 31일의 통일협정에서는 브란덴부르크, 메클렌부르크-포어폼메른, 작센, 작센-안할트, 튀빙엔 등 새로 형성된 5개 주가 독일연방공화국의 주가 되는 것을 규정했다. 1990년 9월 12일에는 모스크바에서 서독, 동독, 미국, 소련, 영국, 프랑스의 외무장관들이 이른바 2+4협정*인 '독일에 관한 최종 조정 협정'에 서명했다. 이 협정은 10

---

* 1990년 9월 12일 모스크바에서 체결된 '독일 관련 종결협정'으로 양 독일과 4대 전승국(프랑스, 영국, 소련, 미국)이 독일 통일을 대외정책적으로 보장하기 위해 체결한 협정을 말한다. 이 협정을 통해 독일은 완전한 주권을 회복할 수 있게 되었다. 독

월 2, 3일 뉴욕에서 열린 유럽안보협력회의 외무장관회담에서도 성명을 통해 환영받았다. 마침내 1990년 10월 3일 동독의 존재는 막을 내리고, 독일은 다시 통일되었다.

(7) 베를린공화국

독일이 통일된 후 독일 연방의회는 1991년 6월 20일 찬성 337표 대 반대 320표로 의회 및 정부 소재지를 본에서 베를린으로 옮기기로 결의했다. '정부기능의 핵심영역'은 베를린으로 옮겨졌다. 1994년 1월 31일 연방대통령 리하르트 폰 바이츠제커는 대통령실을 베를린으로 옮겼다. 1996년에는 연방참의회도 베를린으로의 이전을 결의했다. 정부, 연방의회, 연방참의회를 위한 건물들이 모두 개축되거나 신축된 후 이들 기관의 이전은 1999년 여름에 이루어졌다. 본에는 6개 정부부처가 남았다. 베를린으로의 수도이전과는 반대로 몇몇 행정기관들은 본으로 이주했다. 2001년 5월 2일에는 베를린의 제국의회 맞은 편 슈프레 강변에 신축된 연방총리실의 열쇠가 연방총리에게 건네졌다. 행정부와 의회의 이전

일의 국경은 독일이 영토요구권을 포기함으로써 최종적으로 인정되었다.

은 독일의 새로운 수도 발전에 강한 자극을 주었다.

4. 통일 이후의 독일

1990년 10월 3일 동독 시민들의 평화로운 혁명이 독일을 동서 양쪽으로 갈라놓은 장벽을 무너뜨리고 독일을 재통일로 이끌었다. 재통일의 과정은 역사상 유례가 없었으며, 예상 밖으로 짧은 기간 안에 이루어진 재통일의 완성은 지난한 국민적 노력의 결과였다. 재통일 후 20여 년이 지난 지금까지 동부독일 주들에서의 경제 및 사회적 기반은 충실하게 개선되어 왔다. 그러나 독일 국민들이 함께 풀어나가야 할 커다란 도전들은 여전히 남아있다.

(1) 미래를 위한 변화

독일의 통일이 이룩되고 동유럽 공산권의 몰락을 가져온 엄청난 정치적 변화 이후 독일연방공화국과 동반국들은 다음과 같은 완전히 새로운 요구들에 직면했다.

- 새로운 연방주들에서의 건설이 우선적으로 추진되고 독일의 내적 통합이 완성되어야 한다.
- 유럽연합은 계속하여 발전되고 심화되며 확장되어야 한다.
- 전 세계적인 평화 및 안보체제가 구축되고 유지되어야 한다.

독일과 유럽과 세계의 과제는 서로 불가분의 관계로 연결되어 있다. 새로운 연방주들에서의 건설과 기반강화는 어디까지나 유럽통합의 과정 속에서 이루어질 수 있다. 유럽은 중부 및 동부유럽의 개혁국가들에 대한 개방 없이는 새로운 형태를 유지할 수 없다. 경제적으로 뿐만 아니라 정치적으로도 동중부유럽의 국가들은 공동의 유럽 및 대서양 기구들에 단계적으로 접근되어야만 한다. 이러한 의미에서 1994년 6월 24일에는 그리스의 코르푸섬에서 유럽연합과 러시아 사이에 우호협력협정이 체결되었다. 독일연방공화국이 러시아에 베푸는 광범위한 원조는 러시아가 이룩한 민주주의적 변모와 정치적 가치의 새로운 공통성에 대한 독일의 지대한 관심과 일치한다.

독일은 넉넉지 않은 국가재정에도 불구하고 러시아 외의 국가들을 위해서도 재정적 지원을 계속함으로써 그 나라 국민들의 경제적, 사회적 및 정치적 삶의 상태를 개선시키기 위한 자기노력을 돕고 있다. 인권의 존중, 주민의 참정, 법치의 보장, 시장경제 및 사회보장적 경제질서의 도입 등은 이들 국가들에 대한 지원을 통해 독일이 추구하는 중요한 범주들이다.

독일은 유럽연합(EU) 재정의 20% 안팎을 부담함으로써 28개 회원국 중 최대 분담국이며, 북대서양조약기구(NATO)에서 미국에 이어 두 번째로 많은 분담금을 지불하고 있다. 이로써 독일은 지금까지의 정책의 연속성 속에서 안보와 평화를 유지하기 위한 의지를 내 보이고 있다.

유럽연합 사무총장의 요청에 따라 처음으로 독일 연방군 수송대는 1993년 여름 소말리아에 유엔 평화유지군으로 참여했다. 독일군의 소말리아 주둔은 독일 내에서 정치적인 논쟁을 일으켰다. 연방헌법재판소는 1994년 7월 독일은 유럽연합 안보회의의 결의를 이행하기 위한 북대서양조약기구 및 서유럽연합의 행동의 틀 안에서 병력을 주둔시킬 수 있다고 판결했다. 이같은 헌법재판소의 판결에 따라 유럽연합에 의해 편성된 평화군에의 독일군의 참여가 이어졌다. 1995년 12월 5일에 연방의회는 절대다수의 찬성으로 연방군 4천명을 유럽연합 위기군의 틀 속에서 보스니아에 파견하는 안을 통과시켰다. 1997년 초 독일 국방장관은 의회의 승인 아래 3천명의 연방군을 보스니아-헤르체고비나 분쟁을 해결하기 위해 NATO에 의해 이끌어지는 국제평화유지군에 소속시켰다. 2002년 4,500명의 연방군이 아프가니스탄에 파병되고 2014년 9월에는 중앙아프리카에 80명이 유럽연합 평화유지군에 합류한 것을 비롯하여 수단, 에티오피아, 소말리아, 말리 등 아프리카 여러 나라와 중동의 레바논 등에 각각 수 명에서 수천 명에 이르는 독일군이 들어가 임무를 완료했거나 활동하고 있다.

오늘날 독일 정부 지도자들은 국제 분쟁에 독일이 더욱 책임을 갖고 임해야 한다면서 그동안 소극적인 자세에 머물렀던 해외 파병에 적극성을 나타내고 있다. 패전국인 독일은 2차 세계대전 후 해외 파병에 관한 언급 자체만으로도 국내외에서 민감한 이슈가 됐다는 점에서 독일의 이 같은 움직임은 기존 노선에서 벗어나는 변화가 시작된 것으로 관측된다. 요아힘 가우크 독일 대통령은 2014년 1월 31일 세계 각국 안보 책임자들이 참석한 뮌헨 안보회의 연설에서 "군대 파견문제가 대두되면 독일은 무조건 '노no'라고 해서는 안된다"면서 "타국이 수십 년간 제공한 안보를 보장하기 위해 독일은 더 많은 역할을 떠맡아야 한다"고 강조했다. 이미 독일군 외국 파병에 적극적인 의지를 나타낸 우르줄라 폰데어라이엔 국방장관은 가우크 대통령에 이은 연설에서 "무관심은 독일 같은 국가에는 선택이 될 수 없다. 안보뿐만 아니라 인도적인 관점에서도 그렇다"라고 말했다. 그는 특히 "만약 우리가 자원과 기술을 가지고 있다면, 우리에게

관여해야 하는 책임이 있는 것"이라고 사실상 군대 파병 요구를 회피하지 않겠다는 입장을 내보였다.

그러나 독일국민들의 파병에 대한 입장은 찬반이 엇갈리고 있다. 독일 공영 ARD 방송의 2014년 초 국민 여론조사 결과 응답자의 61%가 독일군의 외국 파병 확대에 반대한다고 답했다. 찬성률은 30%로 반대율의 절반에 그쳤다. 그러나 잡지인 '슈테른'이 발표한 여론조사 결과에서는 '인도적인 목적의 아프리카 분쟁지역에 대한 독일군 파병'에 찬성이 51%로 43%인 반대보다 많았다. 전투병 파병만 아니면 인도적인 지원은 큰 문제가 없다는 시각도 적지 않은 것이다.

(2) 유럽연합으로의 길

1991년 네덜란드 마스트리히트에서 유럽의 국가 및 정부 수반들이 경제 및 통화통합과 함께 더욱 심화된 유럽공동체를 지향하는 유럽연합의 결성을 위해 조약 마련 작업을 시작했다. 그 후 조약에 대한 각 국의 국민투표를 거쳐 1993년 11월 마스트리히트 조약*이 발효됨으로써 유럽연

---

* 1992년 2월 7일 유럽경제공동체(EEC) 회원국들이 네덜란드 마스트리히트에서 '하나의 유럽'을 건설하기 위해 체결하여 1993년 11월 1일 발효시킨 조약으로 공식 명칭은 유럽연합조약이다. 이 조약은 일부 회원국에서 국민과 의회의 거센 저항에 직면해 비준 과정에서 난항을 겪었는데, 우여곡절 끝에 1993년 11월 1일 수정조약이 발효되었다. 마스트리히트 조약은 공동 외교 · 안보 정책, 내무 · 사법 분야의 협력 강화를 규정하고, 유럽경제공동체(EEC)를 유럽공동체(EC)로 개칭해 새로 출범할 유럽연합의 주축으로 삼았다. 이에 따라 EC는 공동체의 개발 · 교육 · 보건 · 소비자보호 정책 분야에서부터 환경보호, 사회적 · 경제적 결속, 기술연구 분야에 이르기까지 광범위한 권한을 행사하게 되었다. 또한 마스트리히트 조약은 '유럽 연합 시민권', 즉 회원국 시민이라면 국적을 불문하고 거주국 의회 및 유럽 의회 선거에서 선거권 · 피선거권을 행사할 수 있도록 하는 공동 시민권 제도를 도입했다. 또한 EC에 통화 정책을 통합하는 책임을 맡기고, 공동 통화기구에 의한 통화 통합, 즉 유럽 단일화폐의 창출을 추진하기로 했다.

합 출범의 토대를 이루었다.

그리하여 당시 12개의 유럽공동체 국가들(프랑스, 서독, 이탈리아, 벨기에, 네덜란드, 룩셈부르크, 영국, 아일랜드, 덴마크, 그리스, 스페인, 포르투갈)의 공동의 역내시장이 문을 열었다. 이 시장은 3억4천5백만 유럽인들을 묶어 지구상에서 최대의 구매력을 갖춘 경제권역이 되었다. 스위스를 제외한 유럽자유무역권(EFTA)의 국가들(오스트리아, 스웨덴, 노르웨이, 핀란드, 아이슬란드, 리히텐슈타인)도 유럽공동체와 합세하여 유럽경제권을 이루었다.

통화통합은 이미 1990년 중반부터 첫 단계에 들어서 유럽공동체 국가들 간의 자본교류가 자유롭게 되고 동반국들의 경제정책의 조정과 중앙은행들의 협력이 강화되었다. 1994년 1월 1일부터는 두 번째 단계로 유럽통화연구소EWI가 프랑크푸르트에 위치하게 될 유럽중앙은행의 설립을 준비해 왔다. 통화통합의 세 번째이자 마지막 단계로의 진입은 1998년 초에 이루어져 1999년 1월 1일부터는 유로화가 공동화폐로 합법화된 후 2002년부터 통용되었다. 고도의 화폐가치 안정과 관리규칙은 완전한 경제통합 및 통화통합의 전제이다.

독일연방정부의 견해는 공동체의 심화는 영역 확장을 통해 이루어질 수 있으며, 따라서 이전의 유럽자유무역권(EFTA) 국가들의 가입에 이어 중부, 동부 및 남동부 유럽 국가들을 EU로 끌어 들여야 한다는 것이다.

그리하여 21명의 국가 및 정부 수반들이 참석한 가운데 1994년 12월 에센에서 개최된 EU 정상회담에서는 6개의 중부 및 동유럽의 개혁국가들(폴란드, 헝가리, 체코, 슬로바키아, 루마니아, 불가리아)에게 유럽연합으로의 가입의 길을 터주는 안이 의결되었다. 1995년 1월 1일 핀란드, 오스트리아, 스웨덴의 가입으로 EU 회원국은 15개로 늘어났다. 1995년 3월 26일부터는 셴겐조약*이 발효됨으로써 독일, 베네룩스 국가들, 프랑스, 스페인, 포르투갈 등 7개 가입국들 사이의 국경 통행에 인적 검열이 사라졌다. 이들 7개국들 간에는 국제공항뿐 아니라 국내선 공항도 발착지로 이용할 수 있도록 되었고, 여권제시나 신분검색을 받지 않게 되었다. 따라서 셴겐조약은 유럽통합을 달성하는데 있어 매우 획기적인 조치로 받아들여지고 있다.

1996년 3월 말에는 투린에서 유럽연합 국가들 간의 협력을 개선하기 위한 정부 간 회의가 시작되었다. 이 회의는 1997년 6월 16일과 17일 암스테르담에서 성공리에 폐막되었다. 이에 따라 지중해 연안국들과 키프로스를 받아들이기로 함으로써 EU로의 길은 활짝 개방되었다. 마침내 2004년 5월 1일 키프로스, 체코, 에스토니아, 헝가리, 몰타, 폴란드, 슬로바키아, 슬로베니아, 라트비아, 리투아니아 등 10개국을 새로이 가입시킴으로써 25개 회원국으로 확대된 EU는 전체 유럽을 단일한 안정 및 성장권역으로 발전시킬 토대를 마련했다. 이어 2007년 1월 1일에는 루마니아와 불가리아의 가입으로 EU는 27개 회원국으로 확대되었다. 2013년 7월 1일 크로아티아가 가입함으로써 EU 회원국은 28개로 늘어났다.

(3) 동서간의 경제적 균등화

서부독일과 동부독일간의 균등화 과정은 유럽통합의 틀 속에서, 동부

---

* 유럽 각국이 공통의 출입국관리 정책을 통해 국경통제시스템을 최소화하여 국가 간 통행에 제한을 없앤다는 내용을 담은 조약을 말한다. 이 조약은 벨기에, 프랑스, 독일, 룩셈부르크, 네덜란드 등 5개국이 1985년 6월 14일 룩셈부르크의 작은 마을 셴겐에서 최초로 조인한 후 1995년 3월 26일 스페인과 포르투갈이 합류한 7개 가입국에 의해 실질적으로 발효되었다. 그 후 점차 가입국이 늘어 2014년 현재 아일랜드와 영국을 제외한 모든 유럽연합 가입국과 유럽연합 비가입국인 아이슬란드, 노르웨이, 스위스 등 총 29개국이 조약에 서명하였다.

유럽 국가체계의 붕괴 결과로서의 세계적인 정치적 및 경제적 재편과 나란히 보조를 맞춰 이루어지고 있다.

계획경제적으로 이룩된 구동독 경제의 기능적인 사회적 시장경제체제로의 전환은 역사상 전례 없는 도전이었다. 이를 위해서는 서부독일로부터 동부독일로의 막대한 자금유입이 필수적이었다. 1996년 말까지 지원된 공적 자금만도 7천5백억 마르크에 달했다.

새로운 연방주들에서의 경제구조 변경에 있어서 핵심역할은 신탁공사가 맡았다. 신탁공사는 업무를 마무리 지은 1994년 말까지 약 1만5천 개 기업체를 사유화했는데, 이 때 약 660억 마르크가 사유화 지원금으로, 2천1백10억 마르크가 투자금으로 투입되었다. 더 나아가 150만 개의 일자리를 만들어야 했는데, 경제의 변환은 경쟁력 창출에 따라 많은 일자리의 상실을 초래했기 때문이다. 연방정부는 따라서 통일 이후 재정지원을 높이면서 새로운 일자리들의 창출을 촉진하고 있다.

1995년 말까지 정부의 도움으로 새로운 연방주들에서 3백만 채가 넘는 주택이 보수되거나 현대적으로 개축되었으며 약 8만 채의 주택이 새로 지어졌다. 또한 연방정부는 1990년 7월 화폐통합 이후 1996년 말까지 새로운 주들에서의 교통시설 구축에 모두 680억 마르크를 투자했는데, 이 중 철도에 360억 마르크, 도로에 180억 마르크, 수로에 10억 마르크가 투입되었다. 그리하여 새로운 주들에서는 약 1만1천㎞의 도로와 5천㎞의 철도가 보수되거나 신설되었다. 연방정부는 동부의 새로운 주들에서의 교통환경의 개선을 위해 지속적인 투자를 해 나가고 있다.

지난 수 년 동안에 특별히 중산층이 새로운 주들에서의 경제건설에 있어서 원동력이 되어 왔는데, 50만여 명이 자립적인 일자리를 획득했으며 그 중 12만 명 정도는 수공업 분야에 종사하고 있다. 많은 자금 지원 기관들과 자문기관들이 새로운 주들에서의 투자활동을 뒷받침해왔는데, 몇 가지 예는 다음과 같다.

- 연방정부에 의해 자금이 지원되는 자기자본조력 프로그램
- 유럽 회생 프로그램ERP=European Recovery Program
- 연방정부, 주들, 유럽연합에 의해 재정지원 되는 지역경제구조 개선 공동체과제
- 재건을 위한 금융기관의 중산층 프로그램

통일 후 수년이 지나고부터 동부독일의 경제는 성장국면에 올라섰다. 수많은 인력의 적정 장소에의 배치와 많은 업체들의 고용과 함께 재정적 지원 및 강력하고 조직적인 노력은 동부독일의 경제적인 조화과정을 크게 진전시키는 데 기여했다. 소득과 연금은 점차적으로 서부독일의 수준에 근접해 가 1996년 초에 이미 동부독일에서의 표준연금이 서부독일 수준의 82.2%에 달하게 되었다.

많은 경제분야들은 오늘날 점차 자체적인 성장요인들에 의해 운용되지만 생계활동당 생산성이 낮은 분야들은 여전히 문제를 안고 있다. 통일 직후인 1991년에 동부독일의 산업체 생산성은 서부독일의 31%에 머물렀는데 1996년에도 57% 수준에 그쳤다.

1995년 초부터 새로운 주들도 연방주들 사이의 재정 균형화에 포함되어 동부의 주들이 첫 해에 570억 마르크의 예산을 확보했다. 이전에는 독일통일기금이 동부독일에 대한 재정적 조달을 담당했었다.

새로운 주들에서의 건설에서 비롯되는 엄청난 비용 문제와 연방정부의 순부채 부담을 해결하기 위해 1995년 1월 1일부터 독일에서는 소득세와 법인세에 붙는 부가세율이 각각 7.5%로 인상되었다. 이 세율은 1998년 8%로 인상된 후 2007년 1월 1일부터는 9.5%로 높아졌다.

(4) 경제적 위상의 공고화

전 세계적으로 첨예화하고 있는 경쟁 속에서 미래 독일의 위상을 공고히 하기 위해서 경제와 사회는 구조적인 변화들을 이끌 수밖에 없다.

이를 위한 전제조건들은 유리하게 갖춰져 있는데 독일이 활용할 수 있는 부인할 수 없는 강점들은 다음과 같다.

- 많은 능률적인 대기업 및 중소기업들로 된 세련되고 유연한 경제구조
- 근로자들의 높은 질적 수준(직업교육의 이원적 체계는 세계적으로 인정받고 있음)
- 교통 및 통신 분야에서의 매우 충실한 공적인 인프라 구조
- 경제적 및 사회적 안정성

성장을 강화하고 실업을 줄이며 투자 및 고용상황을 개선시키는 것이 작금의 필수과제다. 연방정부는 이를 위해 투자와 일자리를 위한 50개 항의 광범위한 행동계획을 수립했는데, 이것은 구조적 변혁을 목표로 한 총체적 구상으로서 현재 하나 하나 실천에 옮겨지고 있다. 이 50항 행동계획은 1996년 4월에 수립된 더 많은 성장과 고용을 위한 계획을 통해

좀 더 구체화되고 개선되었다.

행동계획의 핵심 중 한 가지는 기업의 독립성과 기술혁신을 이룬다는 것으로 여기에는 젊은 창업자의 시장에서의 창업기회를 개선시키는 것도 포함되어 있다. 또 다른 중요한 과제는 국가에서 정하는 소득 부가세의 지속적 인상을 억제하고 사회보장기여금을 과거와 같이 환원한다는 것이다. 여기서 중시되는 점은 사회보장체계가 인구통계학적 변화와 변화된 세계경제 여건에 걸맞게 미래를 확실하게 보장할 수 있도록 이루어져야 하며, 실제로 필요한 사람들에게 좀 더 강력한 도움을 집중적으로 베풀 수 있어야 한다는 것이다.

행동계획에 담긴 그 밖의 주요 사항은 다음과 같다.

- 기업들이 새로운 일자리를 마련할 수 있는 준비를 촉진시킴으로써 새로운 고용기회 창출
- 지원금 사용 실태의 철저한 감독을 통한 경제적 적응력의 제고
- 규제 폐지와 시장참여를 통한 기업활동의 촉진: 더 많은 경쟁에 의한 더 많은 활동
- 직업교육의 질 강화: 교육에의 투자는 미래에의 투자

미래 보장의 중요한 대책으로는 세제개혁인데, 좀 더 단순하고 모두에게 공감되는 좀 더 효율적인 조세체계가 구상되고 있다. 연금보험 또한 지속적으로 개선, 발전시켜 나가야 할 과제이다.

(5) 정치적 안정

절대다수의 독일인들은 국가의 통일을 긍정적으로 보고 있다. 그러나 서부지역 주민들의 동부지역 주민들에 대한 기여에 대하여는 동부독일인들과 서부독일인들이 상이하게 평가하고 있는데 이 점은 이해할 만하다. 40여 년 간의 단절 속에서 형성된 이질성은 오늘날 점차 사라지고 있다. 독일인들은 동부독일과 서부독일에서의 생활상태의 신속한 동화는 좋은 것이지만 쉽게 실현될 수 없다는 것을 잘 알고 있다. 오늘날 사람들은 실질적인 목표를 지향하는 단계적 진전을 중시한다. 그리하여 새로운 주들에서의 점진적 건설과정에 대해 만족을 표하는 사람들의 수가 점차 늘고 있다.

한 가지 풀기 어려운 사안은 SED 통치기에 행해진 이른바 정부범죄에 대한 법적인 판결 문제였다. 예를 들면 정치적으로 책임을 맡은 자로서 장벽과 철조망에 사격명령을 내린 자들의 죄는 어떻게 평가되어야 할 것인지가 문제였다. 그러나 여기서 형사소추의 토대를 행위 당시의 동독의 법에 둠으로써 이들은 단죄의 테두리에서 벗어나 사회에 동화될 수 있었다. 또 다른 고통스런 사안은 동독 비밀경찰Stasi의 규정에 따라 행해진 대중감찰의 문제였다. 많은 동부독일의 주민들은 비밀경찰이 자신들에 대해 무엇을 캐내었는지를 알고자 하여 많은 사람들이 그들이 믿은 사람들로부터 자신도 모르게 많은 것이 캐내어져 당국에 보고되었음을 발견하고 인간적 불신과 배신감에 떨었다.

1995년에는 연중 계속하여 해외 언론매체들을 통해 독일의 불안정한 정치상황의 위험에 대해 논란이 일었다. 그러나 여러 선거들의 결과는 그 반대임을 증명하여 극우정당들은 연방의회에 발을 들여놓지 못했다. 1994년 10월 16일의 연방의회 선거 결과 정당별 득표율은 CDU/CSU 41.5%, SPD 36.4%, FDP 6.9%, 연맹90/녹색당 7.3%, PDS 4.4%로 나타났다.

그 후 20년이 지난 2013년 9월 22일의 총선에서는 CDU/CSU 41.5%, SPD 25.7%, 좌파당 8.6%, 녹색당 8.4%, FDP 4.8%, AfD 4.7%의 득표율을 보여 직전인 2009년 총선에 이어 좌파당의 두 번째 의회진출이 눈에 띈다.

여론조사에 의하면 절대다수의 독일인은 자본주의에 반하는 좌편향 이념보다는 민주주의에 신뢰를 보내고 있다.

(6) '동부 건설'의 과제

동독의 붕괴 이후 동독의 평균생산성이 서독의 1/3 수준 밖에 되지 않는다는 사실이 드러났고, 이에 따라 기업의 민영화를 담당했던 신탁공사들은 처음 예상했던 6천억 마르크(약 3천억 유로)의 수익 대신 2천3백억 마르크의 적자를 나타냈다. 새로운 연방주들의 인프라 구축을 위해 필요한 투자금을 국영기업들의 민영화를 통해 충당할 수 있으리라는 기대는 수포로 돌아갔다.

독일 통일에 든 비용은 최대한 비관적으로 추산했던 것보다도 훨씬 더 늘어났다. 통일에 따른 사회적 부담은 동부지역의 주민들이, 그리고 재정적 부담은 서부지역의 주민들이 짊어져야 했다. 결국 벅찬 기적의 해였던 1989/1990년이 지나고 장기적인 안목으로 해결해나가야 할 냉철한 상호접근의 과정이 시작되었다. 이 과정에서 '동부 건설'의 성공사례들이 점차 드러나기 시작했지만 그것들이 정확하게 인식되지 못하는 경우도 있었다.

가장 눈에 띄는 '동부 건설'의 성공사례로는 동독 시절 오랜 기간에 걸쳐 피폐해진 드레스덴, 라이프치히, 켐니츠, 할레 등 많은 도시들의 도심 주거지 재개발을 들 수 있다. 그 외에도 유럽에서 가장 현대적인 통신설비가 새로운 연방주들에 설치된 것, 대학들이 경쟁력을 갖게 된 것, 동부지역에 새로이 자리 잡은 태양열 및 환경기술 관련 기업들이 세계를 선도하는 위치에 서게 된 것 등을 성공적 사례로 들 수 있다. 또한 인프라 구축, 환경 및 자연보호, 관광 진흥, 문화유산 보존 등의 분야에서도 지대한 노력이 기울여져왔다.

반면 특히 젊은 층이 동부지역에서 서부지역으로 이주해가는 현상 및 그로 인한 새로운 연방주들의 인구 감소 및 고령화와 같은 문제들은 통일 초기에 비해 완화되기는 했지만 여전히 당면한 문제로 대두되고 있다. 동부지역은 많은 사람들이 떠나 인구가 감소했지만 대신 2009년까지 총 1조 6천억 유로에 달하는 이전자금Transferleistung*을 서독으로부터 제공받았다.

'동부 건설'을 위해 독일이 행한 온갖 노력은 국민적 결속을 보여주는 좋은 예이다. 많은 발전과 변화에도 불구하고 독일의 내적 통일을 완성하기 위해서는 동서 양쪽 주민 간 삶의 격차를 조정하는 일이 앞으로도 가장 중요한 과제로 남을 것이다. 독일통일의 상태에 관한 독일연방정부의 연례보고서는 그 진전 상황에 대해 정기적으로 알리고 있다.

---

* 국가가 경제적 불균형을 조정하기 위해 지방정부나 개인에게 상환조건 없이 무상으로 제공하는 자금을 뜻하는 경제학 용어로 독일의 경우 통일 이후 낙후된 구 동독 지역의 재건을 위해 막대한 액수의 이전자금이 제공되었다. 이전자금에는 개인에게 지급되는 실업수당, 사회보조금, 자녀수당, 주택수당 등이 포함된다.

II. 국토와 국민

    16개 연방주로 이루어진 독일은 수십 개 지역으로 분할된 왕국과 제후 국들의 전통을 이어받은 유서 깊은 나라이다. 또한 지리적으로도 다양한 모습을 나타내고 있어 북해와 동해는 모래사장을, 남부지역은 눈에 덮인 알프스 산악을 보여주고 있다.

    독일은 약 8천70만 명의 인구를 지닌 현대적이며 개방적인 국가이다. 독일의 사회는 생활방식 상의 다원주의와 인종에 따른 문화적 다양성을 특징으로 하고 있다. 협력적 삶이 점점 더 다양화되고 있으며, 개인적 활동공간 또한 확대되어 왔다. 남녀의 성에 따른 역할 분담은 사라졌다. 사회의 변화에도 불구하고 가정은 가장 중요한 사회적 관계집단이 되고 있으며, 청소년들은 부모와 아주 친밀한 관계를 유지하고 있다.

면적	357,168㎢
수도	베를린
국가형태	의회민주주의연방국
접경국가	벨기에, 덴마크, 프랑스, 룩셈부르크, 네덜란드, 오스트리아, 폴란드, 스위스, 체코
기후	온난기후대로 연평균기온 9℃
최고봉	추크슈피체(2,962m)
주요 강	라인강(865km), 엘베강(700km), 도나우강(647km), 마인강(524km), 베저강(440km), 자알레강(427km), 엠스강(371km), 네카강(367km), 하벨강(343km), 베라강(292km), 모젤강(242km), 풀다강(218km), 엘데강(208km), 오더강(162km), 슈프레강(150km)
주요 호수	보덴제(572㎢), 뮈리츠(110㎢), 킴제(80㎢), 슈베리너제(61㎢), 슈타른베르거제(56㎢)
천연자원	암염, 칼리염, 갈탄, 석탄
인구	8,070만
인구밀도	226명/㎢
신앙생활자	기독교 66%(가톨릭 33%, 개신교 33%), 회교 4%, 유대교 0.1%

한눈에 보는 국토와 국민

1. 국토

독일연방공화국은 유럽의 중심에 놓여 동과 서, 남과 북을 연결하고 있다. 독일은 1990년 동서독의 통일 이후 9개의 인접국들로 둘러싸여 있다. 즉 북쪽에는 덴마크, 서쪽에는 네덜란드 · 벨기에 · 룩셈부르크 · 프랑스, 남쪽에는 스위스와 오스트리아, 동쪽에는 폴란드와 체코가 인접해 있다. 독일은 유럽연합과 북대서양조약기구의 회원국으로서 통일된 유럽을 향한 길 위에 있는 중부 및 동유럽 국가들의 파트너이다.

독일연방공화국의 면적은 357,168㎢이다. 남북으로의 최장 직선거리는 876㎞이고 동서로는 640㎞이다. 문화적 다양성과 지역적 특수성, 매력적인 도시들과 풍경들로 이루어진 독일에는 약 8,070만 명의 사람들이 살고 있다. 따라서 독일은 네덜란드, 벨기에, 영국에 이어 유럽에서 가장 인구밀도가 높은 나라들 중 하나이다.

(1) 지형

독일의 지형은 대단히 다채롭다. 높고 낮은 산맥들이 고원들, 단구들, 구릉지들, 산악지들, 호수들, 넓은 평지들 사이에 혼재되어 있다.

북쪽으로부터 남쪽에 이르기까지 독일은 크게 5개의 지형으로 나뉜다. 즉 북부 독일의 저지대, 중부 산악지대, 남서부 독일의 중산구릉지대, 남부 독일의 알프스 인접지대, 바이에른의 알프스지대가 그것이다. 전체적으로 보아 독일은 북쪽으로 올라갈수록 낮은 평야지대가, 남쪽으로 내려갈수록 높은 산악지대가 펼쳐지는 북저남고형 지형이라 할 수 있다.

16개 연방주로 이루어진 독일

　북부 저지대는 바다에 면한 넓고 언덕진 황야와 점토질 평지로 이루어
져 있는데, 이곳은 비옥한 토지들과 함께 황무지와 늪지대가 남쪽 중부
고원지대 앞에까지 뻗쳐 있다. 이 저지대 분지에는 니더라인, 베스트팔
렌, 작센-튀링어 분지가 있다. 북쪽에는 북해 연안의 습지대들이 불모
지로 남아 있다. 동해 연안에 있어 특징적인 것은 슐레스비히-홀슈타인
의 만들이며, 메클렌부르크-포어폼메른에서는 잘 정돈된 모래사장 해
변이 아름답다. 중요한 섬들로는 북해에 있는 암룸, 푀르, 질트, 할리겐,

헬고란트와 동해에 있는 뤼겐, 훼마른 등이다. 동해 해변은 모래로 된 평평한 곳도 있고 바위로 된 경사진 곳도 있다. 북해와 동해 사이에는 '홀슈타인의 스위스'로 불리는 낮은 구릉지대가 놓여 있다.

중부 산악지대는 독일의 북쪽과 남쪽을 갈라놓는데, 본과 빙엔 사이의 중부 라인 강의 계곡과 헤센의 저지대는 북쪽과 남쪽간의 교통의 자연적 경계선이 되고 있다. 중부 산악지대에는 무엇보다도 훈스뤽, 아이펠, 타우누스, 베스터발트, 자우어란트 등이 있는 라인지방의 경사진 산악들과 헤센의 산악지대, 서쪽과 중부에 있는 베저란트와 라이네베르크란트 등이 속하고 있다. 독일의 중심부에는 산악섬인 하르츠가 위치해 있다. 동쪽으로는 뢴, 바이에른 숲, 오버팔츠 숲, 피히텔산맥, 프랑켄발트, 튀링어발트, 에르츠 산맥이 있다.

중부 산악지대의 남서쪽으로는 주변산악지인 슈바르츠발트, 오덴발트, 슈페사르트가 있는 상부 라인의 저지대 평원과 하르트를 지닌 펠처발트와 알프를 지닌 슈바벤-프랑켄 구릉지가 속하고 있다. 특히 상부 라인 강 양안의 저지대에는 온화한 기후의 영향으로 독일에서 가장 넓은 포도원 및 과수원이 펼쳐져 있다. 이 지대의 넓은 계곡에는 프라이부르크, 슈트라스부르크, 보름스, 마인츠와 같은 오래 된 문화중심도시들과 칼스루에, 만하임 등 현대적인 공업도시들이 놓여 있다. 빙엔과 본 사이의 좁은 계곡으로는 북-남 방향에서의 독일의 가장 중요한 교통축인 라인 강이 경사진 산악지역을 통과하여 흐르는데, 비옥하지 않은 고원들과 훈스뤽, 타우누스, 아이펠, 베스터발트 등의 산악지들에는 포도밭과 외국인 관광객들로 활기를 띠는 강 양편의 잘 가꾸어진 언덕들에 비해 월등히 적은 수의 사람들이 거주하고 있다.

남부독일의 알프스 인접지대는 구릉들과 남쪽의 큰 호수들을 지닌 슈바벤–바이에른 고원을 포괄하는데, 넓은 자갈평원들과 하부 바이에른의 구릉지대 및 도나우저지대도 포함하고 있다. 이 지역에 있어서 특징적인 것은 습지대들, 호수들(킴제, 슈타른베르거제)이 있는 봉우리형의 이어진 구릉들, 유서 깊은 작은 마을 등이다.

보덴제와 베르히테스가덴 사이에 있는 독일의 알프스지대는 알프스 산맥의 좁은 부분만을 포괄하고 있어 알고이 알프스, 바이에른 알프스, 베르히테스가덴 알프스에 국한되고 있다. 알프스의 산중에는 베르히테스가덴 부근의 쾨니히스제와 같이 그림 같은 호수들이 깊숙이 자리하고 있으며, 가르미쉬–파르텐키르헨이나 미텐발트 같은 외국 관광객들이 즐겨 찾는 곳들이 있다.

(2) 기후

기후 상으로 독일은 서유럽의 해양성 기후와 동유럽의 대륙성 기후대 사이의 중간형인 온냉한 서풍지대권에 놓여 있다. 서쪽의 기후는 전반적으로 편서풍과 북해의 영향을 받는 해양성 기후를 보이기 때문에 높은 위도에 비해 온난습윤 하지만 북서쪽에서 남동쪽으로 가면서 대륙성으로 바뀌고, 따라서 동쪽에서는 대륙성기후를 보여 강수량도 적다.

기온의 계절적 차이는 비교적 큰 편이지만 커다란 기온 변동은 드물다. 비는 사계절 내내 내린다. 연중 흐리거나 비오는 날이 많으므로 독일인들은 햇볕을 귀하게 여기며 일광욕에 큰 관심을 갖는다.

겨울의 평균기온은 저지대에서의 섭씨 1.5도와 산악지에서의 영하 6도 사이이다. 7월의 평균기온은 저지대에서 섭씨 18도이고 남부의 계곡들에서는 20도이다. 상부 라인분지의 매우 온난한 기후, 상부 바이에른의 정기적으로 나타나는 따뜻한 알프스 남풍인 푄은 예외적 현상이며, 하르츠 지역은 차가운 바람과 서늘한 여름과 눈이 많은 겨울로 독특한 기후대를 이룬다.

2. 국민

독일에는 약 8,070만 명의 사람들이 살고 있다. 전체 인구의 9%인 약 700만 명이 비독일계 혈통의 외국인들이다. 또한 해외로부터의 이주자와 소수민족, 국내 각 지역과 주들의 독특한 전통이나 방언들이 독일이라는 나라에 다양성을 주고 있다.

(1) 국민성

국민성이란 개별국가의 국민이 지니고 있는 일반적인 행동방식이나 습관 등을 나타내는 대략적인 특성을 뜻하는 것으로 특정한 사람에게 적용할 경우 예외가 있을 수도 있다는 것을 염두에 두어야 한다. 일반적으로 독일민족의 국민성은 다음과 같은 몇 가지로 정리할 수 있다.

첫째, 질서지향적이다. 독일인들은 공공장소에서 교과서적으로 질서를 잘 지키는 민족이다. 그들은 자동차를 몰고 다닐 때나 거리를 걸을 때 질서를 지키는 것을 당연한 것으로 생각하고 행동한다. 남들이 질서를 어기거나 예의에 어긋나는 행동을 하면 항의를 하거나 주의를 준다. 이웃집 사람이라도 그 행위가 불법이라고 판단되면 단호하게 경찰에 신고한다. 개인적으로 친한 것과 법률을 준수하는 것을 구별하는 것이다. 특히 개인주의가 생활화되어 있기 때문에 개인의 사생활을 침해하거나 참견하지는 않지만 아무리 가까운 사이라도 지킬 것은 지켜야만 한다.

둘째, 검소하면서 실질적이다. 집이나 가구는 튼튼하고 호화롭고 값비싼 것을 선호하지만 쓰고 버리는 식의 성향은 없다. 모든 물건은 가능한 한 재활용하며, 자신에게 필요 없는 물건은 벼룩시장을 통해서 필요로 하는 다른 사람들에게 넘겨준다. 벼룩시장에 모이는 사람들이 가난한 것은 아니다. 부유하거나 가난하거나 검소하게 오랫동안 활용하는 것은 독일인들의 생활 자체이다. 또한 우리나라 사람들이 체면을 중시하는 반면 독일인들은 실질을 중요하게 여긴다. 형식에 얽매이지 않는 가볍고 편안한 옷차림을 즐기고, 배가 고프면 거리에서든 전차 안에서든 아무 곳에서나 빵이나 소시지로 간편하게 식욕을 충족시키며, 길을 걷다가 지치면 자유롭게 길가에 누워 쉰다. 무슨 일이든 자신에 맞게 편리하고 손쉽게 처리할 뿐 체면을 의식하거나 분위기에 휩쓸리지 않는다.

셋째, 근면하지만 노동과 휴식이 시간적으로 명확히 구분되어 양자의 혼동을 볼 수 없다. 이것은 독일 장인의 손으로 만들어진 정교하고 튼튼한 독일제품으로 상징된다. 정해진 시간에만 일을 하기 때문에 한국인들은 초기에 적응하기가 매우 어렵다. 초과시간의 노동을 강요하거나 한국에서는 당연하게 받아들여지는 근로문화를 독일에서 실행하면 경찰의 조사를 받는다. 또한 휴가기간에는 휴식과 함께 가족생활을 누리는 견실한 생활양식을 보이고 있다. 독일의 휴가는 세계에서 가장 길다. 근로자들은 생각할 수 있는 모든 휴가를 얻을 수 있다. 남자도 아내가 출산을 하면 출산휴가를 받는다. 그럼에도 불구하고 독일에서 생산된 제품은 세계적인 경쟁력을 보유하고 있다. 노동시간과 제품의 질은 무관하다는 것을 보여준다. 보도블록을 수리하는 데 한국에서는 하루면 끝나지만 독일에서는 3~4일씩 하기도 한다. 일을 지연시키는 것이 아니라 수리공 마음에 들 때까지 철저하게 하기 때문이다. 근면함과 일을 빨리 끝내는 것과는 관계가 없는 것이다.

넷째, 꼼꼼하고 이치를 밝히기를 좋아한다. 이것은 일정표에 따르는 생활리듬, 고집스러울 정도의 자기주장, 논쟁을 좋아하는 점 등에 잘 나타나 있다. 무엇보다도 독일인들은 논쟁을 매우 좋아한다. 학교에서도 오랜 시간 동안 논쟁을 벌이곤 한다. 어떤 주제를 가지고 자신만의 논리를 전개하기도 하고 타인의 주장을 받아들이기도 한다. 이러한 전통은 독일인들로 하여금 논리적인 사고를 하게 만들었다. 논쟁을 위해서는 책을 통해 많은 지식을 쌓아야 하기 때문에 독일인들의 독서량은 매우 많다.

다섯째, 철저하게 규정을 준수한다. 정확하고 철저한 법규준수는 독일인의 대표적인 특징인데, 이러한 점은 여러 곳에서 발견된다. 교통편 시간은 물론 일상생활에서의 각종 시간은 면도날 같이 지켜져 늦거나 지연되는 일은 거의 없다. 예를 들어 기차의 도착시간은 거의 완벽에 가깝게 지켜진다. 빨리 오는 경우도 늦게 오는 경우도 드물다. 규정과 규율을 엄격하게 준수하기 때문에 독일인들은 군인처럼 행동한다고까지 말해진다. 완벽한 체계를 중요시 하다보니 명령에 지나치게 충실함으로써 생기는 경직된 관료주의의 단점도 나타난다. 독일과 한국의 학생들이 낙하 훈련을 받을 때 교관이 나라별로 내리는 지시사항이 다르다는 농담이 있다. 독일학생에게는 "이것은 명령이다!"라고 하는 반면, 한국한생에게는 "성적에 반영된다!"고 하면 바로 뛰어 내린다는 것인데, 독일인들의 일반적인 의식을 말해준다고 할 수 있다.

여섯째, 음악을 사랑한다. '독일에는 명곡名曲은 있으나 명화名畵는 없다'는 말이 있을 정도로 독일인은 음악을 애호한다. 이것은 맥주집에서의 합창이나 교회의 수준 높은 서민합창단으로도 알 수 있다. 질서와 권위, 근면과 검소, 강한 자기주장과 함께 넘치는 음악성 속에서도 독일인의 국민성을 엿볼 수 있다.

일곱째, 보수적이며 전통을 중시한다. 독일인들이 보수적이라는 것은 개방적이지 않다는 것이 아니라 자신들이 이어받은 문화, 자연, 건물들을 아주 소중하게 고수한다는 것으로 이해해야 한다. 독일인들은 문화재를 소중히 하는 데에 정평이 나있다. 전쟁의 피해를 복구하는 데 있어서도 옛것을 그대로 복구하는 노력을 기울였다. 뿐만 아니라 자연환경을 파괴하지 않고 그대로 두는 것을 중요하게 여겨 독일인의 자연보호정신은 세계에서 가장 앞서 있다. 독일인들은 생활의 불편을 감수하면서까지 흔쾌히 전통을 보존하고 이어간다. 수백 년 된 낡은 건물들, 네모난 돌을 박아 포장한 로마시대 풍의 요철이 심한 도로들, 소통을 방해하고 교통 효율이 떨어지는 전차 등이 사라지지 않고 이어져 내려오는 데에서 전통을 존중하는 독일인의 정신을 엿볼 수 있다.

(2) 인구

독일의 인구는 약 8,070만 명으로 유럽연합 국가들 중 가장 많다. 인구밀도는 평방킬로미터 당 226명으로 말타, 네덜란드, 벨기에, 영국에 이어 유럽연합에서 다섯 번째로 높다.

독일의 인구는 지역에 따라 매우 상이하게 분포되어 있다. 전체 국민의 약 1/3인 2,500만 명 정도가 인구 10만 명 이상의 대도시들에서 살고 있다. 약 5,000만 명은 인구 2천 내지 10만 명 정도의 소도시들에서 살고 있다. 약 600만 명은 인구 2천 명 이하의 마을들에서 거주하고 있다.

수도 베를린에는 330만 명 이상이 살고 있다. 독일의 최대 도시는 인구 330만의 베를린이며 함부르크(170만), 뮌헨(130만), 쾰른(100만), 프랑크푸르트(69만), 슈투트가르트(60만), 뒤셀도르프(59만), 도르트문트(57만), 에센(56만), 브레멘(55만), 드레스덴(53만), 라이프치히(52만), 하노버(51만), 뉘른베르크(50만), 뒤스부르크(49만), 보훔(36만) 등이 인구 순위에 따른 대도시들이다. 인구밀도가 높은 대도시로는 평방킬로미터 당 4,400명에 이르는 뮌헨이 1위이며, 베를린 3,745명, 함부르크 2,296명이다.

이러한 조밀한 인구밀집 지역과는 달리 북부독일 저지대의 불모지 및 습지대, 아이펠, 바이에른 숲, 오버팔츠, 마르크 브란덴부르크 지역과 메클렌부르크-포어폼메른의 넓은 지역에는 매우 적은 수의 사람들이 거주하고 있다.

독일은 인구 1천 명 당 연간 8.4명이 출생함으로써(2013년 1월 1일 기준) 유럽연합 28개국 중 출산율이 가장 낮은 나라에 속하고 있다. 너무 적은 수의 아이들이 너무 늦게 태어나고 있다. 여자들이 대부분 30대 초반에야 첫 아이를 낳으며, 평균 1.3명의 아이만을 낳는다. 그런데도 독일의 인구수는 지난 수십 년 동안 안정적인 상태를 유지해왔다. 약 3백만 명의 외국인 이주자들이 출산감소를 보충해준 것이다.

낮은 출산율과 높아져가는 기대수명은(오늘날 태어나는 남자아이의 평균기대수명은 77.7세, 여자아이는 82.8세) 인구의 노령화를 촉진하고 있다. 1960년부터 2010년 사이에 20세 이하 연령층 비율은 28.4%에서 18.4%로 감소한 반면 60세 이상 연령층은 17.4%에서 26.3%로 증가했다. 2060년에는 20세 이하 연령층이 15.7%로 감소하는 반면 60세 이상 연령층은 39.2로 늘어날 것으로 예측되고 있다. 생계활동에 적극 참여하는 인구보다 생계활동에서 벗어난 연금생활자의 인구비율이 점점 높아가고 있어 노령화사회에 대한 세심한 대비를 요구하고 있다.

가족은 변함없이 공동생활의 주된 형태가 되고 있다. 주민의 대다수는 가족을 이루고 살며, 거의 절반 정도가 부부와 자녀라는 전통적인 가족의 형태 속에서 살고 있다. 그러나 핵가족화의 경향도 커져가고 있다. 대도시에서는 4명 중 1명꼴로, 시골과 소도시에서는 7명 중 1명꼴로 혼자서 산다. 자녀와 함께 사는 사람은 약 240만 명으로 대부분이 여성이다.

(3) 독일어

독일어는 본래 인도유럽 어족에서 분파한 게르만어 중의 하나인데, 게르만어는 1세기 이후 북게르만어, 동게르만어 및 서게르만어로 분파되었다. 이 중 서게르만어를 대표하는 것이 독일어와 영어이다. 독일어는 영어 및 덴마크어, 노르웨이어, 스웨덴어, 네덜란드어, 플란더른어와 근친 관계를 맺고 있다. 중세 말에는 지역별로 많은 문어들이 존재했었는데, 루터가 번역한 성서의 확산으로 점차 통일적인 문어가 자리잡아갔다.

독일에는 방언이 풍부하다. 사람들은 사투리와 발음에 의해 대부분의 독일인들을 어느 지역 출신인지 알아낼 수 있다. 예컨대 북부의 프리즈란트 사람이나 메클렌부르크 사람이 남부의 바이에른 사람과 자신들의 순수한 방언으로 얘기를 나눈다면 서로 이해하는 데 큰 어려움을 겪게 된다. 과거에는 지금의 독일 영토에 프랑켄, 작센, 슈바벤, 바이에른과 같은 다양한 종족들이 살았다. 오늘날에는 이러한 옛 종족들의 원초적 삶의 모습은 오래 전에 사라져 존재하지 않는다. 그러나 그들의 전통과 방언은 지역별로 이어지고 있다.

독일어는 유럽연합에서 가장 많은 사람들이 사용하는 언어로 독일 외에 오스트리아, 리히텐슈타인, 스위스의 대부분 지역, 남부 티롤(북부 이탈리아), 북부 슐레스비히(덴마크), 벨기에의 일부 지역들, 룩셈부르크의 독일과의 국경지역에서 사용되고 있다. 또한 독일어는 아프리카의 나미비아에서 국어로 사용되며, 폴란드, 루마니아, 옛 소련 점령지들에 있는 독일 소수민족들 속에서도 일부 유지되고 있다.

전 세계적으로 독일어는 약 1억 명이 모국어로, 약 3천만 명이 제2언어로 사용하고 있다. 세계에서 간행되는 책의 1/10은 독일어로 쓰인다. 독일어는 영어, 프랑스어에 이어 세 번째로 타국어들로 많이 번역되는 언어이며, 타국어들은 독일어로 가장 많이 번역되고 있다.

(4) 소수민족

독일에는 덴마크 소수민족, 프리즈란트 민족, 진티 및 로마족, 조르베 민족 등 4개의 소수민족이 살고 있다. 이들 4개 민족은 독일이 1997년 비준한 유럽평의회의 소수민족 보호를 위한 협정에 의해 보호받고 있다. 이들 소수민족의 언어인 덴마크어, 북부 프리즈란트 및 자터란트어, 로만어, 조르베어는 독일이 1998년 비준한 지역 및 소수민족 언어에 관한 유럽헌장에 의해 보호 및 지원되고 있다.

약 5만 명의 독일국적의 덴마크인들은 1864년 전쟁에서 덴마크가 패한 이후 슐레스비히-홀슈타인 주의 북쪽인 슐레스비히 지역에서 거주하며 소수민족을 형성해오고 있다.

프리즈란트인은 약 4만 명에 이르는데, 기원 1세기부터 북해 연안지역 (특히 네덜란드의 서프리즈란트와 독일의 동프리즈란트)에 살고 있던 민족으로 알려져 있다. 프리즈란트인들은 7세기 무렵 북프리즈란트로 이주했으며, 서기 1100년부터 1400년 사이에 자터란트로 옮겨와 살았다.

진티 및 로마족은 독일의 역사기록 속에서 14세기 이후에 자세하게 언급되고 있다. 7만 명으로 추산되는 독일국적의 진티 및 로마족은 주로 대도시의 인구밀집지역에 살고 있지만 독일 전역의 소도시들에서도 거주하고 있다.

조르베족은 서기 600년부터 게르만인들이 계속하여 떠나버린 엘베 강과 자알레 강의 동쪽지역으로 이주했다. 오늘날에는 니더라우지츠(브란덴부르크 주)에 약 2만 명의 니더조르베족이, 오버라우지츠(작센 주)에 약 4만 명의 오버조르베족이 살고 있다.

이 4개의 소수민족들은 스스로의 조직을 구성하여 활발한 문화활동을 해나가고 있다. 이에 따라 이들은 연방정부와 주정부로부터 재정적 지원을 받고 있다.

(5) 독일국적 취득

2000년 1월 국적법 개혁이 반영된 새로운 법률이 발효되어 독일국적 취득이 손쉬워졌다. 이 법에 따라 독일에서 태어난 외국인 부부의 자녀는 출생과 함께 독일국적을 얻는다. 전제조건은 부모 중 한 쪽이 체류허가를 받아 8년 이상 독일에서 합법적으로 거주하고 있거나 기한제한이 없는 체류허가를 받고 3년 이상 거주하고 있어야 한다. 자녀가 혈통을 따라 다른 나라 국적도 취득할 경우에는 성년이 되어 독일국적과 다른 나라 국적 중 하나를 선택해야 한다.

또한 외국인은 기존의 15년 대신 8년 이상만 거주하면 시민권을 청구할 수 있도록 했다. 이 시민권 청구는 충분한 독일어 구사능력과 독일연방공화국 헌법의 준수의사를 전제로 한다. 극단적인 정치적 입장을 취하는 외국인은 '보호조항'에 의해 이 법의 적용에서 제외되는데, 이 조항은 테러방지법에 의해 또 다시 구체화되었다. 원칙적으로 시민권을 얻는 데에는 기존 국적의 포기가 요구되지만 법에서는 예외에 대해서도 규정하고 있다.

자발적인 신청에 의해 외국국적을 취득하는 경우에는 독일 국내에 계속 거주하는 것과 관계없이 독일국적은 자동으로 상실된다. 동시에 독일국적의 유지 허가를 얻을 수 있는 기회도 확대되었다. 공산권의 붕괴로 귀환하는 독일계 이주자들은 독일계 이주자증명서를 발급받아 자동으로 독일국적을 취득할 수 있다.

2005년 1월에는 이주법이 발효되어 지금까지 부분적으로 외국인법에서 규정되어온 국적관련 규칙들이 국적법 속으로 이관되었다.

3. 연방주들

독일은 16개의 연방주들로 나뉘어있는데, 이 주들은 각각 독자적인 국가로서의 책임을 떠맡고 있으며 그 전통이 매우 오랜 주도 있다. 독일은 항상 영방들로 나뉘어 존재해왔는데, 그 지도는 여러 세기가 흐르는 동안 빈번하게 모습을 바꾸었다. 오늘날의 연방주들은 1945년 이후에 형성되었는데, 이때 지역적인 공속성이나 역사적 경계도 일부 고려되었다.

1990년 독일이 통일될 때까지 연방공화국(서독)은 서방세력들(미국, 영국, 프랑스)의 점령지역에 있는 11개의 주로 이루어져왔다(처음에는 10개 주였으나 1957년 1월 1일 자르란트가 재편입 된 다음 11개 주가 됨). 소련 점령지역에서도 전쟁이 끝난 후 나중의 독일민주공화국(동독) 지역에 5개의 주가 이루어졌지만 1952년에 모두 14개의 행정구역으로 재편되었다. 동독은 1990년 5월 18일의 첫 자유총선 후 5개의 새로운 주를 성립시키기로 결정했다. 이 5개의 주들은 본질적으로 1952년 이전의 형태를 유지했다. 1990년 10월 3일에는 동독이 서독에 통합되면서 브란덴부르크, 메클렌부르크-포어폼메른, 작센, 작센-안할트, 튀링엔 등 5개 주의 연방공화국으로의 편입이 완결되었다. 동시에 동베를린은 서베를린과 통합되었다.

각 연방주의 현황을 살펴보면 다음과 같다.

(1) 바덴-뷔르템베르크 주

바덴-뷔르템베르크는 경치가 매력적인 지역들이 많은 것이 특징이다. 슈바르츠발트, 보덴호수, 라인·도나우·네카 강의 계곡, 거친 슈바

벤 고산, 온화한 마르크그레
프란트, 상부라인 저지대에
있는 카이저슈툴의 독특한
산지 등은 많은 사람들이 즐
겨 찾는 휴가여행지이다. 매
년 이 주의 인구보다 더 많
은 수의 관광객들이 바덴-
뷔르템베르크를 찾는다.

면적(㎢)	35,751.65
인구(명)	10,52,000
주도	슈투트가르트

바덴-뷔르템베르크에서
는 다임러 크라이슬러, 보쉬, 포르셰, 보스 등 세계적인 대기업들만이 아
니라 퓌셔(접합용 못), 슈틸(톱), 뷔르트(나사) 등 수백 개의 중소기업들도
특수물품들을 제조하여 전 세계에 수출하고 있다.

주내 총생산 대비 연구에 대한 투자에 있어서도 바덴-뷔르템베르크
주는 세계에서 선두를 점하고 있다. 특히 슈투트가르트, 칼스루에, 튀빙
엔을 중심으로 한 지역들은 유럽연합에서 연구역량이 가장 뛰어나 독일
에서 특허출원이 가장 많이 이루어지고 있다. 핵심 분야는 정보기술, 에
너지 및 환경기술, 바이오기술 등이다. 주내에 있는 9개의 대학, 39개의
전문대학, 약 130개의 연구시설들은 이러한 미래지향적 활동의 토대를
이루고 있다.

그러나 바덴-뷔르템베르크 주가 내세울 수 있는 것은 산업과 상공업
과 연구만이 아니다. 거의 1천개에 이르는 박물관 및 미술관, 2개의 국립
극장, 자치단체나 개인이 운영하는 150개의 극장, 축제, 영화제, 슈투트
가르트 근교의 졸리튜드 궁전 아카데미 등은 활기찬 문화활동의 증거들

이다.

주 수도인 슈투트가르트(인구 59만)는 독일에서 산업이 가장 발달한 지역들 중 한 곳의 중심지이다. 관광객들은 계곡에 위치한 이 도시의 그림 같은 모습에 감탄하게 된다.

네카 강변에 있는 대학도시 하이델베르크(15만)도 구경할만하다. 많은 르네상스식 건축물들이 있는 구시가의 뒤쪽에는 14세기에 지어진 성의 유명한 폐허지가 솟아있다. 프라이부르크(21만)에서는 시의 성문과 대성당이 사람들을 매료시킨다. 특수한 기법의 도시건설로 유명한 곳은 17세기에 바둑판모양을 기초로 세워진 만하임(30만)과 궁전을 향해 32개의 도로가 정렬되어 있는 칼스루에(29만)이다. 도나우강변의 울름(12만)은 독일에서 가장 높은 첨탑을 지닌 대성당을 도시의 상징물로 갖고 있다. 그 밖의 주요 도시들로는 하일브론(12만), 포르츠하임(12만), 튀빙엔(8만), 로이트링엔(11만), 보덴호수 가의 콘스탄츠(8만) 등이다.

(2) 바이에른 주

자유국가라는 역사적인 명칭은 바이에른이 군주국이 아니라 공화국이라는 것을 말해주고 있다. 바이에른주와 주민들은 6세기로 거슬러 올라가는 자신들의 역사에 긍지를 느끼고 있다. 바이에른은 관광지로서의 매력을 풍부한 문화사적 유산과 매혹적인 경치에서 제공한다. 알프스지역, 신비로운 호수들이 있는 알프스인접지역, 국립공원이 있는 바이에른 숲, 프랑켄 산지, 피히텔 산맥, 슈타이거 숲, 슈페사르트와 그 밖의 많은 지역들이 자연체험과 휴양을 위한 절호의 기회를 제공한다.

본래 농업지역이었던 바이에른 주는 현대적인 공업 및 서비스업의 거점이 되어 미래의 모든 유망 분야의 학문적, 경제적, 기술적 경쟁에서 최상급 수준을 달리고 있다. 유명한 기업들로는 지멘스, 비엠더블유(BMW), 아우디, 만(MAN), EADS* 등이 있다. 또한 바이에른은 매스미디어 산업을 주도하는 중심지이기도

면적(㎢)	70,549.19
인구(명)	12,440,000
주도	뮌헨

하다. 오늘날 주 총생산의 35%를 공업이 차지하고 있는 반면 서비스업 분야는 50%를 훨씬 넘어서고 있다. 26개의 대학 및 전문대학, 3개의 대규모 연구시설, 11개의 막스-프랑크 연구소, 프라운호퍼 학회의 7개 연구시설 등과 함께 바이에른은 뛰어난 연구인프라를 갖춘 주이기도 하다.

바이에른 주는 문화유산의 보호를 위해 매년 5천만 유로를 훨씬 넘어서는 액수를 근년에 보수된 신피나코텍을 비롯한 수많은 박물관과 미술관들의 유지와 보수에 투입하고 있다. 또한 33개의 극장과 34개의 야외극장, 국제적으로 유명한 바이로이트 축제, 10년마다 한 번씩 열리는 오버암머가우의 예수수난극에도 이 예산이 사용되고 있다.

주도인 뮌헨(130만)은 교육 및 문화 분야에서의 다양한 프로그램과 많은 역사적 건축물들과 세계 최대의 향토축제인 10월축제로 유명하다. 뮌

---

* 에어버스 그룹으로 잘 알려져 있으며 2000년 독일, 프랑스, 스페인의 관련기업이 합병하여 설립된 항공 및 방위산업 분야 합작그룹이다. 미국 보잉사에 이어 세계 제2의 항공우주그룹으로 전 세계에서 14만여 명을 고용하고 있다. 독일본부는 뮌헨 근교 오토브룬에 위치해 있다.

헨과 뉘른베르크(50만)와 아울러 바이에른 주에서는 특히 타우버 강 상부의 로텐부르크(1만2천)가 관광객들을 사로잡는다. 옛 프랑켄의 제국도시인 로텐부르크는 도시를 에워싼 성벽 내부의 모습이 30년전쟁 이후 변하지 않고 유지되고 있다. 오래된 주교도시인 뷔르츠부르크(13만)는 바로크식 건물들로 관광명소가 되고 있을 뿐만 아니라 프랑켄 포도주의 제조 및 거래의 중심지이기도 하다. 역사적 가치가 있는 구시가를 지닌 밤베르크(7만)는 오랜 프랑켄의 황제도시이자 주교도시이다. 레겐스부르크(13만)도 역사적 매력이 있는 도시이다. 바이로이트(7만4천)는 '녹색 언덕' 위에 세워진 오페라하우스에서 열리는 리햐르트 바그너 축제로 잘 알려져 있다.

(3) 베를린 주

베를린은 다시 독일의 수도가 된 후 경제적 변혁을 겪었는데, 변혁은 고통스런 아픔을 수반하기도 했다. 그러나 앞으로의 전망은 밝다. 뛰어난 인프라구조를 바탕으로 베를린은 연방공화국의 정치적 중심지이자 동유럽으로의 관문으로서 다른 어느 곳과 비교해도 손색이 없다. 연구와 개발, 생산과 판매가 밀접하게 연결되어 있는 것이 거점지역

면 적(km²)	891.75
인 구(명)	3,320,000
주 도	베를린

으로서의 베를린의 두드러진 장점이다.

냉전시대의 축소화과정으로 인하여 베를린에는 의약품그룹인 셰링과 같은 소수의 대기업들만이 명맥을 유지해왔다. 산업거점으로서의 이 도시의 미래는 전기공학, 자동차제조, 화학, 의약, 기계제조와 같은 전통적 분야를 현대화하고 정보기술 분야에서의 새로운 성장산업을 개척하고 확대해나가는 데에 달려있다.

35개의 대학 및 전문대학과 250여 개의 대학 외 연구시설은 베를린을 '학문의 수도'로 만들고 있으며, 수많은 중소 규모의 기술산업체들과 함께 많은 통신 및 미디어 분야들도 경제성장의 동력이 되고 있다.

베를린은 10여 개의 일간지와 수십 종의 시내정보잡지 및 광고잡지로 유럽에서 가장 다양한 종류의 신문과 잡지를 발행하고 있다. 또한 독일과 외국의 많은 통신사들과 국내외 언론사들의 특파원들이 전 세계로 뉴스를 보내고 있다. 200여 개의 출판사가 있는 베를린은 독일에서 가장 큰 규모의 출판도시들 중 하나이다. 20여 개의 지역 라디오 채널은 이 도시의 다양한 문화를 전하고 있다.

박물관섬Museumsinsel과 문화포럼Kulturforum과 다렘Dahlem 지구에 있는 박물관들과 미술관들이 도시의 다양한 문화를 내보이는데, 이것들은 모두 세계적 수준을 자랑하고 있다. 오페라극장, 극장, 콘서트홀, 도서관과 함께 연극제, 재즈축제는 이 유럽의 거대 문화도시에 빛을 주고 있다. 특히 매년 개최되는 베를린영화제는 전 세계 영화계의 이목을 끌고 있다. 또 매년 전 세계 180여 나라가 참여하는 세계 최대의 관광박람회인 ITB는 관광명소로서의 베를린을 부각시키고 있다.

관광명소는 행정부 및 의회 구역이다. 오늘날 독일 연방의회로 이용

되고 있는, 개축된 과거 제국의회의 돔과 슈프레 강변에 위치한 총리실
은 많은 사람들이 방문한다. 또 다른 명소는 브란덴부르크 문이 있는 파
리 광장으로부터 알렉산더광장에 이르는 '동부 중심Zentrum Ost'과 쿠어
퓌르스텐담으로부터 17세기와 18세기에 건축된 샤롯텐부르크성에 이르
는 '서부 중심Zentrum West'이다.

(4) 브란덴부르크 주

면 적(㎢)	29,477.16
인 구(명)	2,450,000
주 도	포츠담

브란덴부르크 주는 수도
베를린을 에워싸고 있으며
과거 프로이센왕국의 중심
지였다.

19세기에 테오도르 폰타
네는 브란덴부르크의 아름
다움과 원시적 순수성에 대
해 묘사했는데, 아직도 많은
것이 그런 상태를 유지하고
있다. 브란덴부르크 주에는
약 350개의 성과 영주의 저택들이 있는데, 이 가운데 포츠담에 있는 상
수시 궁전과 특히 코트부스에 있는 라인스베르크 궁과 브라니츠 궁이 뛰
어나다.

브란덴부르크 주는 다른 연방주들에 비해 인구밀도가 낮다. 하벨 강
과 슈프레 강이 구릉지를 통과해 흐르고 있다. 자연보호는 우커마르크,
엘프탈라우에, 쇼르프하이데, 슈프레발트와 이웃나라 폴란드와의 국경

너머까지 펼쳐진 국립공원 '운테레스 오더탈' 등 수많은 자연공원과 풍치보호구역과 생물보호지역에서 실천되고 있다.

브란덴부르크 주는 일찍이 메마른 모래땅으로 인해 '독일민족 신성로마제국의 모래통'으로 불렸다. 오늘날에는 호밀이나 유지식물 재배 등의 전통적인 농업으로부터 자동차, 기계, 전자, 광학, 에너지, 환경기술, 식료품, 화학 등의 공업분야로 경제구조가 점점 더 힘차게 변해가고 있다. 전통적인 영화의 도시 포츠담–바벨스베르크에서는 영화 및 TV스튜디오, 영화 및 TV전문대학, 하이테크센터, 수많은 미디어분야 기업들과 함께 영화산업 또한 비약적으로 발전하고 있다.

프랑크푸르트/오더, 코트부스, 포츠담 대학, 5개의 전문대학, 15개의 첨단기술센터는 브란덴부르크 주를 독일의 중요한 연구지역으로 발전시켰다.

유네스코 세계문화유산에 등록되어 있는, 하벨 강 가운데에 위치한 프리드리히 대왕의 성및 정원들로 유명한 주 수도 포츠담(13만)과 함께 코트부스(11만)도 역사적 의미를 띤 곳이다. 브란덴부르크 주에서 두 번째로 큰 도시인 코트부스에 있는 브라니츠 공원은 헤르만 폰 퓌클러–무스카우 후작이 조성한 19세기 독일의 대규모 경관공원이다. 프랑크푸르트/오더(8만)는 이미 1506년부터 1811년까지 존속했던 비아트리나 대학의 오랜 전통을 이어받아 1991년에 새로 설립된 비아트리나 유럽대학으로로 유명하다.

(5) 브레멘 주

자유 한자도시 브레멘은 바이에른, 함부르크, 작센과 함께 이미 1945

면 적(㎢)	404.23
인 구(명)	652,000
주 도	브레멘

년 이전에 국가형태를 이루고 있었다. 브레멘 주는 브레멘 시와 베저 강 하류 쪽으로 65킬로미터 지점에 위치한 브레머하펜으로 이루어져있는 독일에서 가장 작은 연방주이다.

항구와 해운, 국제무역과 첨단산업에서의 최고품질 제품생산은 브레멘 주 경제의 기초가 되고 있다. 매년 거의 1만 척의 배가 브레멘과 전 세계 약 1천개의 항구를 연결하고 있다. 브레머하펜은 유럽에서 가장 큰 컨테이너 환적항일 뿐만 아니라 유럽에서 가장 중요한 자동차 선적항이기도 하다. 매년 약 160만 대의 자동차가 이곳에서 수출입 되고 있다.

아울러 브레멘 주는 독일의 식품 및 기호품산업의 중심지 중 하나이다. 커피, 초콜릿, 밀가루, 유제품, 향신료, 수산가공품, 맥주 등이 잘 알려진 생산품들이다. 브레멘 항공우주센터에서는 로켓, 인공위성, 항공기 등의 중요 부품들을 개발하여 생산하고 있다. 이에 따라 전기 및 전자산업과 첨단기술도 발전하고 있다.

브레멘대학은 공학과 자연과학 분야에 중점을 두고 있다. 기초연구분야를 선도하고 있는 것은 응용방사선기술연구소와 해운경제 및 물류연구소이다. 해양 열대생태학센터와 막스-플랑크 해양미생물학연구소는 해양연구를 위한 최신의 프로그램을 개발하고 있다.

브레멘의 주요 관광명소로는 르네상스식 시청사와 로랑의 동상과 고딕양식의 성 페트리 교회가 있는 시장광장, 유명한 베트히 거리, 유서 깊은 슈노어 지구 등이 있다. 뷔르거바이데에 있는 브레멘 자유시장은 960여 년의 역사를 지닌 독일에서 가장 큰 규모의 연시年市 중 하나이다.

브레멘 미술관, 베저부르크 신 박물관, 게르하르트–마르크스 하우스, 파울라–베커–모더존 하우스 등은 귀중한 작품들을 선보인다. 브레머하펜의 해운박물관은 항해에 관한 모든 시대의 인상적인 수집물들을 보여준다. 괴테광장에 있는 극장, 브레멘 셰익스피어 컴퍼니, 매년 열리는 브레멘 음악제와 국제 가을 아카데미는 음악 및 연극 애호가들에게 잘 알려져 있다.

2004년 초에 문을 연 브레멘 스페이스 센터는 2만 2천㎢ 면적의 유럽에서 가장 큰 실내 테마파크로 방문객들을 우주체험의 모험 속으로 밀어 넣는다. 여기에서는 가상 우주비행, 영화, 공상세계, 지식전망대 등을 통해 우주여행에 관한 정보를 흥미롭게 전해준다.

(6) 함부르크 주

함부르크는 독일 제2의 대도시이며, 독일에서 가장 중요한 항구이자 최대의 무역도시이다. 예컨대 이곳에는 중국, 일본, 대만 등의 수백 개 기업이 자리 잡고 있어 모두 3천 개가 넘는 회사들이 수입 및 수출업에 종사하고 있다. 함부르크 주에서는 전통적인 항만 관련 산업인 조선, 정유, 수입원료의 가공업 등이 발달해 있다.

철저한 구조개선을 통해 한자도시 함부르크는 북부유럽의 서비스산업의 중심도시로 발전했다. 민간 항공산업, 마이크로전자공학, 정보통신

면 적(km²)	755.16
인 구(명)	1,720,000
주 도	함부르크

산업 등과 같은 미래지향적 분야들은 경제중심 도시 함부르크의 미래를 이끄는 기반이 되고 있다.

함부르크는 독일 제2의 공업도시이자 인구 4백만의 광역도시권 핵심도시임에도 불구하고 독일에서 가장 녹지대가 많은 도시들 중 하나이다. 전체 면적의 40%가 농경지와 정원, 공원과 공공녹지, 숲, 습지, 평원이다. 풍치 및 자연보호구역은 도시 면적의 28%에 이른다. 수많은 유원지들에는 24만여 그루의 가로수가 자라고 있다. 올스도르프 묘지는 세계에서 가장 큰 공원묘지이다.

상인의 도시 함부르크는 과거 자유와 관용의 도시인 동시에 교양과 문화의 도시였으며, 현재도 그러하다. 10개의 대학은 함부르크를 학문적인 교육, 연구, 개발의 중심지로 만들고 있다. 오페라극장, 3개의 국립극장, 35개의 사설극장들은 미술관의 더없이 귀중한 그림들과 함께 이 도시의 문화적 면모에 기여하고 있다.

엘베 강과 알스터 강변에 절묘하게 위치한 함부르크의 관광명소로는 다채로운 놀이로 활기가 넘치며 케이블카가 있는 유흥지 장트 파울리, 미헬이라는 애칭으로 불리는 성 미하일 교회, 인상적인 항구 등이 있다. 유서 깊은 상점들과 유명한 극장들 사이에서는 늘 최신의 유행 또한 피어나고 있다. 그리하여 1200년 역사를 지닌 이 도시는 유행을 좇는 사람들에게서도 문화애호가들에게서도 똑같이 사랑받고 있다.

(7) 헤센 주

헤센 주는 오늘날 독일의 거대 경제중심지들 중 하나이며, 유럽에서 가장 역동적인 지역에 속하고 있다. 화학, 자동차공업, 기계공업, 전기공업 등 4개 분야는 서비스산업과 금융업의 중심도시인 프랑크푸르트와 함께 헤센 주를 경제적으로 강하게 성장시켜왔다. 프랑크

면 적(㎢)	21,114.72
인 구(명)	5,990,000
주 도	비스바덴

푸르트에는 독일 연방은행과 유럽 중앙은행, 400여 개의 상업은행과 독일 최대의 증권거래소가 있다.

독일의 중심부에의 위치는 항공, 철도, 수로교통의 접점이 됨으로써 헤센주를 경제적으로 성공시키는 데 결정적으로 기여하고 있다. 프랑크푸르트 라인-마인 공항은 화물처리에서는 유럽에서 제1위를, 이용자 수에 있어서는 2위를 기록하고 있으며, 고용인원 8만 명의 독일 최대 규모 사업장으로 발전했다.

산업체와 대학과 주정부는 헤센 첨단기술재단을 세워 혁신과 경쟁력에 관심을 두고 함께 협력하고 있다. 헤센주에는 5개의 대학, 5개의 전문대학, 2개의 예술대학이 있어 약 15만3천 명의 학생들이 공부하고 있다.

과거 헤센–다름슈타트 대공국과 프로이센의 영토였다가 1945년 이후 현재의 형태가 된 헤센주는 흥미로운 박물관들과 전시장들을 풍부하게 갖추고 있다. 세계적으로 유명한 문화행사로는 프랑크푸르트에서 매년 가을 열리는 세계 최대의 도서전과 카셀에서 5년마다 열리는 세계 최대 규모의 현대미술전람회 '도쿠멘타'가 있다. 바트 헤르스펠트, 베츨라르, 비스바덴, 라인가우에서는 이름난 축제가 개최된다.

대학도시 마르부르크(7만7천)와 기센(7만4천), 베츨라르(5만 4천)는 아름다운 구시가를 지닌 매력적인 경관 속에 위치한 도시들이다. 헤센의 동부에는 바로크적 색채가 풍기는 오랜 주교도시 풀다(6만2천)가 있다. 헤센주의 수도인 비스바덴(27만)은 휴양지로 인기를 끌고 있으며, 연방 형사청과 연방 통계청이 소재해 있다. 프랑크푸르트 암 마인(69만)이 '마인하탄Mainhattan'이라는 별칭으로 불리는 것은 고층건물들의 스카이라인 때문만이 아니라 교역, 경제, 교육, 문화의 중심지로서의 중요성 때문이기도 하다. 2차 대전 때 도시의 대부분이 파괴되었던 헤센 북부의 카셀(19만5천)은 국제적인 각광을 받는 문화 및 경제 중심지이다. 그 밖의 중요한 도시들로는 독일 언어 및 문학 아카데미와 독일 펜클럽 본부가 위치해 있는 다름슈타트(14만), 오펜바하 암 마인(12만)과 오펠 자동차공장이 있는 뤼셀스하임(6만) 등이 있다.

(8) 메클렌부르크–포어폼메른 주

'천 개의 호수를 지닌 땅'으로 불리는 메클렌부르크–포어폼메른 주는 주류를 이루고 있는 농업과 원시적인 자연을 특징으로 하고 있다. 시야를 멀리 던지면 다양한 모습의 해안풍경과 함께 내륙 쪽으로는 완만하게

오르내린 구릉들, 드넓은 농
경지와 목초지, 광활한 삼림
들을 볼 수 있다.

그리하여 이 주에서는 다
른 연방주들에서보다 농업
의 비중이 더 높다. 주된 농
산물은 곡식, 유지식물(유
채), 감자 등이다. 130만 헥
타르의 전체 농경지 가운데

면 적(㎢)	23,174.17
인 구(명)	1,600,000
주 도	슈베린

80%는 500 헥타르 이상을 소유한 대규모 농가에 의해 경작되고 있다.

주된 산업분야는 조선, 식품 및 기호품공업, 건설, 기계제조, 건설자
재, 제재업 등이다. 항구들은 예나 지금이나 변함없이 경제적인 중요성
을 지니고 있다.

관광은 중요한 경제적 활력소이다. 350㎞에 이르는 동해해안은 중부
유럽에서 가장 큰 수상스포츠 구역이 되고 있다. 관광명소로 가장 잘 알
려져 있는 곳은 독일 최대의 섬인 뤼겐이다. 그러나 주는 관광의 활성화
에 따른 환경파괴가 최소화되도록 주의를 기울이고 있다. 283개의 자연
보호구역, 110개의 풍치보호구역, 3개의 국립공원, 2개의 생물보호구역
은 이 주에서 자연 및 환경보호가 얼마나 잘 이루어지고 있는지를 증명
해주고 있다. 메클렌부르크-포어폼메른 주는 매력적인 성들과 군주의
저택들, 여름에 열리는 음악제로도 관광객들을 끌어들이고 있다.

도시들도 구경할만하다. 후기고딕으로부터 고전주의까지의 양식으로
된 건축물들이 어우러져 있는 슈트랄준트(6만)는 뤼겐 섬으로 건너가기

위한 편리한 출발점이다. 로슈톡(20만)은 1419년에 설립된 북유럽에서 가장 오래된 대학이 있는 유명한 항구도시이자 메클렌부르크-포어폼메른 주의 가장 중요한 경제중심지이다. 로슈톡 부근에 있는 동해 연안의 요트구역은 2012년 올림픽의 라이프치히 유치가 성공할 경우 요트경기가 개최될 예정이었으나 올림픽 개최지는 영국 런던으로 결정되었다. 주의 수도인 슈베린(10만)은 메클렌부르크의 호수와 늪지대 평지 가장자리에 위치하고 있으며, 이 주의 제2의 도시로서 아름답게 재정비된 구시가와 슈베린 호수 안의 섬에 위치한 19세기에 개축된 성으로 많은 관광객들을 유혹하고 있다. 노이브란덴부르크(7만9천)는 메클렌부르크-포어폼메른 동부의 경제 및 문화의 중심지이며, 중세의 원형성벽과 4개의 도시성문이 완전하게 보존되어 있다.

(9) 니더작센 주

면 적(㎢)	47,618.24
인구(명)	7,770,000
주 도	하노버

니더작센은 독일연방공화국에서 두 번째로 큰 주로 해양성 기후를 나타내는 북해의 보르쿰 섬으로부터 눈이 많이 내리는 겨울스포츠 지역인 하르츠 산맥에 이르기까지 펼쳐져 있다. 이 사이에는 인구밀집지역인 하노버, 광활한 황야지대, 독일에서 가장 비옥한 경작지인

힐데스하임 평원이 놓여있다.

　니더작센 주는 주 전체면적의 2/3가 농지로 이용되고 있지만 농업주로 분류되지는 않는다. 전통적인 조선, 철강 및 화학공업과 함께 전자 및 컴퓨터산업은 물론 폴크스바겐 회사를 통한 자동차산업이 가세하게 되었다. 볼프스부르크(12만)에 위치한 폴크스바겐은 주에서 가장 큰 규모의 기업으로 비정부 재단으로는 국내 최대규모의 학술진흥재단을 운영하고 있다. 니더작센에는 11개의 대학, 2개의 예술대학, 13개의 전문대학과 함께 120개의 연구시설과 모든 대학에 부설된 기술이전기관들이 있다. 하노버 박람회와 정보기술박람회인 세빗CeBIT은 하노버 지역을 세계에서 가장 중요한 박람회장으로 만들고 있다.

　수백만의 관광객들이 휴양을 위해 동프리즐란트의 7개 섬과 하르츠, 베저베르크란트, 토이토부르크 숲, 뤼네부르크 평원을 찾는다. 특히 사과꽃이 피는 시기에는 함부르크 인근에 있는 유럽 최대의 과수원인 알테란트가 방문객들을 사로잡는다. 그곳에서는 엘베 강 및 베저 강 어귀와 얕은 바다로 된 독일 최대의 자연공원 사이에서 '삼각 습지대'가 시작된다.

　하노버(51만), 주 제2의 도시인 브라운슈바이크(24만6천)와 함께 유서 깊은 많은 곳들이 국내외 방문객들을 끌어들이고 있다. 뤼네부르크 평원의 남단에 있는 과거 영주가 체류했던 도시 첼레(7만2천)는 주위와 독특하게 구별되는 구시가와 르네상스식 성을 지니고 있으며, 고슬라르(4만5천)는 2차 대전의 전화를 입지 않은 몇 안 되는 독일 도시들 중 하나이다. 중세의 황제궁전이 있는 고슬라르의 구시가는 유네스코 세계문화유산에 등록되어 있다. 10세기 초 오토제국의 중심지였던 힐데스하임(10만4천)의 로마네스크식 대성당과 미하엘 교회 또한 세계문화유산에 등록되어 있다. 클라우스탈–첼러펠트(1만 5천)는 18세기의 자취를 간직하고 있는데, 이 마을은 그 당시 광맥이 발견되어 세계에서 가장 중요한 공업중심지에 속했었다. 복원된 구시가가 있으며 과거 영주들의 거주지였던 볼펜뷔텔(5만4천)에는 세계 최대의 중세 도서관이 있다.

(10) 노르트라인–베스트팔렌 주

면적(㎢)	34,083.52
인구(명)	17,540,000
주 도	뒤셀도르프

독일에서 가장 인구가 많은 주인 노르트라인–베스트팔렌 주는 과거에는 공장굴뚝과 탄광의 운반탑과 용광로에 의해서만 알려졌으나 지난 수십 년 동안에 철저한 구조변화를 이루었다. 석탄과 철강의 주로부터 석탄과 철강과 미래지향적인 새로운 산업분야의 주로 변화된 것이다.

'루르 상공에 푸른 하늘을'이라는 1960년대의 요구는 이미 오래 전에 달성되었다. 노르트라인–베스트팔렌 주 총 면적의 약 52%가 농지로 이용되고 있으며, 25%는 숲이다. 그럼에도 불구하고 루르지방이 인구 약 480만의 유럽 최대의 공업지역인 것은 사실이다. 그러나 오늘날 주 내 근로자들의 약 2/3는 서비스업에 종사하고 있다.

이러한 구조개혁은 환경을 염두에 둔 혁신운동과도 연결되어 있었다.

환경보호 분야에서의 혁신적인 기업들에 의해 주는 유럽에서 환경기술을 주도하는 중심지가 되었다. 아울러 노르트라인–베스트팔렌 주는 보험, 금융, 상업에 있어서도 중요한 거점이다. 또한 주는 6백 개 이상의 관련기업과 1300개의 소프트웨어 제작회사가 있는 미디어산업의 중심이기도 하다.

지난 30년 동안에 대학도 수가 많아지고 분야가 다양해져 70여 곳에 52개의 대학과 전문대학이 있다. 기술센터와 기술이전기관들은 네트워크를 이루어 대학들의 노하우가 중소기업에서도 활용될 수 있도록 노력하고 있다.

볼만한 도시로는 우선 주 수도인 뒤셀도르프(59만)와 과거 연방수도였던 본(30만)을 들 수 있다. 로마시대에 세워진 쾰른(100만)은 특별히 역사성이 강한 토대 위에 서있다. 대성당의 그림자가 드리워지는 이 도시에는 지난 2천년의 장구한 세월 동안에 이루어진 수많은 문화재들과 중요한 박물관 및 미술관들이 있다. 아헨(24만)은 독일에서 가장 서쪽에 위치한 도시이며, 중세의 대관식이 거행된 곳으로서 유럽 역사에서 중요한 의미를 띠고 있다. 주교도시이자 대학도시인 뮌스터(29만)는 유서 깊은 중심가와 많은 교회들로 주변 뮌스터란트의 중심지가 되고 있다. 베스트팔렌의 오랜 황제도시이자 주교도시이며 한자도시인 파더보른(14만)은 중세 말에 세워진 웅장한 3랑식 대성당으로 유명하다. 2천년이 넘는 역사를 지닌 노이스(15만)는 독일에서 가장 오래된 도시들 중 하나이다. 루르지역의 수많은 도시들은 노르트라인–베스트팔렌 주의 다양성에 기여한다. 이런 도시로는 도르트문트(57만), 에센(56만), 뒤스부르크(49만)와 피나 바우쉬가 이끄는 유명한 무용극단이 있는 부퍼탈(35만) 등을 들 수 있다.

(11) 라인란트–팔츠 주

라인란트–팔츠 주는 라인 지역 점판암산맥의 중앙에 위치하고 있다. 빙엔과 본 사이의 라인계곡은 수많은 시인, 화가, 음악가들로부터 미화되어왔으며, 전설에 싸여있고 고성들로 치장되어 독일에서 가장 아름다운 지역에 속한다.

면 적(㎢)	19,847.39
인 구(명)	3,990,000
주 도	마인츠

라인 강 양쪽 계곡에서는 모젤 강의 계곡에서처럼 전 세계에서 높이 평가받는 포도가 자라고 있으며, 라인 강의 지류인 나에, 란, 아르 강 양옆으로도 매력적인 경치를 보여주는 포도밭이 펼쳐져 있다. 따라서 라인란트–팔츠 주는 포도주산업의 중심지로 일컬어지고 있다

그러나 이 주의 경제는 이러한 첫 인상에서 추측할 수 있는 것보다 더 다양하다. 라인란트–팔츠 주는 한편으로는 포도재배의 중심지이지만 (전체 독일 포도의 2/3가 이곳에서 재배됨) 다른 한편으로는 대규모 화학공업의 거점으로 루트비히스하펜에 있는 바스프(BASF)사는 유럽 최대의 화학공장이자 라인란트–팔츠 주에서 가장 큰 제조업체이다. 또한 목재생산과 자동차부품 제조도 활발하게 이루어지고 있다. 또 이다르–오버슈타인의 보석산업, 베스터발트의 도자기 및 유리공업, 훈스뤽과 팔츠의 피혁공업도 중요한 역할을 하고 있다.

4개의 대학과 10개의 전문대학이 300여 개 교육과정을 제공하고 있다. 현장에서 활용할 수 있는 교육에 대한 요구가 커져감에 따라 전문대학의 확충이 특별히 강조되고 있다.

라인란트-팔츠 주는 지리적 위치에서 이익을 얻고 있다. 고속도로 및 국도망, 고속철도망, 라인 강과 모젤 강이라는 긴 수로와 함께 3개의 경제 중심지인 라인-마인, 라인-네카, 라인-루르와의 인접은 오늘날 라인란트-팔츠주를 독일에서 가장 역동적인 지역으로 꼽히게 하는 데 기여하고 있다.

모젤 강이 라인강에 합류하는 매혹적인 절경에는 주변세계와 구별되는 독특한 구시가를 지닌 코브렌츠(11만)가 위치하고 있다. 카니발의 중심지로서 마인츠(20만)는 해마다 전 세계의 관광객들을 끌어들인다. 라인란트-팔츠 주의 수도인 이 도시는 과거 구텐베르크가 서적인쇄술을 최초로 발명한 곳이었고, 오늘날에는 대학도시이자 포도주 유통의 중심지로 독일 제2TV방송국(ZDF)이 위치해 있다. 카를 마르크스의 출신지인 대학도시 트리어(10만)도 관광객을 매료시키는데, 이 도시는 로마시대로까지 거슬러 올라가는 오랜 역사를 지니고 있어 로마시대 요새에 축성된 웅장한 도시성문인 포르타 니그라가 있다. 과거 황제도시였던 슈파이어(5만)도 중심부에 장엄한 로마네스크식 대성당이 있는 매력적인 곳이다.

(12) 자르란트 주

프랑스의 로트링엔, 룩셈부르크와 인접한 자르란트는 200년 동안 여덟 번이나 프랑스와 독일 사이를 오가며 소속국가를 바꿔야 했다. 자르란트 주는 3개의 자연지역으로 특징지어진다. 즉 훈스뤽 지역, 자르

면 적(㎢)	2,568.65
인구(명)	998,000
주 도	자르브뤼켄

와 모젤과 블리스 강변의 풍요로운 경관을 지닌 로트링엔–팔츠의 계단상 지역, 자르–나에 산악지역이 그것이다.

자르란트, 프랑스의 로트링엔주, 룩셈부르크는 점점 더 밀접한 관계 속에 함께 성장하고 있다. 전 지역에 걸친 전통산업은 유리 및 도자기공업이다. 여기에 기계제조, 금속가공, 화학공업이 가세하고 있다. 나아가 자르란트는 매우 중요한 연구 프로젝트들을 수행하고 있다. 정보통신기술, 소재연구, 전기기술, 생산기술, 의료기술은 미래지향적인 핵심분야로 많은 대학 및 대학 부설연구소들에 의해 연구와 실습을 통해 다루어지고 있다. 막스–프랑크 정보공학연구소, 독일 인공지능연구센터, 세계적으로 유명한 신소재연구소 등이 여기에 속한다. 또한 자르브뤼켄에 있는 독불대학도 중요한 역할을 하고 있다.

주 수도인 자르브뤼켄(18만)은 독일과 프랑스의 국경에 위치한 중요한 산업도시이자 상품전시회로 유명한 도시이다. 대학, 음악대학, 미술대학에는 인접 주들의 많은 대학생들도 재학하고 있다. 오늘날 중요한 공업도시가 된 자르루이(3만4천)는 약 300년 전 프랑스의 왕 루이 14세가 자신이 정복한 독일 서쪽지역을 방어하기 위해 요새를 쌓았다는 사실을 상기시킨다. 푈클링엔(4만2천)은 1873년에 설립된 제철소로 유명한데, 이

제철소는 1890년 독일제국에서 가장 중요한 철강 생산지가 되었다. 이 제철소는 1986년 가동이 중단된 후 1995년에는 유네스코 세계문화유산에 등록되었다. 이 제철소는 지금은 산업박물관이 되어있다.

(13) 작센 주

작센은 동부독일의 주들 가운데 가장 인구가 많고 인구밀도가 높은 주이며, 오랜 공업적 전통을 나타내고 있다. 드레스덴, 라이프치히, 켐니츠로 된 삼각도시지역은 2차 대전 전 독일의 공업중심지였다. 통일 이후 대대적인 구조개혁이 이루어져 13만2천여

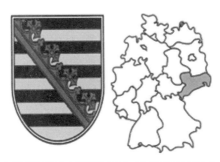

면적(㎢)	18,413.91
인구(명)	4,050,000
주도	드레스덴

개의 공장들이 다양하고 역량 있는 중견업체로 탄생했다.

라이프치히, 프라이베르크, 드레스덴, 켐니츠에 있는 대학들과 12개의 전문대학, 5개의 예술대학, 치타우 국제대학원에 의해 작센 주는 동부독일의 주들 중 가장 다양한 대학구조를 갖추고 있다. 대학들이 공학과 자연과학에 분명한 초점을 맞추는 것은 특히 나노 및 마이크로 전자공학 분야에서의 기술제품이나 시스템의 개발과 보급이라는 측면에서 작센 주의 특별한 이점이 되고 있다. 작센 주에 연고를 두고 있는 첨단기술 분야의 대표적 기업으로는 인피니온, 에이엠디(AMD), 바커 질트로닉 프라이베르크 등을 들 수 있다.

이와 함께 작센 주에는 화려한 성들과 예술적인 공원 및 정원들이 많이 있다. 드레스덴의 츠빙어 성과 함께 모리츠부르크 성, 람메나우 성, 클라펜바하 수중궁성, 필니츠 성과 공원, 하이데나우-그로스제틀리츠 정원이 방문객들의 발길을 끈다. 에르츠 산맥의 '은銀 가도'와 '작센 포도 가도'는 많은 축제들과 함께 관광객을 매료시킨다.

라이프치히(52만)는 매년 열리는 산업박람회와 도서전, 게반트하우스 오케스트라, 토마스교회 합창단으로 전 세계의 방문객들을 끌어들인다. 또 다른 자랑거리는 라이프치히가 낳은 가장 유명한 인물인 요한 제바스티안 바흐를 기념하기 위한 음악제이다. 나이스 강변에 자리한 괴를리츠(6만4천)도 고딕과 르네상스양식의 독특한 건축물들을 지닌 독일에서 가장 동쪽에 위치한 도시로 둘러볼만한 가치가 있다. 마이센(3만)은 국립도자기공방에서 만들어지는 도자기들로 세계적으로 이름이 나있다. 주의 수도인 드레스덴(53만)은 2차 대전으로 심하게 파괴되었음에도 불구하고 원래의 매력적인 모습으로 다시 태어났다. 엘베 강변의 이 대도시는 중심가에 있는 르네상스와 바로크식의 유명한 건축물들, 츠빙어 궁전, 젬퍼 오페라극장, 브륄의 테라스, 선제후의 레지덴츠성, 최근 복원된 성모교회 등이 방문객들의 발길을 이끈다. 이와는 대조적으로 1953년부터 1990년까지 카를-마르크스 시로 불렸던 공업도시 켐니츠(24만)는 구동독의 건축양식이 특징적이다.

(14) 작센-안할트 주

300㎞에 이르는 엘베강이 작센-안할트 주를 통과하고 있다. 엘베 강은 자알레 강과 운슈트루트 강변에 있는 독일 포도재배의 북쪽 한계지점

인 비탈진 포도밭으로부터
할레와 비터펠트를 중심으
로 한 공업지대를 지나 북쪽
의 알트마르크로 흐른다. 마
그데부르크 평원과 하르츠
인접지역의 땅은 독일에서
가장 비옥한 농토에 속한다.
이곳에서는 주로 곡물, 사탕
무, 감자, 채소가 재배되고
있다.

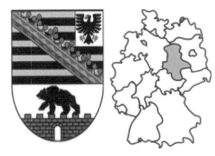

면 적(㎢)	20,445.26
인 구(명)	2,270,000
주 도	마그데부르크

　　경제적 측면에서 볼 때 작센–안할 트주는 통일 이후 국내외의 많은
기업들에게 있어서 매력적인 거점으로 발전했다. 그리하여 비터펠트에
서는 바이어사가 세계적으로 유명한 아스피린을 생산하고 있고, 볼펜에
는 미국의 판유리제조사인 가디언 인더스트리가 자리 잡았는데, 이 회사
는 베를린의 제국의회의사당 돔에 사용된 유리를 공급했다. 작센–안할
트 주는 동부의 연방주들 가운데에서 외국인 직접투자가 가장 많은 주이
다. 작센–안할트 주의 성장을 이끌고 있는 것은 무엇보다도 전통적인 화
학과 식료품공업이며, 세계적으로 가장 현대적인 생산설비를 갖춘 자동
차부품공업도 점차 그 역할을 늘려가고 있다. 작센 주와의 협력으로 할
레–라이프치히 지역은 바이오기술과 유전공학의 중심지로 발전하고 있
다. 이와 함께 작센–안할트 주에서는 현대적인 정보통신공학이 점점 더
활성화되고 있다.

　　1993년에 설립된 마그데부르크의 오토 폰 게리케 대학은 독일에서 가

장 최근에 세워진 대학들 중 하나다. 이밖에 할레–비텐베르크의 마르틴–루터 대학, 할레의 기비헨슈타인 성 안에 있는 미술 및 디자인대학도 있다.

마그데부르크(23만)는 정치 및 산업의 중심지이자 중요한 내륙항구도시이며, 대성당이 있는 옛 주교도시로서 유서 깊은 곳이기도 하다. 할버슈타트(4만3천)와 나움부르크(3만)도 유서 깊은 모습을 내보이는데, 특히 나움부르크에는 중부독일에서 가장 아름다운 시청광장과 창설자 12명의 실물 크기의 상이 있는 후기로마네스크식 대성당이 있다. 성과 부속교회와 대성당유물이 있는 유서 깊은 고도 크베들린부르크(2만5천)는 유네스코 세계문화유산에 속해 있다. 작센–안할트 주 최대의 도시인 자알레 강변의 할레(23만)에서는 매년 이 도시가 낳은 위대한 음악가 헨델을 기리는 축제를 베푼다. 데사우(8만1천)에는 1925년 발터 그로피우스에 의해 세워진 세계적인 건축학교이자 유네스코 세계문화유산에 등록된 바우하우스가 있다. 이밖에 유명한 도시들로는 하르츠 산지 가장자리에 위치한 아름다운 목조집들이 있는 베르니게로데(3만 6천), 루터의 도시 비텐베르크(5만) 등이 있다.

(15) 슐레스비히–홀슈타인 주

슐레스비히–홀슈타인주는 연방주들 중 유일하게 북해와 동해 두 바다에 면해 있다. 그리하여 오래 전부터 선박건조와 어업이 발전해왔으며, 독일 전체 어선의 절반이 이 주에 본거지를 두고 있다. 북해의 질트 섬은 휴가여행자들이 즐겨 찾는 매력적인 섬이다.

인구가 적은 이 주는 스칸디나비아와 동유럽 사이의 지리적 위치를 이

용하여 동해 주변 국가들에
대한 중심축이 되고자 한다.
이 나라들은 5천만 명 이상
의 인구로 유럽에서 촉망받
는 미래의 지역이 되고 있다.

슐레스비히−홀슈타인은
3개의 언어가 사용되는 유일
한 주이다. 독일어 및 저지
독일어와 함께 덴마크어와

면 적(㎢)	15,763.18
인 구(명)	2,800,000
주 도	킬

프리즈란트어도 사용되고 있다. 프리즈란트족은 4만 명인데 주로 서쪽
해안에서 살고 있으며, 5만 명의 덴마크족은 북쪽에서 살고 있다.

슐레스비히−홀슈타인 주는 농업 및 수산업 위주의 주였으나 현대적
인 경제 및 기술의 거점으로 철저한 변화를 이루어왔다. 아직 주의 넓은
평지가 농업으로 이용되고 있지만 앞으로는 해양기술과 의료기술, 소프
트웨어 제작과 에너지 및 환경기술 등 첨단기술이 미래를 이끌어갈 것이
다. 슐레스비히−홀슈타인은 독일에서 풍력발전이 가장 발달한 연방주
로 이 분야의 기술센터들은 최고의 위치를 차지하고 있다. 기업들은 정
보통신 분야에서만도 1천 개가 넘는다. 학문분야의 후진양성을 위해 3개
의 대학과 4개의 국립전문대학과 2개의 사립전문대학이 있다.

향토박물관으로서 주 전역에서 관심을 끌고 있는 슐레스비히 부근의
고트오르프 성과 함께 킬 부근의 몰프제 야외박물관과 오랜 바이킹의 도
시 하이타부 지역에 있는 박물관은 문화적 매력을 전하는 중요한 장소이
다. 여름에는 슐레스비히−홀슈타인 음악제가 주 전체를 연주홀로 변화

시킨다. 또한 많은 문학가들이 슐레스비히-홀슈타인 주로 옮겨와 살고 있다.

볼만한 고딕식 대성당이 있는 슐레스비히(2만 5천)는 북유럽에서 가장 오래된 도시들 중 하나이다. 슐레스비히-홀슈타인 주의 수도인 킬(24만)은 독일 최대의 여객항을 갖춘 중요한 항구도시이다. 킬은 해마다 개최하는 '킬 주간'으로 전 세계에서 관광객들을 끌어들인다. 물로 에워싸인 고도이자 '한자도시의 여왕'으로 불리는 뤼벡(21만)은 토마스 만의 고향으로 그에게 노벨문학상을 안겨준 《브덴브로크가의 사람들》의 무대이기도 하다. 뤼벡은 도시 전체가 유네스코 세계문화유산으로 등록되어 있다.

(16) 튀링엔 주

면적(㎢)	16,172.14
인구(명)	2,230,000
주도	에르푸르트

튀링엔 주는 지리적으로 독일의 중앙에 위치하여 5개의 연방주들로 에워싸여 있으며, 펼쳐진 숲과 넓은 초원과 낭만적인 골짜기와 협곡들은 이 주를 독일의 '녹색 심장'으로 만들고 있다. 튀링엔주 전체 면적의 절반은 농업으로 이용되고 있다. 농경지의 일부는 최고의 토질을 갖추고 있어 곡물, 유채, 감자, 사탕무 등이 재배된다.

그러나 튀링엔과 작센은 19세기에 독일의 공업화가 시작된 땅이기도 하다. 당시의 주요 산업분야는 광업(칼리), 도자기, 유리, 완구였으며, 무엇보다도 공작기계제조와 광학공업이 발달했었다. 튀링엔 주는 이러한 전통과 맥을 같이 해왔다. 동독체제의 종식 이후 튀링엔 주는 새로운 시장에 대응한 구조를 발전시켜 미래지향적인 기술들을 도입하게 된 것이다. 예컨대 예나의 '예놉틱'사는 재건작업을 끝낸 후 세계를 무대로 거래하는 첨단기술그룹으로 다시 태어났다.

기계공업은 주로 게라와 에르푸르트에서 이루어지고 있다. 주 수도 에르푸르트에서는 마이크로전자공업도 발전하고 있으며, 아이제나하에서는 전통적인 자동차산업이 주류를 이루고 있다. 튀링엔 주에는 학문적 환경도 잘 갖춰져 있어 4개의 대학과 여러 전문대학들, 약 50개의 연구시설과 20개의 기술센터들이 있다.

많은 요새, 고성, 박물관, 극장, 미술관들에서는 문화와 역사가 숨 쉬고 있다. 바우하우스 시대의 건축문화재들이나 키프호이저 같은 곳들은 매년 수천 명의 방문객들을 유혹한다. 또한 튀링엔 하면 바흐, 괴테, 실러, 빌란트와 같은 인명들이나 바이마르와 바르트부르크 같은 지명들이 떠오른다.

바이마르(6만2천)는 문화적 및 정치적으로 큰 의미가 있는 소도시로 괴테와 실러가 활동했던 독일 고전주의의 태동지이며, 바우하우스가 처음 자리 잡은 곳이고, 1919년 독일 최초의 공화국 헌법이 공포된 곳이기도 하다. 볼만한 시청광장을 지닌 고도 아이제나흐(4만4천)에는 시내를 내려다보며 역사적 사연을 많이 간직한 바르트부르크 성이 서있다. 중세에 이 성에서 음유시인들이 노래자랑을 했다는 이야기가 전해오며, 종교개혁가 루터는 1521/22년 이 성에서 신약성서를 독일어로 번역했다. 게라

(11만3천)는 유서 깊은 독특한 시청광장으로 유명하다. 튀링엔 주의 수도인 동시에 행정 및 서비스 중심지인 에르푸르트(20만)는 많은 볼만한 건축물들이 눈길을 끈다. 그림 같은 자알레 강 계곡에는 대학도시 예나(10만)가 자리하고 있는데, 이곳은 광학공업의 중심지이다.

4. 세계문화유산

독일에서는 38개의 문화재들이 유네스코 세계문화유산에 등록되어 있다. 이들을 등록연대순으로 정리하면 다음과 같다.

- 아헨 대성당 (1978년 등록)

- 슈파이어 대성당 (1981)

- 뷔르츠부르크 레지덴츠와 호프가르텐 (1981)

- 슈타인가덴의 순례교회 '디 비스' (오버바이에른, 1983)

- 쾰른 근교 브륄의 아우구스투스 성과 팔켄루스트 성 (1984)

- 힐데스하임의 대성당과 미하엘 교회 (1985)

- 트리어의 로마시대 건축물들과 대성당과 리프프라우엔 교회 (1986)

- 한자도시 뤼벡 (1987)

- 포츠담—상수시와 베를린의 궁전과 공원들 (1990)

- 로르쉬 베네딕트 대수도원과 알텐뮌스터 수도원 (보름스와 다름슈타트 사이, 1991)

- 람멜스베르크 광산과 고슬라르 구시가 (1992)

- 밤베르크 구시가 (1993)

- 마울브론 수도원 (칼스루에 근교, 1993)

- 크베들린부르크 성과 구시가 (하르츠 동부, 1994)

- 푈클링엔 제철소 (자르란트, 1994)

- 그루베 메셀의 화석지대 (다름슈타트 근교, 1995)

- 쾰른 대성당 (1996)

- 바이마르와 데사우의 '바우하우스' (1996)

- 아이스레벤과 비텐베르크의 루터 기념성지 (작센-안할트, 1996)

- 고전주의 도시 바이마르 (1998)

- 아이제나흐의 바르트부르크 성 (튀링엔, 1999)

- 베를린의 박물관섬 (1999)

- 데사우-뵈를리츠 정원왕국 (2000)

- 보덴호수 안의 라이헤나우 수도원섬 (2000)

- 에센의 관세동맹 탄광 (2001)

- 슈트랄준트와 비스마르의 구시가 (2002)

- 중부라인강 상부의 경관 (2002)

- 브레멘 시청과 롤란트 상 (2004)

- 무스카우어 공원 (폴란드와 국경지역, 2004)

- 로마제국 국경방어벽 리메스 (2005)

- 레겐스부르크 구시가 (2006)

- 베를린 근대 거주지 (2008)

- 바텐해안 (북해, 2009)

- 카르파티아 산맥의 너도밤나무숲과 독일의 원시 너도밤나무숲 (2011)

- 알펠트의 파구스 공장 (니더작센 남부, 2011)

- 알프스 주변의 선사시대 수상가옥 (2011)

- 바이로이트 후작 오페라하우스 (2012)

- 빌헬름스회에 산악공원 (2013)

III. 정치체제

독일의 정치체제는 성공적 모델이자 다른 나라들로의 인기 있는 수출품이 되었다. 2차 세계대전 후 자유와 안정을 가져다준 기본법은 1990년 통일 이전까지는 서부 독일의 국민들에게만 적용되었다.

기본권 우선주의, 민주적이며 사회복지적인 연방국가 원칙의 명문화, 헌법의 준수를 감시하는 최고법원인 헌법재판소의 설치는 독일 민주주의의 초석이 되고 있다.

1. 민주주의적 국가체제

독일문장

독일국기

독일연방공화국의 정치체제는 독일 역사상 두 번째 민주주의체제이다. 독일연방공화국의 건국자들은 1948년 의회협의회에서 새로운 헌법인 기본법을 제정하면서 첫 번째 민주주의체제였던 바이마르공화국의 몰락과 나치 독재에서 교훈을 얻었다. 독일연방공화국은 전쟁으로부터 태어났다. 민주주의는 1949년 우선 분단된 독일의 서쪽에서만 자리 잡을 수 있었다. 하지만 당시 기본법은 통일이 이룩될 때까지의 잠정적인 것으로 간주되었으며, '자유로운 자기결정'으로 재통일을 실현한다는 목표를 고수했다.

독일의 이 두 번째 민주주의는 성공적이었다. 이와 같은 성공을 거둘 수 있었던 것은 독재를 겪은 후 자유로운 삶에 대한 가치평가가 높아진 점, 주변 민주주의국가들로부터 인정받고 싶은 욕구 등 여러 가지 이유가 있었지만 기본법 또한 중요한 성공요인이었다. 기본법은 40년 이상 지속된 분단시대가 끝나면서 1990년 통일독일의 헌법으로 자리 잡았다.

기본법에 따르면 독일연방공화국은 민주적이며 사회복지적인 연방국

가이다. 기본법상의 국가질서는 헌법기관들, 연방주의, 법질서, 선거제
도 속에 구체적으로 나타나있다. 이것들은 독일에서 정치적인 일상뿐만
아니라 시민들의 삶 또한 규정하고 있다.

2. 기본법

(1) 기본법의 제정과 변천

기본법은 1948년 자유선거에 의해 이미 구성되어 있던 각 연방주의 회에서 파견한 의원들로 이루어진 의회협의회에 의해 기초되었다. 사민당(SPD)과 기민당(CDU)/기사당(CSU)연합 소속의원이 각각 27명, 자민당(FDP) 소속의원이 5명, 독일당과 중앙당과 공산당 소속의원이 각각 2명이었다. 이들은 모두 나치 전체주의국가에서의 직접적인 체험에서 교훈을 이끌어냈다. 그리하여 기본법의 많은 부분에서 바이마르 제국헌법의 헌법적 취약점들을 피하는 대신 분명한 책임을 지는 국가를 창출하려는 노력이 뚜렷하게 엿보였다. 위원회들과 전체회의에서의 폭넓은 논의를 거친 후 콘라트 아데나워를 의장으로 한 의회협의회는 기본법을 확정지었다. 이 기본법은 각 주의회의 동의를 받은 다음 1949년 5월 23일 의회협의회에 의해 공포됨으로써 발효되었다. 그리하여 5월 23일은 독일의 헌법기념일이다.

기본법의 재통일규정은 1990년에 실현되었다. 독일민주공화국(동독)의 독일연방공화국 기본법 적용영역으로의 가입을 규정한 1990년 8월 31일의 통일협정을 토대로 기본법의 전문前文과 결문結文이 새로이 작성되었다. 그리하여 독일민주공화국(구동독)의 합병으로 독일이 1990년 10월 3일 통일을 완료했음이 명기되어 있다.

(2) 기본법의 내용

전후의 독일은 일찍이 독일 땅에서 존재한 적이 없는 가장 자유롭고 신뢰할 수 있는 국가로 발전했다. 이렇게 된 데에는 본질적으로 헌법인 기본법이 결정적 공헌을 했다. 기본법은 한편으로는 안정을 기하고, 다른 한편으로는 적응의 여지를 주었다. 기본법은 개인에게 광범위한 인격권과 자유권과 사회적 안정을 보장하고 있다.

과거 독일의 어떤 헌법과도 달리 이 기본법은 국민들로부터 전폭적으로 수용되었다. 당시 헌법은 우선 잠정적인 것으로서 구상되었기 때문에 오로지 기본법으로만 지칭되었다. 1949년에 제정된 이 기본법은 '과도기 동안'의 국가 일에 자유롭고 민주적인 새 질서를 부여하도록 되어 있었다. 그리하여 전문前文은 독일 국민에게 "자유로운 자기결정 속에서 독일의 통일과 자유를 완성"하는 것을 요구했다. 서쪽과 동쪽으로 갈라진 나라를 가능한 한 빨리 재결합시켜 공동으로 자유로운 헌법을 만들자는 것이었다.

기본법은 입법을 헌법적 질서에, 국가행정을 법과 규칙에 결부시킨다. 기본법 제1조는 특별한 중요성을 지닌다. 기본법 제1조는 인간 존엄의 존중을 헌법질서의 최고 가치로 규정하여 "인간의 존엄은 침해될 수 없다. 인간의 존엄을 존중하고 보호하는 것은 모든 국가권력의 의무다"는 내용을 골자로 하고 있다. 인간존엄의 존중과 인격의 자유로운 발현에 대한 권리는 독일인이든 외국인이든 똑같이 주장할 수 있다.

기본법이 언급하고 있는 고전적 자유권에는 신앙 및 양심의 자유, 망명자피보호권, 의사표현의 자유, 예술과 학문의 자유, 언론자유, 사유재산의 보장 등이 포함되어 있다. 여기에 덧붙여 집회의 자유, 결사의 자유, 단체결성의 권리, 서신·우편·통신의 비밀, 이주의 자유, 직업의 자유, 강제노동의 금지, 주거의 불가침, 양심적 병역거부의 권리도 포함된다.

자유권과 함께 평등권도 인정되고 있다. 기본법은 누구나 성별, 가문, 종족, 언어 및 혈통, 신앙, 종교적 혹은 정치적 견해에 의해 불이익이나 특권을 받아서는 아니 된다는 규정을 통해 모든 인간은 법 앞에서 평등하다는 보편적 원칙을 구체화하고 있다. 또한 누구나 장애로 인한 불이익도 받지 않도록 되어 있다. 남녀의 성에 따른 평등권도 구체적으로 규정되어 있다. 기본법은 모든 독일인에게 똑같이 공직에 오를 권리를 보장하고 있다. 혼인과 가족은 기본법의 틀 속에서 국가질서의 특별한 보호를 받고 있다.

기본법은 독일이 법치국가임을 규정하여 국가기관의 모든 행위는 법적 통제 아래에 있음을 명시하고 있다. 그밖에도 각 주들과 연방국이 통치권을 나누어 갖는 연방국가의 원칙도 기본법의 기본원칙 중 하나이다.

마지막으로 기본법은 독일을 사회복지국가로 정의한다. 사회복지국가는 실업, 장애, 질병, 노령 등의 상황에서도 인간의 존엄을 지킬 수 있는 물질적 생계를 보장해야 한다는 것이다.

기본법의 이와 같은 기본원칙이 영구히 개정될 수 없다는, 이른바 '영구지위'를 규정한 것은 특기할 만하다. 즉, 기본권, 민주주의적 통치형태, 연방국가, 사회복지국가 조항은 훗날 기본법의 개정이나 전면적인 새로운 헌법에 의해서도 침해될 수 없다는 것이다.

기본법은 국민이 특별한 기관을 통해 통치를 행사한다는 것을 대의민주주의의 통치형태로 명시하고 있다. 독일 각 주들의 헌법은 대의민주주의를 뛰어넘어 직접민주주의의 수단도 사용할 수 있음을 규정하고 있다. 소수의 주민도 국민청원을 통해 연방주의회에 법제정을 요구할 수 있다. 동일한 방식으로 국민청원은 의회에 제출된 법안의 의결을 요구할 수 있다. 의회가 청원을 받아들이지 않을 경우에는 국민투표를 실시하여 다수에 의한 법안의결을 할 수 있다.

3. 정당

기본법에 따르면 정당은 국민의 정치적 의사형성에 참여하는 역할을 한다. 그렇기 때문에 정당이 정치적 기능을 하기 위해 선거에 후보자를 추천하거나 선거운동을 위한 조직을 꾸리는 것은 헌법에 따른 역할이다. 이러한 이유로 정당은 선거에 드는 비용을 국가로부터 보전 받게 된다. 독일에서 처음으로 시행된 선거비용보전제도*는 오늘날 대부분의 민주주의국가에서 찾아볼 수 있다.

기본법에 따르면 정당의 구성은 민주주의의 기본원칙에 따라야 한다. 그러므로 정당은 민주주의 국가의 가치를 인정해야 한다. 민주주의 성향이 의심되는 정당은 연방정부의 청구에 따라 활동이 금지될 수도 있다. 그러나 반드시 금지되는 것은 아니다. 정당이 민주주의 체제를 위협하기 때문에 정당활동을 금지시키는 것이 적합하다고 판단되는 경우에도 연방정부는 단지 금지청구를 제기할 수 있을 뿐이다. 정당금지령은 최종적으로 연방헌법재판소에서만 내릴 수 있다. 이렇게 함으로써 집권당이 정치적 경쟁에서 자기 당에 방해가 될 수 있는 정당을 금지시키는 것을 막는 것이다. 독일연방공화국에서는 역사상 정당금지 절차가 취해진 경우는 극히 드물며, 정당이 금지당한 경우는 더더욱 적다. 정당은 기본법에 의해 특권을 부여받는다. 하지만 정당은 본질적으로 사회의 의사표현기

---

* 정당의 운영비 및 선거활동비는 당원들의 당비, 당의 자산 수입, 후원금에 의해 조달되는데, 여기에 국가의 선거비용보전금이 추가된다. 정당들은 유럽의회선거, 연방의회선거, 주의회선거에서 득표수, 당비, 후원금 규모에 따라 국가로부터 선거비용을 전액 지급받는다.

구로 존재한다. 정당은 선거에서의 패배, 당원 탈당, 인적 및 물적 문제 등으로 인한 파산의 위험에 대해 스스로 책임을 진다.

독일의 정당체계는 한눈에 파악할 수 있다. 오랜 기간 존속한 3당 체제에서 1980년대 녹색당Die Grünen의 창당과 1990년 통일 후 사회주의 통일당의 후신인 좌파당Die Linke의 설립으로 현재는 안정적인 5당 체제로 발전하게 되었다. 전통적 대중정당인 기민당/기사당과 사민당 외에도 '군소' 정당들이 4년마다 치러지는 총선에서 이따금 10% 안팎의 득표율을 보이는 경우도 있다.

유럽 기독교민주주의 정당의 계보에 속한 연합정당 기민기사당은 바이에른주를 제외한 독일 전역에서 기민당으로 등장하여 활동한다. 바이에른주에서는 기민당이 직접 나서는 대신 기사당에게 자리를 내주고 있다. 연방의회 내에서는 기민당과 기사당 의원들이 하나의 공동교섭단체로 통합되어 활동한다.

독일사회민주당(SPD)은 독일 정당체계에서 두 번째로 큰 세력이다. 사민당은 유럽 사회민주주의 및 민주사회주의 정당 계보에 속한다. 기민/기사당과 사민당은 모두 기본적으로는 사회복지국가 원칙에 긍적적 입장을 취한다. 그러나 기민/기사당은 자영업자와 제조업자 및 기업가와 더 가깝게 연결되어 있으며, 사민당은 노동조합과 더 가깝다.

자유민주당(FDP)은 유럽 자유주의 정당의 계보에 속한다. 자민당이 추구하는 노선은 시장에 대한 국가의 개입을 최소화하는 것이다. 자민당의 지지층은 주로 고소득층 및 고학력층이다.

녹색당Die Grünen은 유럽 녹색 및 환경 정당 계보에 속한다. 이들이 추구하는 노선은 시장경제와 국가가 감독하는 자연 및 환경보호 규범을 결합하는 것이다. 녹색당 또한 고소득층 및 평균 이상의 학력을 지닌 유권자들의 지지를 받는다.

좌파당Die Linke은 독일에서 최근에 정치세력을 키워가고 있는 정당이다. 특히 통일이 되면서 독일연방공화국에 새로이 편입된 5개 연방주에서 큰 지지를 얻고 있다. 좌파당은 그 밖의 연방주들에서도 주의회에 진출해 있다. 사회적 정의를 정강으로 하고 있는 정당으로 특히 사민당과 경쟁관계에 있다.

4. 선거제도

독일의 선거제도 아래에서는 한 개의 정당이 단독으로 집권하기가 쉽지 않다. 이러한 경우는 56년 동안 단 한차례 있었을 뿐이다. 일반적으로는 연립정당을 구성한다. 유권자가 자신이 선택한 정당이 어느 정당과 연립할 것인지를 알 수 있도록 정당들은 선거전에 돌입하기 전에 이를 결정하여 발표한다. 그러므로 유권자는 특정 정당에 투표함으로써 특정 연립정당에 대한 지지를 나타낼 뿐만 아니라 자신이 원하는 연립정당들 간 세력의 균형을 결정하기도 한다.

독일 연방의회의 선거에서는 다수결제와 비례대표제가 함께 적용되고 있다. 유권자는 두 표를 갖는다. 첫 번째 표는 자기 지역구의 후보자에게 행사하여 상대적 다수결에 의해 가장 많은 표를 얻은 후보자가 당선자로 결정된다. 두 번째 표는 정당이 각 주별로 후보자를 일정한 순서대로 열거해놓은 정당명부에 행사한다. 이 제1표와 제2표는 투표결과를 집계하여 의석을 배분할 때 이용된다. 연방의회는 지역구에서 직접 선출된 299명의 의원과 각 정당의 주별 후보자명부에 올라 선출된 299명의 의원으로 구성된다.

연방의회에서의 의석배분의 기준이 되는 것은 각 연방주에서 제2표로 이루어진 정당들의 득표비율이다. 그러나 어느 정당이 한 연방주에서 제1표에 의해 당선시킨 의원 수가 제2표에 따라 배분된 인원보다 많을 경우 이 직접 선출된 의원은 전원 의석을 확보한다. 또한 제1표에 의해 당선시킨 의원 수가 제2표에 따라 배분된 인원보다 적을 경우에는 명부의 서열에 따라 그 수만큼 추가된다. 이러한 정당은 그 연방주에서 초과의 석을 갖게 된다.* 그리하여 2002년의 선거로 구성된 제15대 연방의회에서는 전체 의원수가 598명이 아니라 603명이었다.

각 연방주 후보자명부를 이용하여 모든 정당이 득표율에 따라 의회에 진출할 수 있도록 한 것이 선거법의 취지이다. 한편 지역구에서의 직접선거는 국민에게 특정한 정치인을 선택할 수 있는 기회를 준다. 일반적으로 국민은 선거에 강한 관심을 나타낸다. 연방의회 선거의 경우 대체로 투표율이 80%를 넘어선다. 그러나 주의회 선거나 지방자치단체 선거에서는 투표율의 변동이 심하다.

국민의 대표들은 모두 보통, 직접, 자유, 평등, 비밀선거에 의해 선출된다. 만18세 이상의 독일인은 누구나 선거권을 가진다. 일정한 조건을 갖추면 외국에 사는 독일인도 선거에 참여할 수 있다. 원칙적으로 최소 1년 이상 독일국적을 유지하고, 선거일 현재 만18세 이상이며, 선거권이 박탈되거나 법원판결에 의해 피선거권이나 공직피임용권을 상실하지 않은 자는 피선거권이 있다. 선거에 나서는 후보자는 보통 정당의 추천을 받지만 정당에 소속되지 않은 개인도 입후보할 수 있다.

---

* 연방의회 선거는 지역구 인물본위 투표와 주별 정당명부 투표라는 두 가지 기표 방식의 비례대표제를 따른다. 득표율은 주별 제2기표만으로 계산하는데, 명부는 주별로 작성되나 득표율은 연방 전체로 환산하여 주별 후보 명부에 따라 의원을 배정한다. 이때 의원의 배정에는 인구비에 따라 구획된 지역구 인물본위 투표인 제1기표에서 1위를 한 후보자들을 우선으로 한다. 그리고 주별 명부제인 제2기표의 득표율에 따른 배정의원 수보다 지역구 당선의원 수가 적을 경우, 부족한 수만큼 그 명부의 서열에 따라 추가된다. 그러나 제2기표에서 배정받은 의원 수보다 지역구 당선의원을 더 많이 낸 정당이 종종 있는데, 이때에는 연방의회 정원과 관계없이 그 정당의 당선의원 모두를 의원으로 인정한다.

5. 연방의회(Bundestag)

연방의회는 국민이 선출하는 의원들로 이루어지는, 국민을 대표하는 기관이다. 연방의회는 국민에 의한 선거에 의해 4년 임기로 구성된다. 연방의회 의원 정수는 598석으로 절반인 299석은 정당의 연방주별 명부에 대한 투표(제2투표)를 통해 배분되고, 나머지 절반은 299개 지역선거구의 입후보자에 대한 투표(제1투표)를 통해 배분된다. 이러한 의석배분 방식은 정당의 지위와 중요성을 강화시키고 있다. 지역선거구 후보자 가운데 정당에 소속된 후보자만이 당선 가능성이 높기 때문이다. 입후보자들의 소속정당들은 유권자의 지지표가 어떻게 나누어지는지에 따라 희비가 엇갈리게 되어 있다. 그러나 너무 많은 소수정당의 난립에 의한 의회운영의 비효율성과 혼란을 막기 위해 제한조건Sperrklausel인 이른바 '5%장애물Fünf-Prozent-Hürde'*을 두어 군소정당의 의회 진출을 제한하기도 한다.

연방의회는 독일의 국회이다. 의원들은 원내 교섭단체를 구성하고 의장을 선출한다. 연방의회의 역할은 연방총리를 선출하고 그의 정책에 찬성함으로써 그로 하여금 총리직을 유지할 수 있게 하는 것이다. 연방의회는 불신임을 통해 총리를 해임할 수도 있다. 이러한 점에서는 다른 의

---

* 육상이나 승마에서 목표에 도달하기 위해 뛰어넘어야만 하는 장애물을 빗댄 말로 연방의회의원 선거에서 원내 진입을 위해 필요한 최소한의 제한조건(Sperrklausel)을 뜻한다. 즉 각 정당은 최소 5%의 득표율을 달성해야만 원내 정당으로 진입할 수 있다. 만약 5% 이하의 득표율을 기록하는 경우 정당별 득표율에 따른 의석배분을 받지 못해 원내진입에 실패하게 되지만 지역구에서 3명 이상의 당선자를 낸 정당은 5% 조항에서 예외로 한다.

회들과 다를 바가 없다. 독일에서는 총리가 선출되는 데 반해 영국이나 다른 의회민주주의 국가들에서는 국가 원수가 총리를 임명한다는 데에 약간의 차이가 있다. 다른 의회민주주의 국가들에서는 대부분 의회에서 과반수 지지를 얻을 수 있는 정당의 대표가 정부수반인 총리로 임명된다.

연방의회 의원들의 두 번째로 중요한 역할은 입법이다. 1949년 이래 연방의회에서는 약 10,000개의 법안이 상정되어 6,600개 이상의 법안이 의결되었다. 이 가운데 대다수는 개정안이었다. 대부분의 법안은 연방정부가 상정한 것이고, 일부만이 의회나 연방참의회에 의해 상정되었다. 의결되는 법안이 대부분 연방정부가 상정한 것이라는 점에서도 연방의회는 다른 의회민주주의국가들의 의회들과 다르지 않다. 그러나 베를린의 옛 제국의사당에 자리한 연방의회는 영국 의회와 같은 토론식 의회가 아닌 미국식의 이른바 실무형 의회의 형태를 띤다. 연방의회의 전문위원회에서는 의회에 상정된 법안들에 대해 심도 있고 전문적인 논의를 한다.

연방의회의 세 번째 중요한 역할은 정부 업무에 대한 감독이다. 일반 대중에 공개되는 의회의 대정부 감독활동은 의회 내 야당을 통해 이루어진다. 그러나 눈에 잘 띄지는 않지만 야당 못지않게 집권당 의원들도 효과적인 감독기능을 떠맡는다. 이들은 의회의 비공개 회의에서 정부 대표들에게 비판적 질문을 던지곤 한다.

연방의회의 조기 해산은 예외적으로만 가능하며, 해산권은 연방대통령에게 있다. 연방의회 본회의는 특히 외교 및 내정의 중요한 문제가 논의될 경우에는 의원들의 격렬한 논쟁이 벌어지는 대토론장이 된다.

6. 연방참의회(Bundesrat)

연방참의회는 16개 주들을 대표하는 기관으로 제1원인 연방의회와 함께 제2원이라 할 수 있다. 연방참의회는 모든 연방법안을 심의한다. 연방참의회는 대부분 상원senate이라 불리는 다른 연방국가들의 제2원과 동일한 기능을 한다. 연방참의회 의원은 당연직인 주총리와 주장관들로 구성되므로 국민의 직접 선거가 아닌 주정부의 결의로 임명이 되고, 주정부의 결의로 해임된다. 각 주의 의원 정수는 인구수에 따라 정해지는데, 최소 3명에서 인구수가 많은 주는 최대 6명까지 배정된다.* 각 주는 의원 수에 해당하는 투표권을 행사한다. 투표권은 찬성이든 반대든 기권이든 어느 한 가지로 통일하여 행사한다. 예를 들어 투표권 6표를 갖고 있는 주는 6표 모두를 찬성이나 반대 또는 기권 중 한가지로만 행사해야 한다.

연방참의회는 연방법안들의 입법에 참여한다. 이 점에서 연방참의회는 다른 연방국가들의 제2원과 구별된다. 기본법은 두 가지 종류의 참여를 규정하고 있다. 즉 각 주에 추가적 행정비용을 야기하는 연방법과 기존의 주법을 대신하게 되는 연방법은 반드시 연방참의회가 참여하여 동의절차를 밟도록 되어 있다. 연방법을 발효시키기 위해서는 연방참의회가 연방의회의 입법 결정에 동의해야 하는 것이다. 이러한 경우 연방참

---

* 16개 연방주별 의원 수는 바덴-뷔르템베르크, 바이에른, 니더작센, 노르트라인-베스트팔렌 주가 각 6명, 헤센 5명, 베를린, 브란덴부르크, 라인란트-팔츠, 작센, 작센-안할트, 슐레스비히-홀슈타인, 튀링엔 주가 각 4명, 브레멘, 함부르크, 메클렌부르크-포어폼메른, 자르란트 주가 각 3명 등 모두 69명으로 되어 있다.

의회는 입법기관으로서 연방의회와 동등한 지위를 갖는다고 할 수 있다. 오늘날 전체 법안의 50% 이상은 연방참의회의 동의를 거쳐야 한다.

연방법은 기본적으로 주행정부 조직에 의해 집행되기 때문에 집행에 비용이 많이 드는 주요 법안에 대해서는 각 주가 행정집행권을 행사하게 된다. 여기서 각 주들의 동의를 의무화한 동의규정과 구별되는 것이 이의제기규정이다. 연방의회는 연방참의회의 이의제기를 다수결이나 과반수 찬성 등의 방식으로 거부할 수 있다.

연방참의회는 주별로 정해진 순서에 따라 주총리를 매년 1년 임기의 의장으로 선출한다. 연방참의회 의장은 연방대통령이 직무를 수행할 수 없을 경우 그 권한을 대행한다.

7. 연방대통령

연방대통령은 국가원수로서 독일연방공화국을 대표한다. 연방대통령은 연방대통령 선출만을 위해 설립된 헌법기관인 연방총회에 의해 선출된다. 연방총회는 연방의회 의원과 이와 동수인, 비례대표선거 원칙에 따라 선출되는 각 주 대의원으로 구성된다. 여기에는 의원은 아니지만 덕망 있는 인물들도 늘 포함되고 있다. 5년 임기의 연방대통령은 연방총회에서 과반수 찬성으로 선출되며, 1회에 한하여 재선될 수 있다.

연방대통령은 국가를 대표하는 광범위한 일을 담당하며, 중립적인 세력이자 헌법의 수호자로서 조정자적 역할을 한다. 연방대통령은 독일연방의 이름으로 외국과 협정을 체결하며, 외교사절들을 신임하고 접수한다. 연방대통령은 연방재판관, 연방고위공무원, 장교 등을 임명하고 해임한다. 또한 연방대통령은 연방에 대해 사면권을 행사하고, 법률에 최종 서명하여 그 성립과정에 헌법상의 유보요건이 없으면 이를 공포한다. 연방대통령은 의회 내의 의석비율을 고려하여 의회에 연방총리 후보자를 제청하고, 의회에서 선출이 이루어지면 그를 임명한다. 연방대통령은 총리의 제청에 의해 연방장관을 임명하고 해임한다. 또한 내각을 해체하고 의회를 예외적으로 조기에 해산시킬 수 있다. 그러나 연방대통령은 미국이나 다른 나라 대통령처럼 의회에서 의결한 법안에 대한 거부권을 갖지 않는다.

연방대통령은 국가라는 정치적 공동체의 통합을 구현한다. 연방대통령은 모든 정당의 테두리를 뛰어넘어 조정을 하는 중립적인 세력으로서

정치적 및 사회적 문제에 대해 중립적인 개인적 입장을 분명히 해야
한다.

8. 연방총리와 연방정부

연방정부, 즉 내각은 연방총리와 연방장관으로 구성된다. 내각에서는 총리의 정책방향결정권, 연방장관이 이러한 정책방향의 틀 내에서 관할 영역을 자체적으로 지휘하는 주무관할원칙, 논란이 되는 문제에 대해 연방정부가 다수결로 결정하는 합의제가 적용된다. 모든 업무는 총리의 지휘 하에 이루어진다.

연방총리는 연방정부 구성원 중 유일하게 선출에 의해 임명되는 자리이다. 연방총리는 연방대통령의 제청에 의해 연방의회에서 투표를 통해 선출되며, 연방대통령이 임명한다. 연방총리는 헌법에 따라 주요 부처의 수장인 장관을 선택할 권한을 가지며, 부처의 수와 관할권도 결정할 수 있다. 또한 총리는 정책방향결정권을 갖는다. 이는 곧 정부의 주요 업무를 지정할 수 있는 총리의 권한이 법적 구속력을 갖는다는 뜻이다. 연방 총리의 이러한 권한은 대통령제 민주국가에서 대통령이 갖는 통치권과 유사하다.

1949년 기본법을 제정한 의회협의회에서는 연방총리의 모델로 영국 총리를 내세웠다. 영국 총리와 연방총리는 똑같은 권력수단이지만 실제로는 연방총리의 권력이 영국 총리보다 훨씬 뒤처진다. 영국 의회에서는 최대정당에게 유리한 단순다수결제를 택하고 있기 때문에 언제나 하나의 최대정당만이 통치를 하는데 반해, 독일의 연방의회에서는 일반적으로 어떤 정당도 과반수를 차지하지 못하므로 총리선출을 위해서는 통상 여러 정당이 연립하는 연정*이 필요하다.

총리 선출에 앞서 연정을 이루려는 정당들은 정당 간의 부처 배정, 부처 존속 및 신설 등에 대해 상세한 논의를 거치게 된다. 다수당에게는 연방총리를 내세울 수 있는 권한이 주어진다. 나아가 정당들은 앞으로 집권하여 추진하게 될 계획에 대해 논의를 한다. 이러한 연정협상 결과는 연정협정으로 문서화된다. 이러한 과정을 거친 후에야 비로소 연방총리가 선출된다.

새로운 연방의회 선거 이전에 연정을 이룬 정당들 간의 정치적 공통점이 고갈될 경우 연방총리의 해임이 현실화된다. 연방의회는 건설적 불신임결의에 의해 총리가 해임될 경우 곧장 새 총리를 선출해야 한다. 이러한 의회의 공격적 불신임은 연방의회에 진출한 정당들로 하여금 총리가 해임되기 전에 새로운 영향력 있는 다수정부를 구성하도록 압박한다. 지금까지 총리 해임은 두 차례 시도되었는데, 해임이 이루어진 것은 1982년 한번뿐이었다. 당시 헬무트 슈미트 총리(사민당)가 불신임에 의해 해임되고 헬무트 콜(기민당)이 새 총리로 선출되었다.

연방총리는 집권연정의 절대적 지지를 얻고 있는지 확인하기 위해 언제든지 연방의회에 신임투표를 요구할 수도 있다. 신임투표에서 총리가 패할 경우, 즉 집권연정의 일부가 총리에게서 등을 돌릴 경우, 연방대통령은 연방의회를 해산하고 새로이 총선을 실시할 것인지를 결정하게 된

---

* 1949년 첫 연방의회 선거 이래 독일을 이끈 연립정부 수는 20개가 넘는다. 비교적 길게 이어진 연정으로는 1969년부터 1982년까지 사민당과 자민당의 연정, 1982년부터 1998년까지 기민/기사당과 자민당의 연정, 1998년부터 2005년까지 사민당과 동맹90/녹색당의 연정을 들 수 있다. 2005년부터 2009년까지는 역사상 최초로 거대 정당 간 연정인 사민당과 기민/기사당의 대연정이 이루어졌다. 2009년부터 2013년까지는 기민/기사당과 자민당의 연정이, 2013년부터는 사상 두 번째 대연정인 기민/기사당과 사민당의 연정이 집권했다.

다. 연방대통령은 연방의회에 진출한 정당들에게 새로운 정부를 구성해 보도록 요구할 수도 있다.

독일연방공화국 역사상 신임투표에서 실제로 패한 경우는 없었다. 그러나 합의에 의한 패배는 세 차례 있었다. 즉 정부를 해체시키기 위해 집권당 의원이나 장관들이 찬성표를 던지지 않았던 것이다(1972, 1982, 2005년). 이러한 방법을 취한 것은 헌법상 다른 방법으로는 조기에 새 연방의회 선거를 치르는 것이 불가능했기 때문이다. 이 방법은 연방대통령의 동의가 있어야 실행될 수 있으며, 법적으로 논란의 여지가 없지 않다.

9. 연방제와 지방자치

독일연방공화국은 그 이름이 말해주듯 여러 개별국가, 즉 주들로 이루어진 연방국이다. 연방공화국의 연방국가적 질서(연방제)는 16개 연방주들이 지방행정구역이 아니라 독자적인 국가권력을 지닌 국가라는 데에서 나타난다. 연방주들은 각각 독자적인 주헌법을 갖는데, 주헌법은 전체 독일인이 동일한 권리, 의무, 생활환경을 누릴 수 있도록 민주적이며 사회적인 법치국가라는 기본법의 정신과 일치해야만 한다. 그러면서 각 주들은 각자의 헌법에서 나름대로 어떤 사항을 특별히 강조하거나 기술할 것인지에 대한 폭넓은 재량권을 갖는다.

(1) 연방제

연방주의적 국가체제는 오랜 헌법의 전통에 뿌리를 두고 있다. 지금까지의 독일의 경험이 보여주듯 연방제는 중앙집중적 정부보다 지역적 특성들과 문제들을 훨씬 더 잘 처리할 수 있도록 한다. 독일의 연방제는 미국이나 스위스에서와 비슷하게 대외적인 통일성과 대내적인 다양성이 결합되어 있다. 연방제는 지역적 다양성을 더 잘 지켜나갈 수 있게 하며, 시민들로 하여금 자신이 사는 지역의 정치와 환경에 쉽게 일체감을 가질 수 있게 한다.

또한 연방과 주가 임무를 분담하는 것은 권력의 분산과 균형을 도모하는 연방제의 본질적인 요소이다. 각 주가 연방참의회를 통하여 연방 차원의 정치적 의사형성에 참여하는 것도 이에 해당한다. 나아가 연방제는 각 주들 사이의 경쟁과 작은 분야에서의 실험의 기회를 준다. 그리하여 예컨대 어떤 주가 교육에 있어서 새로운 제도를 시도한 후 이것이 연방 전체의 개혁의 모델이 되기도 한다.

헌법이 강조하는 연방제의 핵심적 정신에는 하위단계지원의 원칙도 포함되어 있다. 그리하여 원칙적으로 모든 문제에 있어 책임과 결정권은 최소단위의 사회집단에 주어지며, 문제해결이 불가능할 경우에만 바로 윗 단계에서 조정될 수 있도록 되어 있다. 이에 따라 각 개인이 가족, 이웃, 동네, 읍이나 시를 거쳐 주와 연방에까지 이르고, 유럽연합이나 유엔으로까지 이어지는 단계가 이루어진다.

(2) 입법

연방의 입법에 있어서 이러한 하위단계지원의 원칙은 헌법 제70조에 나타나 있다. 이에 따르면 각 주들은 기본법이 연방에 대해 부여한 것이 아닌 범위에서 입법의 권리를 가진다. 따라서 연방이 관할하는 것이 분명하게 합리적이라고 여겨지는 것을 제외하고는 입법은 원칙적으로 각 주의 소관사항이다. 이러한 토대에서 연방의 입법은 관할에 따라 독점입법, 경합입법, 대강입법으로 나누어진다. 연방에 독점적으로 주어진 입법에 속하는 것으로는 외교적 사안, 국방, 통화 및 화폐제도, 항공교통, 일부 세법 등을 들 수 있다.

경합입법에 있어서는 연방이 우선권을 행사하지 않는 한 각 주들이 독자적인 법률을 제정할 권리를 가진다. 동시에 연방도 각 지역의 동일한 수준의 생활환경이나 법적 혹은 경제적 통일을 이루는 데 있어서 국가 전체의 이익에 해당할 경우에는 경합입법을 행할 수 있다. 경합입법에 속하는 것으로는 민사 및 형사법, 경제법, 원자력법, 노동법, 토지법, 이민법, 주택제도, 해운, 도로교통, 쓰레기처리, 대기오염방지, 소음방지 등의 영역을 들 수 있다. 그러나 헌법의 현실은 이러한 분야들은 통일적으로 조정되어야 한다는 것을 보여 왔다. 그리하여 이런 분야에서는 주들의 실질적 권한이 행사되지 않고 있다.

그 외의 분야들에서는 각 주들에 우선적인 권한이 주어져 있지만 연방도 대강의 규정을 제정할 수 있다. 여기에 속하는 분야는 대학제도, 자연 및 경관보호, 구획정리, 물관리 등이다. 기본법이 명시하지 않는 그 밖의 초지역적인 미래지향적 과제들 역시 연방과 주들에 의해 공동으로 입안되어 법률로 정해지고 재정지원 된다. 이러한 과제들은 1969년 '공동의 과제'로서 기본법 속에 명문화되었는데, 대학의 확장이나 신설, 지역의 경제구조 · 농업구조 · 해안경비의 개선 등이 여기에 해당한다.

(3) 행정

기본적으로 연방고유의 행정은 외교업무, 직업소개, 조세, 연방국경수비, 연방방위군의 영역에서만 행해진다. 행정업무의 대부분은 각 주들에 의해 독자적으로 수행된다. 연방의 재판권은 기본적으로 연방헌법재판소와 최상급 법원들에 한정되어 있다. 이 법원들은 법의 통일적 해석을 위해 일한다. 나머지 법원들은 각 주의 법원들이다.

연방이 입법의 권한을 행사하지 않거나 기본법에서 연방에 입법권이 부여되지 않은 분야는 각 주들에 입법권이 있다. 따라서 오늘날 교육제도 전반과 '문화주권'의 표현으로서 문화의 전반적인 부분이 각 주들의 입법의 대상이 되고 있다. 지방자치단체법과 경찰법도 여기에 포함된다.

각 주들의 독자적인 강점은 행정과 연방참의회를 통한 연방 입법에의 참여에 있다. 각 주들은 주 내의 전체 행정에 대한 권한을 가지고 있다. 동시에 주 당국은 대부분의 연방법률 및 연방규정들의 집행을 책임진다. 주행정의 임무는 세 가지로 나뉜다. 우선 주가 독점적으로 담당할 임무(학교, 경찰, 토지이용계획 등)가 있고, 연방법을 주 스스로의 업무로서 스스로의 책임 아래 집행할 임무(건설계획법, 영업법, 환경보호 등)가 있고, 마지막으로 연방의 위임을 받아 연방법을 집행할 임무(국도 건설, 직업교육 촉진 등)가 있다. 이에 따라 독일연방공화국은 헌법적 현실로 볼 때 대체로 중앙집권적 입법국가이면서 연방제적 행정국가로 발전해왔다.

연방이 연방주에 위임한 업무가 광범위하여 과거 상당수의 연방주는 높은 부채를 떠안게 되기도 했다. 2009년에는 헌법개정을 통해 이러한 연방주에 2020년부터 더 이상의 대출을 금지하고, 연방에 허용된 신규 부채의 경우 2016년부터 - 경제적 위기상황에 대해서는 유보적으로 적용 - GDP의 최고 0.35%까지로 제한하기로 하는 부채 제한조치를 마련했다.

(4) 지방자치

독일의 지방자치는 오랜 전통을 지니고 있다. 지방자치는 시민자유의 표현이며, 도시의 시민권이 봉건적 노예제도의 속박에서 사람들을 풀려나게 한 (그리하여 "도시의 공기가 자유롭게 한다."는 말까지 생겨남) 중세 자유 도시들의 특권으로 거슬러 올라간다. 지방자치는 근대에 들어서는 무엇보다도 우선 하인리히 폰 슈타인 남작의 개혁과 연관되는데, 특히 그가 발표한 1808년의 프로이센 도시조례*와 밀접한 관계가 있다.

　기본법은 이러한 전통을 받아들이고 있다. 기본법은 시, 읍, 면의 지방자치를 철저히 보장하고 있다. 이에 따라 시, 읍, 면들은 지역 공동체와 관련된 모든 일들을 법의 틀 안에서 스스로의 책임을 지고 처리할 권리를 가진다. 모든 시, 읍, 면은 민주적으로 조직되지 않으면 아니 된다. 자치단체법은 각 주의 소관사항이며, 지방자치의 법령은 역사적인 이유에서 주마다 차이가 난다. 그러나 지방자치의 실제에 있어서는 모든 주가 비슷하다. 지방자치법은 무엇보다도 자치지역 내의 근거리 공공교통, 지역의 도로건설, 전기·수도·가스 공급, 하수처리, 도시계획 등을 다룬다. 여기에는 학교, 극장, 박물관, 병원, 스포츠시설, 온천장 등의 건설과 유지도 포함된다. 시, 읍, 면들은 성인교육과 청소년보호도 관할한다. 시, 읍, 면들은 대체로 독자적으로 자기책임을 지고 이러한 임무들을 수행한다. 주들의 자치단체 감독은 통상 적법성 심사에 국한된다.

　지역의 과제들 중 많은 것은 시, 읍, 면의 담당능력을 넘어선다. 이러한 과제들은 바로 위 단계 자치단위인 군에서 떠맡을 수 있다. 군도 민주적으로 선출된 기관들로 이루어진 지방자치행정의 일부이다. 대도시들은 군에 속하지 않고, '군에서 독립된' 위치에 있다.

　지방자치와 시, 읍, 면의 자립은 자치단체들의 과제를 수행하는 데 필요한 재원이 부족할 경우 곤란을 겪는다. 시, 읍, 면에 적절한 재원을 조달해주는 문제가 끊임없이 논의되고 있다. 시, 읍, 면은 독자적으로 세금 및 공과금을 징수할 권리를 가지고 있다. 토지세와 영업세가 이에 해당

---

* 　1808년 하인리히 폰 슈타인 총리가 발표한 프로이센의 도시 자치제도에 관한 법령으로 재판과 치안경찰 이외의 모든 문제를 도시의 자치에 일임하는 것을 골자로 하고 있다.

한다. 이밖에 시, 읍, 면에는 소비세와 사치세가 세수로 인정되고 있다. 그러나 이것만으로는 필요한 재원을 충분히 조달할 수 없다. 그리하여 시, 읍, 면은 연방과 주로부터 예컨대 근로소득세, 소득세, 매출세의 일부를 지원받는다. 또 각 주 내에서 규정되어 있는 재정조정에 의한 교부금도 받는다. 나아가 공공서비스 요금도 시, 읍, 면의 수입이 된다.

지방자치는 주민에게 참여와 감시의 기회를 열어준다. 주민은 선출된 자치단체대표들과 주민집회에서 이야기를 나누고, 예산안을 살펴보거나 새로운 건설계획에 대해 논의할 수 있다. 시, 읍, 면은 정치적 공동체의 최소단위이다. 이 최소단위가 활기차게 계속 발전해야만 국가와 사회 속에서 자유와 민주주의가 존속할 수 있다.

10. 연방헌법재판소

기본법의 준수를 감시하고 있는 것은 연방헌법재판소이다. 1945년까지 국가사회주의자들의 권력남용이라는 쓰라린 경험을 한 기본법 제정의 선조들은 국가의 정치적 권력을 제어하려는 노력을 기울였다. 그리하여 1948년 의회협의회는 폭넓은 관할권을 가지는 연방헌법재판소를 기본법에 삽입했다.

정당이 자유롭고 민주적인 기본질서를 위협함으로써 헌법에 위배되는지를 결정할 수 있는 것은 연방헌법재판소뿐이다. 헌법에 위배될 경우 연방헌법재판소는 그 정당의 해체를 명한다. 그럼으로써 헌법적 질서의 확보와 공고화를 위해 헌법재판소에 부여된 숭고한 권능을 내보인다.

연방헌법재판소는 소원에 의해서만 임무를 수행한다. 모든 국민은 국가에 의해 기본권이 손상되었다고 느낄 경우 헌법이의를 제기할 권리를 가진다. 물론 그 이전에 통상적으로 관할법원에 제소하여 성과를 얻지 못했을 경우에 한한다.

헌법재판소는 나아가 연방과 주 사이 혹은 개별 연방기관들 사이의 분쟁에서도 판결을 내린다. 헌법재판소는 연방법 및 주법의 기본법과의 합치성 여부를 심사한다. 어느 법률이 위헌으로 판결될 경우 그 법률은 더 이상 적용되어서는 안 된다. 이러한 위헌법률 심사의 경우 헌법재판소는 연방정부나 주정부와 같은 특정 기관, 연방의회 의원의 1/3 이상, 혹은 법원에 의해 제소를 받아 심리를 실시한다.

내정이나 외교정책상 큰 영향력을 미치는 사건들이 다루어지는 경우도 종종 있어 공공의 지대한 관심을 끈다. 예를 들면 재판관들은 독일군의 동맹국 영토 밖에의 주둔이 기본법에 합치되는지, 혹은 기본법상의 생명보호 조항이 형법상의 낙태규정과 합치되는지에 대해 판결을 내렸다. 다양한 정치색을 띠어온 지금까지의 여러 연방정부들도 재판관들의 판결에는 승복하지 않을 수 없었다.

바덴-뷔르템베르크 주의 칼스루에에 소재한 연방헌법재판소는 각각 8명의 재판관으로 이루어진 2개의 부로 구성되는데, 재판관들은 연방의회와 연방참의회에 의해 각각 절반씩 선임된다. 재판관들의 임기는 12년이며, 연임은 허용되지 않는다.

IV. 외교정책

　세계화시대의 외교정책은 세계를 내 나라로 한 대내정책과도 같다. 국가, 사회, 경제권역들이 서로 얽혀 있다. 동서갈등의 종식과 함께 독일의 외교정책에는 유럽은 물론 전 세계를 향한 새로운 기회가 열렸다.

　독일은 세계정치의 변혁에 따라 증대된 국제적 책임을 떠맡아 유럽 및 대서양 너머의 동반국들과 공동으로 민주주의, 인권, 문화교류를 위해 노력하고 있다. 독일 외교정책의 가장 큰 목표는 세계의 평화 및 안전의 유지이다.

1. 세계의 동반자

20세기는 유례없는 폐기의 세기였다. 1, 2차 세계대전과 냉전이라는 세계의 세 가지 불화와 일련의 혁명적 변혁이 여러 국가와 국민의 삶 속에 깊은 흔적을 남겼다. 독일에 있어서는 더욱 그러하다. 왜냐하면 유럽의 중앙에 위치한 독일은 양차 세계대전의 발발에 있어서 책임이 있었고, 냉전과 80년대 말의 양극적 세계질서의 해체에도 특별히 관련되어 있었기 때문이다. 독일인들은 낡은 세계질서가 붕괴될 때 근본적으로 새로운 대내 및 대외정치의 상황과 직면하고 있음을 보았다. 독일인들은 이런 상황에서 1991년 말 소련의 해체로 마무리된 정치적 소용돌이로부터 이득을 얻었다. 왜냐하면 그런 사태의 진전은 그들에게 양쪽으로 갈라진 국가의 통일과 함께 거의 반세기만에 처음으로 다시 완전한 주권 또한 가져다주었기 때문이다. 이로써 통일된 독일에게는 특별한 도전의 시기가 시작되었다. 독일은 한편으로는 내부에서 새로운 상황을 제어해야 했고, 다른 한편으로는 외교정책에 있어서의 익숙지 않은 새로운 역할에 직면할 수밖에 없었다. 독일인들은 세계적 사태진전으로부터 특별한 이익을 얻고 재통일로 자신들이 표명해온 목표를 이루었으므로 나라에 대한 기대가 대단했다. 기대는 수십 년간의 동맹국들에게도, 과거 동방공산권 국가들에게도, 20세기말부터 근본적인 변화과정을 겪고 있는 남반구의 국가들 및 민족들에게도 마찬가지였다. 이러한 민족 및 국가들의 시선이 독일로 향했던 것 또한 우연이 아니라 세계정치의 변화의 결과였다. 독일제국이 1차 세계대전으로 모든 식민지를 잃었으므로 2차 세계대전이 끝난 후에는 아시아, 아프리카, 태평양권의 어떤 나라도 독립을 얻기 위해 동서독과 싸울 필요가 없었던 것이다.

그리하여 통일된 독일은 하룻밤 사이에 다시 세계정치의 중심에 놓이게 되었다. 이러한 새로운 방향이 이루어진 것은 연방공화국 수립 이후 발전되어 정착된 독일 외교정책 원칙에 힘입었다. 폭넓은 외교정책과 일정한 지속성의 허용은 정치문화의 두드러진 특성이 되어왔고 현재도 그러하다. 이에 해당하는 것으로는 초대 연방총리 콘라트 아데나워 시대 이후의 대서양 너머와의 동반관계와 유럽통합, 50년대 초부터 독일 외교정책이 추구해온 프랑스를 중심으로 한 인접국과의 선린관계, 또한 이미 일찍이 시작된 이스라엘과의 힘겨운 화해과정 등이 있다. 이것은 당연한 것으로 들리지만 20세기 전반 동안의 독일의 정치 및 전쟁주도라는 배경이나 냉전의 경직된 상황 앞에서는 대단한 도전으로 여겨진다. 60년대 말부터, 특히 빌리 브란트의 총리재임(1969~1974) 이후 이러한 서방세계를 향한 방향은 폴란드와 동부 및 중부유럽의 다른 국가들과의 화해정책에 의해 보충되고 지속적으로 발전되었다. 독일은 오늘날 러시아와는 다시 안보적 동반관계를 맺고 있다. 모든 연방정부들에 의해 지속적으로 구축되어온 독일 외교정책의 기본은 다각적 협력구조 속으로 국가를 폭넓게 통합한다는 것이었고, 현재도 그러하다. 이것은 제어와 통제를 통해 독일인들의 이탈과 독주를 저지하려는 이웃국가들의 의지에 의해, 아울러 평화, 안전, 복지, 민주주의에 대한 독일인들의 기본적 욕구와 국가의 통합이 재통일의 전제라는 인식에 의해 뒷받침되었다. 역사는 독일인들이 옳았음을 보여주었다. 그리하여 동서간의 갈등이 끝나고 지원과 길잡이가 필요했을 때 독일인들이 옛 연방공화국(서독)을 지원하여 미래의 전망을 갖게 해주었던 국제기구들에 관심을 기울인 것은 우연이 아니었다. 독일이 가입한 국제기구들은 유럽연합(EU), 북대서양조약기구(NATO), 갈등해소의 핵심기구인 국제연합(UN), 유럽안보협력회의(KSZE) 등이었다. 물론 이 모든 협력기구들은 동서간의 갈등에 의해, 즉 막다른 종말에 이른 시대상황에 의해 성립되었다. 1991년 공산권 세계의 기구들이 해체되고 유럽안보협력회의(KSZE)가 유럽안보협력기구(OSZE)로 전환되면서 서방의 공동체들과 국제연합은 냉전 종식 이후 획기적인 개혁의 과제에 직면해 있다.

2. 세계화시대의 외교정책

독일은 국제기구들의 적절한 개혁을 지지하는 나라이다. 여기에는 충분한 이유가 있다. 우선 독일은 다른 어느 나라와도 비교할 수 없을 만큼 정치적, 경제적, 군사적으로 폭넓게 다자간의 협력에 깊이 관계하고 있다. 또한 독일의 외교정책은 오늘날 국제사회의 요구를 바탕으로 떠안아야 하는 크게 높아진 책임을 염두에 두고 있다. 이런 맥락에서 독일은 국제연합(UN) 조직의 폭넓은 개혁에 참여하고 있으며, 여기에는 독일의 안전보장이사회 상임이사국 진출에 대한 희망도 포함되어 있다.

나아가 독자적인 유럽안보체제의 구축은 독일의 외교정책으로 하여금 나토(NATO)의 유럽 축을 강화하고 공고화하도록 하는 데에 중요한 기여를 하고 있다. 2004년 12월 나토가 유럽연합군(EUFOR)의 이름으로 보스니아-헤르체고비나에 파견한 군대의 지휘권을 유럽안보방위정책 ESVP = Europäische Sicherheits- und Verteidigungspolitik에 넘겨줌으로써 유럽인들이 처음으로 독자적인 수단과 독자적인 힘으로 분쟁지역을 통제할 수 있게 된 것은 대서양 건너 쪽 변화의 새로운 단계였다.

독일이 1990년 국가의 통일을 이룬 후에 얻게 된 새로운 외교적 활동영역을 독일정부는 새천년이 시작된 후에야 활용했다. 2001년 9월 11일 미국에서의 테러 직후 독일은 즉각적인 입장표명을 했을 뿐만 아니라 슈뢰더 총리는 과거 어떤 총리보다도 앞서나가 미국에 대해 독일의 '무조건적 결속'을 약속했다. 2001년 10월 2일 나토가 사상 처음으로 동맹군 파견을 결의했을 때 독일정부가 지지한 것은 자명한 일이었다. 이에 따라 힌두쿠시에 독일군대가 주둔한 것은 본에서의 아프가니스탄에 관한 회의와 여기에서 합의된 아프가니스탄 과도정부를 위한 법적 및 정치적 토대 구축과 함께 정치적이며 군사적인 중요한 의미를 띠었다. 그리하여 독일 연방군은 2002년 1월부터 아프가니스탄국제방위군ISAF = Internationale Schutztruppe für Afghanistan에 광범위하게 참여해왔다. 비록 자국 영토방위군에서 해외 분쟁지역에 유연하게 배치될 수 있는 군대로의 독일군의 역할개편 여부가 아직 결정되지 않았음에도 모두 1만 명에 이르는 연방군이 국제기구들의 다양한 사명에 함께하기 위해 배치되었다. 폭넓은 책임을 떠맡고자 하는 독일의 이러한 적극적 자세는 동시에 첨예한 논쟁이 되기도 하여 2003년 이라크전쟁에는 독일군이 불참하게 되었다. 독일의 외교정책이 이러한 논쟁상황을 고려하여 침착하게 우선순위를 결정할 수 있었다는 것은 나라의 성장에 걸맞은 새로운 역할을 분명하게 해주고 있다.

아울러 독일의 외교정책은 시민사회구조의 토대를 이룩하는 데에도 기여하여 재난의 극복, 민주주의와 인권의 실현, 테러와의 전쟁에 동참하고 있다. 실제로 독일은 중동과 다른 분쟁지역들에서 인권과 평화와 대화의 실현 및 정착을 위한 새로운 역할을 수행하고 있다. 독일이 이러한 역할을 실행할 수 있는 것은 수십 년간 키워오고 세심하게 다스려온 신뢰의 덕분이다. 독일의 정책은 제3제국 시절의 말살이 아닌 건설과 통합의 기능에 맞춰져 있다. 이러한 것을 인식하지 않았다면 연합국들은 독일인들을 결코 '자유' 속으로 풀어주지 않았을 것이다. 독일은 책임을 질 수 있다는 것을 보여주어 왔다.

3. 유럽 속의 독일

사방으로 유럽의 다른 나라들과 국경을 맞대고 있는 나라, 9개의 인접국들로 에워싸인 독일이 능동적으로 유럽정책을 펼쳐나갈 수 있을까? 답변은 자명하다. 오늘날 유럽연합 국가들의 중심부에 위치하여 독일인들은 평화롭고 우호적인 이웃관계에 특별한 관심을 갖고 있다는 것이다. 중심부에 위치한 국가로서 인구가 가장 많은 동시에 경제적으로 강한 통일 독일은 유럽의 통합에 함께하고 이 통합의 권역을 넓히는 데에 지대한 관심을 갖고 있다.

독일의 관점에서 보면 세 가지 기본적인 요소가 토대를 이루고 있다. 첫째는 과거 통합과정이 평화와 복지와 안전을 보장하는 적절한 토대임이 증명되었다는 것이다. 둘째는 통합의 구조가 유럽에서의 독일의 이익을 표명하고 성공적으로 대변할 수 있게 하며, 셋째로 독일은 공동의 정책에 있어서 이웃나라들이 굳건한 동반자임을 발견했다는 것이다.

2007년 5월로 로마협정이 체결된 지 50주년이 되었다. 유럽경제공동체 성립에 관한 이 협정으로 1957년 유럽통합의 성공적인 역사가 시작되었다. 광업공동체로부터 유럽방위공동체에 이르기까지의 첫 단계와는 달리 로마협정은 석탄 및 철강과 같은 전략적으로 중요시 되던 산업의 통제나 방위력의 통합에 중심을 두지 않았다. 그보다는 공동체가맹국들 사이의 협력의 심화와 교역의 증진을 통한 서유럽 경제의 발달에 핵심이 놓여 있었다. 1957년에 이루어진 기본합의는 오늘날까지도 이어져 로마협정은 유럽연합의 관세동맹과 공동교역정책의 기초를 이루었다. 이 협정은 교역장벽이 없는 공동시장을 발전시킬 것을 내세웠다. 이러한 결정은 지난 십여 년 동안의 온갖 정치적 선언들 보다 유럽통합을 더 역동적으로 진전시키는 역할을 했다. 공동시장의 목표를 달성하기 위해서는 체계적인 정책기관이 요구되었고, 그리하여 각 나라의 이해관계를 뛰어넘어 협정을 집행하고 준수하는 역할을 맡은 유럽위원회가 발족되었다. 협정은 상품, 서비스, 자본, 노동의 완전한 개방이라는 차원에서 역내시장의 제한을 없앨 것을 요했고, 이러한 계획은 1992년 단일한 유럽시장의 완성으로 결실을 맺었다. 이 단일한 역내시장의 토대를 이루는 필수적인 것이 확고한 통화정책이었다. 그리하여 여러 단계를 거쳐 유로화가 결정되어 2002년부터 합법적 통화로 도입되었다.

이러한 경제적 연결의 제도적 완성은 통합의 다양한 개혁단계에 영향을 주어 위원회가 구성되고 유럽연합평의회에서의 유럽의회 직선과 공동관할권의 확대에 대한 다수결제가 도입된 것으로부터 마스트리히트, 암스테르담, 니차 협약에 의한 대대적인 협정개정에까지 이르게 되었다. 비준과정에 있는 유럽헌법에 관한 협약도 로마협정의 결과이자 경제적 결속이 정치적 공간 속으로 이른바 '넘쳐흘러든' 결과이다.

유럽의 정치적 공동성장의 의미를 과소평가하지 않아야만 통합의 경제적 활력과 다른 유럽 국가들의 가입을 유도하는 가장 강력한 동인으로서의 거대시장의 매력이 내보여질 것이다. 그리하여 70년대에 영국, 덴마크, 아일랜드가, 80년대에 그리스, 스페인, 포르투갈이, 90년대에 오스트리아, 스웨덴, 핀란드가 가입했다. 또한 유럽연합은 그런 매력으로 동중부 및 남부유럽의 새로운 시장경제적 민주주의국가들을 끌어들였다. 50년대의 신생 가입국 독일에서와 마찬가지로 남부와 동부 유럽의 신생 민주주의 국가들에게서도 유럽연합에의 가입은 독재와 전제정치의 극복을 통해 이룬 정치적 성과를 인정받고 보장받는 것을 의미했다.

　독일의 유럽정책은 통합의 심화, 북쪽과 남쪽 및 동쪽으로의 통합의 확대, 통합에 따른 제도의 구축을 조건 없이 뒷받침해왔다. 독일의 유럽연합정책의 중점은 한편으로는 독일-프랑스 관계의 정립에, 다른 한편으로는 더 작은 가입국들과의 긴밀한 결속에 놓여 있었다. 유럽연합에서의 수많은 결정적 장애들과 막다른 상황들은 독일의 타협적 자세와 부담금에 의해 여러 번 성공적으로 극복되었다.

4. 유럽연합의 건설적 동반자 독일

오늘날에도 모든 가입국들의 분파를 초월한 합의는 독일의 유럽연합 정책의 기본원칙이 되고 있다. 독일인들은 강화된 유럽의회와 함께 행동력이 있으면서도 민주적이고 투명한 유럽을 원하고 있다. 다른 많은 유럽인들과 마찬가지로 독일인들은 초강대국으로서의 유럽을 거부하고 관할권의 좀 더 분명한 제한을 선호한다.

독일은 2005년 연방의회와 연방참의회에서 유럽연합헌법에 대한 비준을 절대다수로 의결함으로써 유럽의 지속적 발전에 변함없는 관심을 나타냈다. 독일은 유럽, 공동시장, 유로화, 유럽연합의 확대로부터 경제적 및 정치적으로 이득을 얻어왔다. 세계에서 가장 큰 단일시장에서의 중심적 위치는 독일 경제의 수출경쟁력을 충분히 강화시키고 있다. 나아가 오늘날에는 통합규정에 따라 동중부유럽의 이웃나라들과도 경제협력 관계를 발전시켜나갈 수 있게 되었다. 이 모든 시장들에서 독일은 최대의 교역상대이며, 독일의 경제는 가장 중요한 투자자가 되고 있다. 동시에 독일은 유럽통합의 결과로 인한 특별한 부담을 지고 있다. 독일은 동부독일의 시장을 유럽연합 회원국들의 경쟁에서 보호할 수 없게 된 것이다. 독일은 새롭게 문을 연 지역들의 인프라구축 비용의 대부분을 부담하고 있는데, 유럽의 주요 운송로들이 독일을 통과하고 있기 때문이다. 이에 따라 독일인들은 통일 이후 공공예산이 현저한 압박을 받고 있음에도 불구하고 국내총생산에서 유럽연합 예산의 약 21%를 부담하고 있다. 독일의 정책은 자국 국가예산을 고려하는 가운데 유럽연합의 역동적 발전을 가능케 하는 긴축적인 유럽연합예산의 편성과 유럽연합의 낡은 지출구조를 점진적으로 개선해 나가는 데에 중점을 두고 있다. 그러나 그것은 특별한 노력과 양보를 요하는데, 2005년 12월 브뤼셀에서 열린 유럽연합 정상회의에서 제시된 2013년까지의 대체적인 재정규모에 대한 합의는 연방총리 앙겔라 메르켈의 성공적인 중재로 이루어졌다.

5. 유럽연합의 미래 과제

유럽연합에서의 독일의 소망은 유럽의 정치적 협력이 진전된 이후 유럽연합의 세계정치적 역할의 강화이다. 새로운 종류의 위협들 앞에서 유럽연합 회원국들의 안전은 독일의 관점에서 보면 공동의 과제이다. 세계정치 무대에서 유럽의 목소리는 개별 국가들의 그것보다 더 많은 무게를 지닌다. 다른 어느 나라보다도 독일의 외교정책은 유럽연합을 이익을 대변하는 버팀목이자 도구로서 활용해왔다. 20세기 독일의 역사를 고려할 때 유럽의 동반국들과 독일의 협력은 효과적인 행동의 기회를 제공해주었다. 독일의 여론에서는 수년 전부터 외교 및 안보문제가 다른 나라들과 더 긴밀히 연결되어야 한다는 것이 변함없는 다수의 견해가 되어오고 있다. 그리하여 독일의 외교정책은 공동의 외교 및 안보정책은 물론 공동방위의 발전도 포함하는 유럽의 행동력의 강화에 주력해왔다.

28개 회원국들로 이루어져 장차 더 확대될 유럽연합 속에서 독일과 동반국들에게는 새로운 도전들이 닥치고 있다. 지난 수십 년을 주도한 결속과 상황은 변해가고 있으며, 새로운 이해관계와 요구가 유럽정책의 타협능력을 시험하고 있다. 경제적으로 보아도 무게중심이 옮겨지고 있다. 유럽의 경제는 다른 매력적인 지역들과 세계적인 경쟁을 벌이고 있다. 유럽연합은 외부적으로는 경제적, 정치적, 사회적 안정이 덜한 지역들과 구별을 짓고 있다. 따라서 유럽연합은 특히 지중해연안 국가들과의 신뢰어린 적극적 발전 및 동반 정책을 요하고 있다.

유럽은 하찮은 일들의 장소가 아니다. 오늘날 국가의 복지와 안전과 고전적이며 기본적인 기능들은 유럽연합 없이는 수행될 수 없다. 그러므로 통합의 정책과 그 절차와 제도는 유럽의 정치에 있어서 장식물이 아닌 본질이다. 유럽대륙의 모든 중요한 사회문제들은 유럽연합의 예산지출과 연결되기 때문에 어떤 문제도 유럽인들의 결속에 영향을 미치지 않는 것은 없다. 유럽의 정치적 중심에서 유럽연합은 독일에 있어서 국제적인 정책을 펼치는 중요한 행동공간이 되고 있다.

V. 경제

　폭스바겐, 다임러-벤츠, BMW, 지멘스, 포르셰, 루프트한자, SAP 등 독일의 기업들은 국제적으로 뛰어난 명성을 얻고 있다. 이들은 전 세계에서 '메이드 인 저머니Made in Germany'로 높은 평가를 받는 품질인증기업들이다. 이들 기업들은 혁신, 품질, 첨단기술을 대표하고 있다. 그러나 세계에서 네 번째로 큰 규모의 독일경제를 뒷받침하고 있는 것은 이런 세계적 대기업들뿐만 아니라 독일경제의 핵심을 이루고 있는 중소규모의 수많은 세계시장 주도기업들이기도 하다. 이들 중소기업들은 '아이디어의 나라' 독일에서 양호한 경제적 조건들과 근로자들의 뛰어난 자질을 기반으로 하고 있다. 외국인 투자자들 또한 이러한 점을 글로벌경제 시대의 유리한 입지로 인식하고 있다.

1. 글로벌 시장에서의 강력한 경제거점

독일은 고도로 발달된 가장 능률적인 산업국가에 속하며 미국, 일본, 중국에 이어 세계 제 4위의 경제대국이다. 인구 8천1백만의 독일은 유럽연합 내에서 가장 크고 중요한 시장이다. 독일의 국민경제는 공업생산품과 서비스업에 집중되어 있다. 무엇보다도 독일의 기계설비, 자동차, 화학제품은 국제적으로 그 가치를 높이 평가받고 있다.

독일 경제에서 수출이 차지하는 비중은 약 25%이며, 일자리의 1/5 이상이 대외무역에 직간접적으로 의존하고 있다. 독일은 지난 2003년부터 2008년까지 6년 연속 세계 최대의 수출국이었으며, 2009년에도 국내총소득의 약 1/3에 해당하는 1조1,210억 달러의 수출 규모로 중국(1조 2,020억 달러)에 이어 세계 제2위의 수출국임을 내보였다. 독일은 전 세계 무역시장의 약 9%를 점하고 있다.

독일은 수출의존도가 높기 때문에 다른 어떤 나라보다 세계경제와 밀접하게 얽혀있으며 개방된 시장을 지향한다. 주요 무역 상대국은 프랑스, 네덜란드, 미국, 영국이다. 2009년의 경우 프랑스에 820억 유로, 미국과 네덜란드에 각각 540억 유로, 영국에 530억 유로 규모의 제품을 수출했다. 유럽연합이 동구권으로 확대된(2004년 및 2007년) 이후 기존 회원국들과의 교역뿐 아니라 중부 및 동부유럽의 새로운 회원국들과의 교역 또한 눈에 띄게 증가하였다. 이들 새로운 회원국들로의 수출이 전체 수출의 약 10%를 차지한다. 전체 유럽연합 회원국들로의 수출 비중은 63%에 달한다.

화폐	유로 (1 유로=100 센트)
국내총생산	2조 7,370억 유로
1인당 총생산	32,300 유로 (약 44,000 달러)
경제성장률	0.4%
소비자물가상승률	1.5%
실업률	7.1%
분야별 총생산 비율	서비스업 69.0%, 공업 25.5%, 건설업 4.7%, 농업 0.8%
수출액	1조 1천억 유로
수입액	9천억 유로
주요 수출품	자동차 및 자동차부품, 기계, 화학제품

한눈에 보는 경제 (2013년 기준)

아시아 개발도상국들과의 교역 및 경제관계의 중요성도 점차 커지고 있다. 아시아는 현재 두 번째로 중요한 독일제품 판매시장이다. 아시아 지역으로의 수출은 2009년에 14%를 차지했다. 그 중 가장 중요한 무역 상대국은 중국이다. 1999년 이래 독일은 유럽 최대의 대중국 투자국이다. 중국에는 약 2,500여 개의 독일 기업이 대중국 투자를 위해 진출해 있다.

독일의 대외교역정책은 독일이 전 세계를 아우르는 교역을 하지 않으면 현대적인 산업국으로서의 지위를 지킬 수 없다는 점을 염두에 두고 있다. 동시에 이러한 상황전개는 독일을 새로운 도전에 직면케 하고 있다. 이러한 점을 고려하여 독일의 경제는 높은 경쟁력을 나타내보였는데, 이는 한편으로는 경제정책*에 의해, 다른 한편으로는 적절하게 억제된 임금정책에 의해 달성되었다.

---

* 독일의 경제 및 금융정책은 연방제 원칙에 따라 관리되어 연방, 주, 지방자치단체가 다양한 형태의 협의회를 통해 역할을 분담한다. 독일연방정부는 이와는 별도로 외부 경제학자로부터 중립적 의견을 자문받기도 한다. 독일연방정부는 매년 1월 앞으로 한 해 동안의 경제 및 금융정책 계획과 목표에 관한 연례경제보고서를 작성하여 연방의회와 연방참의회에 제출해야 한다. 독일 경제체제의 핵심은 경쟁제한방지법을 통한 자유경쟁의 보호이다.

2. 사회적 시장경제의 성공 모델

독일은 '사회적 시장경제'*를 표방한다. 즉 국가는 자유로운 경제활동을 보장하면서 동시에 사회적 균형을 지향한다. 이는 2차 대전 후 독일 경제장관이었던 루트비히 에르하르트가 주창한 것인데, 독일은 그 정신을 바탕으로 경제적으로 어려운 상황에서도 고도의 사회적 자유를 실천하고 있다. 독일에 노동쟁의가 극히 드문 것은 바로 이런 사회적 시장경제의 결과라 할 수 있다. 노동조합과 사용자 간의 사회적 파트너관계는 집단노동법 안에 제도화된 분쟁조정규정에 의해 명시되어 있다. 또한 기본법은 자율임금협상을 보장하고 있어 사용자와 노동조합이 단체협약을 통해 자체적인 책임 아래 노동조건을 조정할 수 있는 권리를 인정하고 있다.

다른 산업국들과 마찬가지로 독일 역시 2008년 미국 부동산 시장의 투기로 촉발된 국제 경제 및 금융위기를 피해갈 수 없었다. 당시 독일 경제는 견고한 성장세를 유지하고 있었다. 금융경제의 시스템적 위기에 효율적으로 대처하고 금융시장의 상황을 안정시키기 위해 독일 연방정부는 2008/2009년 겨울에 다른 국가들(미국, 프랑스, 영국)과 마찬가지로 수

---

* 독일의 기본법은 국가에 대해 어떠한 경제체제도 규정하고 있지 않지만 사회복지국가의 원칙을 적용하여 순수 자유시장경제에만 의존한 방식은 배제하고 있다. 이에 따라 1949년 독일연방공화국 건국 이래 사회적 시장경제가 독일 경제정책의 근간을 이루고 있다. 사회적 시장경제는 독일의 첫 경제장관을 역임하고 후에 연방총리를 지낸 루트비히 에르하르트가 주창하고 실행하기 시작한 정책으로, 순수 자유시장경제와 사회주의 사이의 중도적 개념이라 할 수 있다. 즉 시장경제의 자유주의 원칙에 사회정치적 균형원칙을 보완한 것인데, 국가는 이를 통해 한편으로 시장참여자들이 자유롭게 경쟁할 수 있도록 하면서 다른 한편으로는 이들을 사회적 불균형에 의한 위험으로부터 보호하는 사회적 안전망을 제공한다.

십 억 유로 규모의 은행 구제금융책 두 가지와 광범위한 경기부양책 두 가지를 내놓았다.

도로, 학교, 기타 공공건물의 개선을 위한 국가적 고용창출프로그램, 국제적으로 큰 관심을 끌었던 고용 유지를 위한 힘겨운 노력들(단축노동), 그리고 낡은 차량들을 대상으로 한 승용차 환경보조금(2009년 9월까지)은 성공적이었던 것으로 입증되었다. 2009년 말에 의결된 성장촉진법은 추가적으로 세금부담을 경감시키고 국내수요를 진작시켰다.

3. 국제 금융구조의 재편

금융시장 위기에 직면하여 독일은 국제 금융구조의 개혁을 위해 여러 기구(EU, G20, IMF)에 활발히 참여하고 있다. 무엇보다 금융시장규제의 범위를 모든 행위자와 제품과 시장으로 확대함과 아울러 규제조치가 지속적이고 광범위하게 이루어지도록 유념해야 한다. 독일은 은행분야의 경우 보다 엄격한 자기자본 및 유동성 규제, 국제적으로 적용되는 회계보고 규정, 그리고 엄격한 금융감독을 원하고 있다. 동시에 은행과 보험사들의 보상제도도 엄격히 통제해야 한다. 또한 경영진에 지급되는 과도한 상여금도 금지시켜야 한다. 연방정부는 경제정책을 통해 부진한 성장을 가능한 한 빠른 시일 내에 극복하고 독일을 위기로부터 강한 나라로 이끌고자 노력하고 있다. 위기 이전에도 독일의 경제정책은 기업의 기본구조를 개선하여 임금부대비용을 낮추고, 노동시장을 유연하게 하고, 관료주의를 철폐했다. 그 밖에도 2008년에는 기업의 조세개혁이 발효되면서 기업의 부담이 현저히 감소했다.

4. 미래 시장을 위한 혁신

경제회복의 원동력으로 독일 경제의 혁신능력을 빼놓을 수 없다. 독일은 현재 국내총생산의 약 2.6%를 연구개발(R&D)에 지출하고 있는데, 이는 EU 평균인 1.9%를 크게 웃도는 수치이다. 연방정부는 2015년까지 주정부 및 경제계와 함께 연구개발 지출을 국내총생산의 3%로 확대하는 등 점차 그 비중을 높여갈 계획이다. 독일 기업들의 연구개발비 지출은 490억 달러로, 단연 세계 최고 수준을 자랑한다. 여기에 창조정신도 중요한 역할을 한다. 2009년 독일 투자자와 기업들은 전 세계 특허의 11%를 출원함으로써 세계 3위에 올랐다.

이처럼 독일은 수많은 미래지향적 기술에서 수위를 달리고 있다. 여기에는 바이오, 나노기술, 정보기술 및 생체인식, 항공우주, 전자기술, 물류와 같은 첨단기술 분야가 포함된다. 세계시장에서 독점적인 지위를 확보하고 있는 분야는 환경기술(풍력, 태양광, 바이오매스)로, 풍력발전 설비제조는 세계시장의 약 28%를 차지하고 있다. 정보통신기술은 자동차/기계 및 전자산업을 포함하여 가장 큰 경제 분야에 속한다. 정보통신 분야는 전체 경제보다 현저히 빠른 속도로 성장하고 있다. 바이오기술과 유전자기술에서도 독일은 수년 간 유럽 내 선두 자리를 유지하고 있으며, 나노기술 부문에서도 우수한 지식 잠재력을 자랑한다.

5. 주요 산업 분야

독일의 국제 경쟁력을 뒷받침하고 있는 것은 비단 독일주식시장(DAX)에 상장되어 있는 지멘스, 폭스바겐, 알리안츠, SAP, BASF 같은 30대 기업들만이 아니다. 여기에는 기계제조, 부품납품을 비롯하여 주로 클러스터*를 이루고 있는 나노기술 및 바이오기술 분야의 수 만 개 중소기업**(직원 수 500명 이하)들도 포함된다. 독일 경제의 중추를 이루는 중견기업은 2,500만 명의 근로자를 고용하고 있으며, 젊은이들을 위해 수많은 직업교육 기회를 제공하고 있다.

대규모 산업체 역시 독일 경제의 중요한 근간이다. 독일의 산업체는 영국이나 미국 같은 다른 산업국가들과 비교하여 폭넓고 강한 고용 기반

---

* 클러스터란 다수의 관련기업들이 근접한 공간에 위치해 있는 것을 말한다. 클러스터에서는 가치창출사슬을 따라 생산자, 공급자, 연구기관들의 네트워크가 형성되어 있다. 이러한 클러스터는 특히 미래기술 분야에서 혁신의 원동력이 되고 있다. 독일의 경우 바덴-뷔르템베르크 주의 자동차산업 클러스터, 투틀링엔의 의료기술 기업 클러스터, 드레스덴의 반도체 클러스터, 독일 생명공학 중심지인 베를린-브란덴부르크 주의 바이오공학 클러스터 등이 성공사례로 꼽힌다.

** 독일에서 중소기업이란 연매출 5천만 유로 이하인 500인 이하 사업장을 의미하며, 독일 근로자 중 70%가 이러한 기준의 사업장에 종사하고 있다. 중소기업이 각 부문에서 차지하는 비율을 살펴보면 서비스 부문에서 48.9%, 생산 부문에서 31.4%, 무역 부문에서 19.7%를 차지한다. 중소기업의 대부분은 기업 오너가 직접 경영을 한다. 이는 다시 말해 기업오너가 다수지분을 보유하고 기업 경영권도 갖는 것을 의미한다. 독일의 중소기업은 현 세대에서 다음 세대로 상속되는 경우가 많은데, 이러한 형태의 가족기업은 독일 기업 중 95%나 된다. 독일에서 여성이 대표이사를 맡는 비율도 3분의 1에 달하고 있다. 독일 정부는 감세와 상환방법 개선 등을 골자로 하는 제 1경제부양정책과 제 2경제부양정책을 통해 중소기업의 부담을 덜어주려 노력하는 한편, 중소기업들을 대상으로 대출을 제공하고 있다. 독일 중소기업의 장점으로는 신속한 제품 시장화, 국제성 지향, 높은 전문성, 그리고 틈새시장을 확보하는 능력을 꼽을 수 있다. 특히 틈새시장에서의 성공은 독일 중소기업을 동종업계 세계최고로 만드는 원동력이기도 하다.

을 갖추고 있다. 산업체에 종사하는 인원만 500만에 달한다. 어떤 경제 국가에서도 전통적인 산업생산이 독일에서만큼 중심적인 역할을 하고 있지는 않다. 이 분야는 독일 경제의 37%를 차지하고 있다.

독일은 복합적 산업재들의 개발과 제조를 전문으로 하는데, 무엇보다도 투자재와 혁신적 생산기술이 특화되어 있다. 가장 중요한 산업 분야는 자동차생산, 기계제조, 전자기술, 화학산업이다. 이 네 분야에서만 290만 명이 종사하고 있으며, 8,000억 유로가 넘는 매출을 올리고 있다. 아울러 자동차생산은 혁신의 견인차이다. 이 분야의 연구개발비는 독일 경제 전체 연구개발비의 약 30%를 차지하고 있다. 폭스바겐, 아우디, BMW, 다임러, 포르쉐(VW), 오펠(GM) 등 6개 자동차회사로 독일은 일본, 중국, 미국과 함께 세계 최대의 자동차 생산국에 속한다. 특히 중고급형 시장에서 시장 점유율이 매우 높다. 그러나 독일 자동차 회사들도 세계적인 자동차 판매 감소 추세를 피해갈 수는 없다. 미래를 대비하기 위해 자동차 회사들은 친환경 엔진, 예컨대 신세대 디젤엔진, 하이브리드엔진, 동력장치코드의 전기화 등을 집중적으로 개발하고 있다.

약 6,000개에 달하는 기계제조업체들은 매출에서 약 13%를 차지하면서 자동차제조업체의 뒤를 잇고 있다. 최대 사용자(96만 5천개의 일자리)이자 수출 선두 분야인 기계제조업은 독일 경제에서 중요한 위치를 점하고 있다. 전자산업은 매우 중요하면서도 혁신적인 성장 분야이다. 독일 산업체 연구개발 투자의 20%를 전자산업이 차지하고 있다. 화학산업은 인수 합병을 통해 외국 회사가 일부 지분을 소유하고 있는데, 대부분 중간재를 생산하고 있다. 루드비히스하펜에 소재하고 있는 BASF는 세계에서 가장 큰 독일계 화학그룹이다.

서비스 분야에는 2,900만 명 이상이 종사하고 있다. 이 가운데 약 1,200만 명이 민간 및 공공 서비스기업에 종사하고 있으며, 1,000만 명이 무역, 요식업, 교통 분야에, 700만 명이 금융업, 대여업, 기업 관련 서비스업에서 일하고 있다. 서비스 분야에서는 은행업과 보험업이 주류를 이룬다. 이는 유럽중앙은행, 독일연방은행, 독일증권거래소가 자리하고 있는, 유럽대륙의 선도적인 은행거점지인 프랑크푸르트 암 마인에 집중되어 있다.

최근에는 문화경제 및 창조경제가 각광을 받고 있다. 이 분야는 음악, 문학, 미술, 영화, 연극뿐만 아니라 라디오/TV, 신문, 광고, 디자인, 소프트웨어를 포함하며, 23만 8천개 업체에 약 100만 명이 종사하고 있다. 이로써 창조경제는 국민경제로서 중요한 의미를 가질 뿐만 아니라 그 자체로 현대 경제의 모델이 되고 있다. 창조경제는 평균이상의 고용 기회를 제공하고, 지식기반의 경제로 나아가는 선구자 역할을 하며, 독자적이고 혁신적인 아이디어를 창출하는 중요한 원천이다.

6. 매력적인 입지

독일에서 가장 중요한 경제 중심지는 루르 지역(첨단기술 및 서비스 중심지로 변화 중인 산업지역), 뮌헨과 슈투트가르트 지역(첨단기술, 자동차), 라인-네커(화학), 프랑크푸르트 암 마인(금융), 쾰른, 함부르크(항만, 항공기 제조, 미디어)이다. 구동독 지역에도 소규모이기는 하지만 우수한 능력을 갖춘 다양한 첨단기술 중심지인 이른바 '등대지역Leuchtturm-Regionen'이 꾸준히 생겨나고 있다. 특히 드레스덴, 예나, 라이프치히, 로이나, 베를린-브란덴부르크가 여기에 속한다.

전 세계 투자자들은 가장 매력적인 입지로 독일을 꼽는다. 현재 외국인 직접투자는 4,600억 유로에 달하고 있으며, 여기에는 미국의 GE, AMD 같은 대기업들의 대규모 투자가 포함된다. 투자자들이 독일을 선호하는 이유는 유리한 지리적 조건과 법적 안정성 때문이다. 또한 전 세계적으로 비교하여 독일은 인프라(교통, 통신), 대학 및 연구시설의 질, 연구개발 및 인적자원의 수준면에서도 월등히 앞서고 있다. 성인의 3/4 이상은 직업교육을 받았으며, 그 중 13%는 대학 또는 전문대학 졸업 이상의 학력을 갖추고 있다. 독일의 높은 삶의 질도 투자자들이 높게 평가하는 요인 중의 하나이다.

VI. 사회

    독일은 약 8,070만 명의 사람들이 살고 있어 유럽연합에서 가장 인구가 많은 나라로 현대적이며 개방적이고 다원적인 나라이다. 독일의 사회는 생활양식상의 다원주의와 인종 및 문화의 다양성으로 특징지어진다. 더불어 사는 삶의 형태들은 더욱 다양해졌으며, 개인의 선택의 폭이 확대되어 왔다. 남녀의 성에 따른 전통적인 고정관념은 사라졌다. 사회의 변화에도 불구하고 가족은 여전히 가장 중요한 사회적 관계집단이 되고 있으며, 청소년들은 부모와 매우 밀접한 관계를 유지하고 있다.

1. 현대적, 다원적, 개방적 사회

독일의 사회는 현대적이고 개방적인 사회다. 대부분의 사람들은 양질의 교육을 받으며, 세계적으로 비교하여 높은 생활수준을 누리고, 개인생활을 꾸려가는 데 있어 자유로운 선택의 여지가 있다. 다른 선진산업국가들과 마찬가지로 독일도 인구변화에 따르는 큰 도전에 직면해 있는데, 무엇보다 큰 과제는 고령화 문제의 해결이다. 독일 분단으로 인한 사회적 후유증 또한 통일 후 20여 년이 지난 지금까지도 극복해야 할 과제로 남아 있다. 세계화 과정에서 독일은 현대적인 이민자사회로 발전해 나감으로써 인종 및 문화적 다양성이 확대되고 있다. 이에 따라 이민자들을 사회의 주류로 적절하게 통합시키려는 노력이 더욱 강화되고 있다. 세계적인 경제 및 재정 위기로 더욱 가속화된 최근의 사회 경제적 변화는 사회적으로 새로운 위기상황을 초래했으며 사회계층 간 빈부격차가 더욱 커지게 되었다. 연방정부의 최근 빈부격차 보고서에 따르면 독일인의 1/4이 빈곤층이거나 국가의 보조금으로 빈곤을 면하고 있는 것으로 나타났다. 유럽연합 예산부서의 정의에 따르면 소득 수준이 평균소득의 60% 미만에 해당되는 경우 '빈곤층'으로 분류된다. 독신자의 경우 현재 월 순소득 780 유로 이하를 빈곤층으로 본다.

2. 인구추세의 변화

독일의 인구통계적 추세는 세 가지 특징으로 나타난다. 즉 저출산율, 기대수명 상승, 사회의 노령화이다. 독일은 40년 전부터 저출산국이 되어 오고 있다. 1975년부터 평균적으로 여성 1인당 자녀 1.3명만을 출산하는 등 낮은 출산율을 기록하고 있다. 즉 40년 동안에 자녀세대가 부모세대에 비해 1/3 가량 감소한 셈이다. 그러나 타국에서 서독으로 이주하는 이주민의 수가 증가하면서 전체인구는 실제로 그만큼 감소하지는 않았다. 아울러 다른 선진국들과 마찬가지로 기대수명도 지속적으로 증가하여 현재 남성은 78세, 여성은 83세에 달한다.

기대수명의 상승과 낮은 출산율은 곧 사회의 노령화를 초래한다. 전체인구에서 젊은층이 차지하는 비중이 줄어들고, 노령층이 늘어나는 것이다. 1990년대 초반에는 60세 이상 인구와 경제활동연령 인구의 비율이 1:3이었던 것에 반해, 21세기 초에는 그 비율이 1:2.2로 감소했으며, 머지않아 1:2 아래로 떨어질 것으로 예측되고 있다.

사회의 노령화 문제는 사회복지 및 가족정책의 가장 큰 과제라 할 수 있다. 그리하여 오래 전부터 연금제도의 개혁이 이루어지고 있다. 젊은 세대가 노령 세대를 부양하는 세대 간 계약*은 갈수록 재정 충당이 어려워지면서 노후 대비 개인연금으로 보완되고 있다. 또한 자녀양육비 확

---

* 세대 간 계약은 연금의 기본적 개념으로 현재의 근로세대가 노령(은퇴자) 세대를 부양하도록 하는 세대 간의 암묵적 사회계약이다. 즉 연금을 운영하는 관청에서 매달 근로세대로부터 부담금을 거둬 그 기금으로 노령층 연금수급자들에게 나눠주는 방식이다.

대, 유치원 및 탁아소 증설 등 자녀수를 늘이기 위한 가족정책적 대책들
이 강화되고 있다.

3. 중요한 사회제도로서의 가족

고도로 개인주의화 되고 이동성이 높아진 21세기에도 가족은 사람들에게 가장 중요한 가치를 지닌다. 예나 지금이나 가족은 인간이 최초로 속하게 되는 가장 중요한 사회집단이다. 또한 가장 중요한 사회제도들 가운데 하나이기도 하다. 삶의 중심으로서 가족이 갖는 의미는 시간이 지남에 따라 오히려 증가했다. 인구의 90% 가량이 개인의 우선순위에서 가족을 최우선으로 삼고 있으며, 젊은 사람들 가운데에서도 가족의 중요성은 높게 평가되어 12~25세 연령층의 72%가 가족을 행복한 삶의 요건으로 꼽고 있다.

그러나 가족의 형태나 구조는 사회의 변화와 함께 크게 달라졌다. 전통적 시민가정에서는 부부가 일생 동안 결혼을 유지하면서 엄격한 역할 분담을 통해 다수의 자녀를 키워왔다. 즉 아버지는 생업활동을 하는 부양자로서, 어머니는 가사를 돌보는 가정주부로서의 역할에 충실했던 것이다. 물론 이와 같은 가족 모델은 아직도 하층사회나 이주자들 사이에서, 또는 아이들이 어릴 동안에는 유지되지만 더 이상 지배적인 생활형태가 되고 있지는 않다.

더불어 사는 삶의 형태는 눈에 띄게 다양해졌다. 여러 가지 가족 형태들 중에서 하나를 선택하거나 아예 가족을 포기하는 등 자유로운 선택의 폭이 크게 넓어졌다. 이는 남녀평등권 및 변화된 여성의 역할과 결코 무관하지 않은데, 오늘날 자녀를 둔 어머니들의 약 65%가 생업활동을 한다. 동시에 가족은 그 규모가 더 작아졌다. 한 자녀 가족이 세 자녀 이상인 가족보다 더 많아졌다. 가장 흔한 형태는 자녀가 둘 있는 가족이다. 자녀가 없는 부부나 혼자 사는 삶의 형태도 갈수록 늘고 있다.

생활형태뿐만 아니라 도덕적 기본태도도 변화되고 있다. 파트너관계의 충실성은 변함없이 중요한 가치가 되고 있지만 평생을 함께 살아야 한다는 규범은 느슨해졌다. 반면 파트너관계의 질에 대한 요구는 높아졌다. 이것은 근년에 결혼한 부부의 40%가 다시 이혼하게 된 이유들 중의 하나이기도 하다. 재혼이나 새로운 파트너관계는 일반화되었다. 결혼하지 않고 함께 사는 경우도 두드러지게 증가해오고 있다.

특히 젊은이들이나 이혼을 경험한 사람들은 '혼인신고 없는 결혼'을 선호하고 있다. 그리하여 미혼상태의 출산이 늘고 있다. 이러한 변화의 결과 배다른 가족과 편부모양육이 증가하고 있다. 자녀가 있는 전체 가정의 1/5은 편부모가정이며, 보통은 어머니 쪽에서 홀로 양육하고 있다.

한편 동성의 파트너와 함께 사는 동거형태도 뚜렷하게 증가하고 있다. 2001년부터는 동성 간의 혼인신고를 법으로 허용하고 있다.

4. 직업에서의 남성과 여성

　다른 현대화된 사회와 마찬가지로 독일에서도 기본법이 요구하고 있는 여성의 평등권은 눈에 띄게 진전되었다. 교육부문에서는 여성이 남성을 따라잡았을 뿐만 아니라 추월하기까지 했다. 김나지움 졸업생의 56%가 여성이고, 대학입학생 중 여학생이 차지하는 비율은 50%에 이른다. 또한 박사학위의 42%가 여성에게 수여되고 있다.

　직업을 갖는 여성의 수는 점점 증가하고 있다. 2008년부터는 이혼에 있어서 주로 어머니 쪽에 양육권을 부여하는 규정이 새롭게 적용되면서 여성에게 취업의 중요성은 더욱 커졌다. 현재 여성의 70%가 직업에 종사하고 있다. 그러나 여전히 남성은 일반적으로 전일제 직장에 근무하는 반면 무엇보다 어린 자녀가 있는 여성을 비롯한 많은 여성들은 파트타임으로 일하는 경우가 많다. 임금에 있어서도 여전히 남녀 간의 차이가 존재한다. 여성 근로자의 급여는 평균적으로 남성 근로자의 77%에 불과하며, 고위직급의 경우에는 남성이 받는 급여의 73%에 불과하다. 여성이 직장에서 고위직급에 진출하는 일이 증가하기는 했으나 승진에 있어서는 적잖은 지장을 받기도 한다. 이는 대학생의 수에서는 여성이 절반을 차지하는데 비해 전문분야의 학자는 여성이 1/3, 교수의 경우에는 17%에 불과한 것으로도 확인할 수 있다.

　여성이 직장에서 승진하는 데 있어 가장 큰 장애가 되는 것은 어린 아이들에 대한 돌봄시설과 환경이 다른 유럽 국가들과 비교하여 상대적으로 미흡하다는 점이다. 또 다른 장애요소는 가정에서의 부부의 가사 분담이 크게 변하지 않았다는 점이다. 대다수의 가정에서는 빨래, 청소, 요리와 같은 전통적인 주요 가사노동을 여성이 담당하고 있다. 남성의 80%가 자녀와 함께하는 시간을 늘리고 싶다고 말하지만 직장에 다니는 여성조차도 자녀를 돌보는 시간이 남성에 비해 두 배에 달한다. 지금까지는 육아휴가는 거의 전적으로 여성의 몫이었다. 새로운 육아수당규정이 도입된 후 자녀양육을 위해 휴가를 내는 남성의 비율이 16% 이상 증가하기는 했으나 이들 대부분(70%)은 양육휴가를 2개월밖에 내지 않았다.

고위직급의 경우 여성들은 경제 분야보다 정치 분야에서 더 확고한 자리를 굳혀왔다. 1918년 이후 독일의 여성들은 선거권과 피선거권을 갖게 되었다. 정치에 적극적으로 참여하는 여성이 점점 늘고 있지만 아직 남성보다 훨씬 소수이다. 일부 정당들은 여성지도자들의 수를 늘이기 위해 '여성할당비율제Frauenquote'를 도입하고 있다.

1961년 이래 독일연방정부에는 최소한 1명 이상의 여성장관이 속해 왔으며, 오늘날에는 2명 이상이 되었다. 양대 정당인 사민당과 기민당의 경우 당원의 1/3 내지 1/4이 여성이다. 특히 연방의회에서의 여성의원 수는 크게 증가했다. 1980년에 8%에 불과하던 여성의원의 비율이 현재는 37%에 이른다. 리타 쥐스무트Rita Süßmuth는 연방의회 의장에 두 번이나 선출되었다. 2005년부터는 앙겔라 메르켈Angela Merkel이 독일 최초의 여성총리로 선출되어 3회 연속 재임하고 있다.

5. 청소년

청소년들에게 가장 중요한 관계집단은 동년배 집단과 함께 가족이다. 오늘날처럼 젊은층이 부모와 같은 집에 사는 기간이 긴 경우는 일찍이 없었다. 현재 24세 남성의 절반 정도가, 동일 연령의 여성 27%가 부모와 함께 살고 있다. 12~29세 연령층의 대다수는 부모와 신뢰를 바탕으로 좋은 관계를 유지하고 있다고 말한다.

청소년들이 부모와 함께 사는 기간이 길어지는 이유 중 하나는 그들의 학교교육 기간이 점점 더 길어지기 때문이다. 실제로 이들의 교육수준은 크게 높아졌다. 18~20세 청소년의 경우 45%가 대학입학자격을 취득하며, 이들 중 2/3 이상이 졸업 후 3년 안에 대학에 입학한다. 약 1/10 정도는 직업교육을 수료하지 못한 채 학교를 떠난다. 문제집단에 속하는 이들은 대체로 사회적 취약계층 출신이거나 이주민 가정 출신의 젊은이들이다.

전통적인 정치적 좌우개념에서 보면 젊은이들은 늘 그래왔듯이 전체 인구에 비해 약간 좌로 기울어져 있지만 정치적 극단주의를 보이는 경우는 드물다. 반대로 이들은 자원봉사나 사회활동 참여에 매우 적극적이다. 젊은층의 3/4가량이 도움을 필요로 하는 노인이나 빈민층, 이주민, 장애인 등을 돌보는 데 앞장서고 환경보호 및 동물보호를 위해서도 노력을 아끼지 않는다. 사회봉사 또는 환경보호 분야에 자원하는 젊은 남성 및 여성의 수도 늘고 있다.

젊은 남성의 경우 과거에는 병역의무(1960년대 18개월, 1980년대 15개월,

2000년대 10개월, 2011년 6개월 등으로 복무기간이 단축되어옴)를 치러야 했지만 2011년 7월부터 전시가 아닌 평시의 병역의무제도는 폐지되고 자원병제도가 시행되고 있다.

6. 노년층

독일 인구의 약 1/4은 60세 이상이다. 오랫동안 지속된 낮은 출산율과 함께 높아지는 기대수명으로 인해 독일 사회는 일본과 이탈리아에 이어 세 번째로 노년층 비율이 높다. 노인들의 생활형태와 생활양식은 지난 수십 년 동안 크게 변화되고 다양화되었다.

오늘날 대다수의 노인들은 자립적으로 살고 있으며, 사회참여에 적극적이고 자녀 및 가족과 친밀한 관계를 유지하면서 살아간다. 또한 건강상태도 양호하여 독립적인 생활과 적극적인 여가활동을 하는 데 문제가 없다. 노인세대는 상당 부분 재정적 보장을 받는다. 1957년의 연금개혁으로 연금수혜자들은 점차 완전한 복지를 누릴 수 있게 되었다. 노인빈곤이 완전하게 해소된 것은 아니지만 다른 연령층에 비해 빈곤위험이 낮은 편이다.

오늘날 3대가 한 집에 사는 경우는 극히 드물지만 성인이 된 자녀와 부모 사이, 또는 조부모와 손자손녀 사이에는 강한 정서적 유대가 형성되어 있다. 연방정부는 세대 간의 유대를 더욱 강화시키기 위한 프로젝트를 추진해왔다. 이 프로젝트를 통해 독일의 거의 모든 시군이 이른바 '다세대주택'을 갖게 되었다. 다세대주택은 가족상담, 건강증진, 위기조정 및 조력계획을 위한 네트워크이자 중심축으로서의 역할을 한다.

7. 이주와 통합

독일경제는 2차 대전 후 1950년대의 경제성장 이래 외국인 노동이민
자들의 도움을 받고 있다. 당시 이른바 '손님노동자'라 불렸던 외국인 노
동자들의 대부분은 남부 및 남동부 유럽에 있는 고향으로 돌아갔지만 아
직까지 독일에 남아서 생활하는 이들도 상당수 있다. 나중에 독일로 이
주해온 많은 수의 터키인들도 독일에 남아 생계를 유지하고 있다. 독일
은 외국인 노동자의 나라에서 차차 이민자의 나라로 발전한 것이다. 두
번째로 큰 이주 집단으로는 수 세대 전부터 구소련, 루마니아, 폴란드 등
외국에서 거주하다가 공산체제 붕괴 후 독일로 돌아온 독일계 이주민들
을 꼽을 수 있다.

이 두 부류의 이주민들로 인해 1980년대 독일의 인구 수 대비 이주민
수는 전통적 이민국인 미국, 캐나다, 호주보다도 높았다. 연방통계청에
따르면 독일 시민권을 취득한 외국인이나 부모 중 한쪽이 외국인인 아이
들을 포함하여 이주배경을 가진 사람은 총 1천5백만 명에 달한다. 이들
중 7백만 명은 외국인이며, 약 8백만 명은 독일계 혈통의 사람들이다.

독일에 살고 있는 외국인 가운데에는 터키인들이 250만 명으로 가장
큰 집단을 이루고 있으며, 나머지 150만 명은 주로 구 유고슬라비아 또
는 그 후속국가에서 온 이주민이다. 독일에 살고 있는 이슬람교도는 4백
만 명에 달하는 것으로 추정되고 있다.

독일은 단순노동 분야에 주로 외국인 노동자를 받아들였기 때문에 많
은 이주민들이 미숙련 노동자로 일하고 있다. 조사에 따르면 이주민 가

정은 독일에서 사회적으로 향상되거나 경제적 상황을 개선하는 것이 어려운 것으로 드러났다. 그러나 사회통합 분야에서는 큰 진전이 있었다. 독일 국적 취득을 위한 법적 기준이 완화되었고, 이민자와 독일인 간의 교류가 활성화되었으며, 다른 인종 및 문화의 다양성을 수용하는 분위기가 크게 강화되었다. 이것을 뒷받침하고 있는 것이 2005년 1월 1일부터 발효된 외국인의 이주와 체류에 관한 통합법이다. 이 법의 핵심은 높은 직업적 자질을 지닌 외국인에 대한 노동시장의 개방과 외국인이 독일 사회에 적응할 수 있도록 하는 적극적이며 의식적인 융화대책이다. 이에 따라 독일은 이주국가로서 지금까지보다 더 폭넓게 개방되었다. 그리하여 이제 외국인 학생들은 대학을 성공적으로 마칠 경우 일자리를 찾기 위해 1년까지 독일에 머물 수 있다. 아울러 이들은 체류허가를 연장하거나 기한제한이 없는 정주허가를 신청할 수 있다. 높은 자질이 있는 사람은 곧장 정주허가를 얻을 수 있다. 또한 독일에서 일자리를 창출하고자 하거나 일정한 자기자본을 투자하려는 외국의 기업에게는 정주가 손쉽게 이루어진다. 새로운 이주법은 독일 경제의 경쟁력을 높이는 데에도 기여하며, 높은 수준의 국제화를 통한 첨단기술의 연구에도 자극을 줄 것으로 보인다. 이 법은 전체적으로 종래의 체류법을 간소화한 것이며, 의무적인 독일어 어학코스를 통해 비유럽연합 국가의 외국인들의 독일사회에의 융화를 촉진하고, 난민수속을 신속하게 처리하도록 하고 있다. 그러나 테러와의 전쟁이라는 관점에서 위험인물로 간주되는 외국인에 대한 추방은 더 쉬워졌다.

1949년에 제정된 독일연방공화국의 기본법은 자기나라에서 정치적으로 박해받는 사람들의 보호를 보장했다. 이 기본법을 내세워 1988년부터

1993년 사이에 주로 붕괴된 동구공산권 국가들로부터 140여만 명의 사람들이 독일에서의 거주허가를 얻고자 했다. 그러나 이들 중 극소수만이 자국에서 정치적 박해를 받던 사람들이었다. 이 기간 동안 5만7천명의 신청자들만이 난민권을 인정받았다. 난민권의 대량 남용을 막기 위해서는 난민법의 핵심을 손상시키지 않으면서 새로운 규정을 마련할 필요가 생겼다. 그리하여 1993년부터는 안전한 제3국을 경유하거나 안전한 자국으로부터 독일로 입국하는 외국인은 더 이상 난민법의 보호를 받을 수 없게 되었다. 그 후 난민신청자의 수는 계속 줄어들어 2003년에는 1984년 이후 최저수준인 5만5백 명에 불과했다.

2005년 1월 1일에 발효된 새로운 이주법에 따라 성에 의해 위협당하거나(성기절단 등) 국가 이외의 단체에 의해 박해받는 난민신청자들도 난민으로 인정받을 수 있게 되었다. 모든 난민신청자에게는 연방헌법재판소에 이르기까지의 법적 소송의 길이 열려 있다.

독일연방정부는 독일에 사는 외국인들의 통합을 핵심과제로 삼고 있다. 그 중에서도 노동시장 통합에 중점을 두고 있으며, 특히 언어지원과 교육을 통합의 핵심으로 여기고 있다. 2006년부터 앙겔라 메르켈 연방 총리는 이주민단체들을 포함하여 통합과 관련된 모든 사회단체 대표들과 함께하는 통합대표자회담을 매년 추진하고 있다. 첫 대표자회담의 성과물인 '국가 통합계획(2007)'은 제대로 실행되고 있는지를 정기적으로 점검받고 있다. 이 계획은 명확한 목표와 함께 국가 및 경제, 사회 주체들이 추진할 400여 개의 구체적인 대책을 담고 있다. 이에 따라 교육후원자 네트워크가 구축되었으며, 많은 후원자가 참여하여 이주민 가정의 어린이 및 청소년의 학교 및 직업교육을 지원하고 있다. 500개 이상의 기업 및 공공기관 종사자 4백만 명이 '다양성 헌장' 프로그램에 참여하여 다양성을 기회로 인식하고 특히 이주배경을 가진 청소년들에게 보다 나은 교육기회를 보장하는 것을 사명으로 삼고 있다. 하지만 통합의 문제는 여전히 지속적으로 개선하고 해결해나가야 할 정치적 및 사회적 과제로 남아 있다.

8. 사회보장

'모두를 위한 풍요와 사회정의'. 이것은 1950년대 후반 연방경제부장관이었던 루트비히 에르하르트가 사회적 시장경제를 확립할 때 세운 목표이다. 이것은 성공을 거두었으며 많은 국가들에게 본보기가 되었다. 성공요인 가운데 하나는 광범위한 사회보장제도이다. 독일의 사회보장망은 세계에서 가장 폭넓다고 할 수 있다. 독일 국내총생산(GDP)의 26.7%가 공공복지에 지출될 정도이다. 미국의 경우 이 부문에 대한 투자율은 15.9%이며, OECD 평균은 20.5%이다. 독일은 모든 국민의 사회적 보호를 최우선으로 여기는 사회복지국가이다.

근간이 되는 사회복지망은 근로자와 사용자 양측이 재원을 부담하는 연금보험, 의료보험, 수발보험, 사고보험, 실업보험 등 5개의 포괄적 시스템이다. 그밖에 가족부담조정(자녀양육비, 세제혜택), 연금생활자나 지속적 취업불능자의 기초생활보장과 같이 세금으로 재원이 조달되는 분야도 있다.

독일의 사회보장정책의 기반을 닦은 것은 19세기 말 오토 폰 비스마르크 제국총리에 의한 의료보험법(1883), 사고보험법(1884), 폐질 및 노령연금보험법(1889)이다. 실직근로자에 대한 국가의 의무적 보호기능으로서의 실업보험은 1927년에 도입되었다. 당시에는 전체 생계활동자의 1/5이자 국민의 1/10만이 사회보장법의 적용을 받았지만 오늘날에는 국민의 약 90%가 공적인 사회보장의 보호를 받고 있다.

총체적 개혁프로그램인 '아젠다 2010*'의 관련법들에 의해 경제, 교육, 직업훈련, 노동시장, 세제, 가족지원 등과 함께 사회국가의 개조가 추진되었다. 이에 의하면 사회보장제도의 두 축인 의료보험제도와 연금제도로 인해 '고비용 환경'이 조성되고 정부의 재정적자가 늘어나기 때문에 정부의 지출을 줄이고 개인의 책임을 확대하는 방향으로 제도를 개혁해야 한다는 것이다. 대표적으로 연금보험의 수령 연령을 현행 65세에서 2035년까지 67세로 상향 추진하며, 처방전이 없는 의약품 구입비용에 대한 보험 혜택을 철폐하는 등 진료비나 입원비, 의약품 비용에 대해 환자에게 부담을 많이 주는 방향으로 제도가 시행되어야 한다는 것이다.

(1) 연금보험

연금보험은 독일에서 사회보장제도의 핵심이며, 공적이거나 사적인 대부분의 재원이 관계하고 있는 분야이다. 근로자들이 직장에서 퇴직한 후에도 적당한 생활수준을 유지할 수 있도록 하기 위한 이 보험은 약 5천만 명의 피보험자가 있으며, 연간예산은 2천3백억 유로 이상이다. 가입의무가 면제된 공무원과 직업군인을 제외한 교사, 예술활동 종사자, 기능공, 조산원 등을 포함한 거의 모든 근로자가 공적 연금보험에 의무

* 2003년 독일정부가 인플레와 높은 실업률로 고통 받는 독일경제를 개혁하기 위해 2010년을 바라보며 내놓은 개혁프로그램이다. '아젠다 2010'은 독일이 최고의 경쟁력을 유지하기 위해서 개혁해야 할 내용을 경제, 직업교육, 세금, 교육과 연구, 노동시장, 보건, 연금, 가정 지원 등 총 8개 분야로 제시하고 있다. '독일병'이라고 불리는 과도한 복지, 방만한 연금구조, 노조의 사회적 권한 등을 축소하는 자유주의 개혁방안이었으므로 당연히 독일의 노조는 반발했으나 결국 자신들의 사회적 권한을 축소하고 임금 동결과 의료복지 축소, 연금수령 시기 조정과 같은 안들을 받아들이는 대신 정부가 경제부흥에 나서는 안에 합의했다. 그로부터 독일 경제의 내핍이 시작되었고 국민들은 허리띠를 졸라맸다. 그 결과 경제는 다시 일어서고 독일은 유럽 경제의 버팀목이 되었을 뿐만 아니라 재정위기가 유럽을 휩쓰는 상황에서도 안정세를 구가할 수 있었다.

적으로 가입되어 있다.

2013년부터 연금보험료율은 세금을 포함한 총 소득액의 18.9%로 적용되고 있다. 연금보험료는 근로자와 사용자가 절반씩 납부한다. 보험료 산정에 적용되는 연소득 상한액은 서부독일의 주들에서는 71,400유로, 동부독일의 주들에서는 60,000유로이다. 이 보험료산정 상한액을 초과하는 금액의 보수에 대해서는 보험료가 부과되지 않지만 후일의 연금액 산정에 있어서도 고려되지 않는다. 연금은 각 피보험자가 납부한 보험료를 적립하여 나중에 그대로 지급받는 것이 아니라 연금수령일 현재의 연금보험 적립금으로부터 지급받는다. 실직자나 장애자의 사회복귀훈련 비용도 여기에서 지출된다. 이렇게 함으로써 연금보험은 피보험자의 생계활동능력을 다시 일으키는 데 도움을 주고, 건강상의 이유로 다른 직업을 얻기 위한 재교육이 필요한 경우 이를 지원하기도 한다.

2002년부터 공적 연금제도는 국가의 지원자금으로 이루어진 노령준비금에 의해 보충되고 있다. 이 노령준비금은 장기적으로 예상되는 연금 수준의 하향을 조정하고, 노년에도 생활수준을 생계활동 당시의 수준에 근접시키도록 되어 있다. 임의적인 기업연금이나 사적인 노령연금에의 가입은 국가에 의해 뒷받침된다. 특히 중하위 소득계층과 자녀가 있는 가정은 특별히 지원을 받는다.

연금을 받는 데에는 일정한 대기기간, 즉 최소한의 보험가입기간이 지나야 한다는 전제조건이 있다. 연금은 일반적으로 만 65세부터 지급된다. 이보다 더 일찍 지급받고자 할 경우에는 삭감된 액수를 받는다. 오늘날 실제 연금수급 개시연령은 60.2세이므로 노령자들의 취업기회를 늘여 조기연금수급을 막는 일이 요구되고 있다. 노령 근로자들은 노령자 파트타임제를 이용하여 삶을 생계활동으로부터 은퇴생활로 원만하게 변화시켜나갈 수 있다. 노령자 파트타임제 규정에 의한 연금지급개시연령은 2004년부터 단계적으로 60세에서 63세로 상향되었다.

연금액 산정에 있어서는 이른바 제도유지요인이 고려되어 연금액 인상이 최소화되도록 되어 있다. 그리하여 보험료는 인구통계적 추이와 기대수명의 상승에도 불구하고 일정한 수준으로 유지되게 되어 있다. 제도유지요인에 의해 장기적으로 연금액은 총보수액 대비 현재의 48%에서 2030년까지 42%로 낮아질 전망이다. 또한 연방정부에 의해 설치된 뤼룹위원회*는 2011년부터 2035년에 걸쳐 연금지급개시연령을 67세로 끌어올릴 것을 제안한 바 있다.

2014년 현재 연금생활자의 절반 정도는 월 700유로 미만의 연금을 받는 것으로 나타났다. 이에 따라 연금 수령 나이인 만 65세가 넘어도 파트타임 일자리 등으로 돈을 벌어야 하는 노인들이 늘고 있다. 연방통계청에 따르면 2012년 가을 기준으로 연금생활자 중 '미니 직업'을 가진 사람들은 81만2천 명이었다. 이는 2003년 59만5천433명에 비해 36.4% 증가한 것이다.

(2) 의료보험

독일의 거의 모든 주민은 의료보험에 가입되어 있다. 약 89%가 법률로 정해진 공적 의료보험에, 약 9%가 민간보험에 가입해 있다. 공적인

---

* 독일연방정부에 의해 설치된 사회보장제도의 재원유지 방안을 모색하기 위한 전문가들의 심의위원회로 위원장인 경제학자 베르트 뤼룹의 이름에 따라 뤼룹위원회로 불렸다. 대학교수, 근로자, 노동조합대표들로 구성된 이 위원회는 2002년 11월 21일 첫 회의를 소집한 후 2003년 8월 28일 이른바 뤼룹보고서를 제출함으로써 임무를 끝냈다.

의료보험에 가입한 사람들은 연령, 소득, 성별에 관계없이 누구나 필요한 의료혜택을 받을 동등한 권리가 있다. 2004년의 의료제도개혁은 피보험자에 대해서는 더 많은 자기책임을, 의료제도에 대해서는 더 많은 경쟁을 요구했다. 또 공적인 의료보험기금의 재정부담을 2007년까지 230억 유로 경감하고 보험금을 13% 이하로 내리도록 했다.

일정한 소득액(2014년의 경우 연총소득 48,600 유로)까지의 모든 근로자는 의무적으로 300개가 넘는 공적 의료보험들 중 하나에 가입하여 보험료를 납부해야 한다. 이 상한액을 초과하는 소득이 있는 사람은 보험가입 의무가 면제되며 민간보험에 의해 보장을 받을 수도 있다. 일정한 조건을 갖추면 연금생활자, 실업자, 직업훈련생, 대학생도 의료보험의 대상이 된다.

보험료율은 2011년 1월 1일부터 총소득액의 15.5%로 적용되고 있는데, 사용자가 7.3%, 근로자가 8.2%를 나누어 부담한다. 물론 보험료 산정에 있어서는 상한액이 있다. 피보험자의 직업이 없는 가족에 대해서는 보험금이 부과되지 않는다. 따라서 가족이 있는 근로자는 독신 근로자보다 더 유리한 입장에 있다.

모든 피보험자는 인가된 보험의사와 보험치과의사들을 자유롭게 선택할 수 있다. 2004년부터는 분기별로 의사를 선택하여 진료를 받을 때마다 진찰료를 지불하게 되었으며, 단골의사로부터 다른 전문의로 옮길 경우에는 추가적인 진찰료가 없다. 의료보험기금은 진료비를 지급함과 함께 처방전을 요하는 의약품, 치료용품 및 보조기구, 입원치료, 질병예방에 대해서도 부담한다.

처방전을 요하는 의약품이나 보조기구(보청기, 휠체어 등)에 대해서는 환자가 10%, 최저 5유로에서 최고 10유로까지 자기부담 한다. 입원의 경우에는 연간 28일을 상한으로 하루당 10유로를 자기부담 한다. 18세 이하의 어린이와 청소년은 자기부담이 면제된다. 2004년부터는 특정한 분야(안경 등)에 있어서는 전액 자기부담이 되고 있으며, 2005년부터는 의치를 할 경우 공적 또는 민간 치과보험에 추가로 가입해야 한다. 요양치료에 있어서는 의료보험기금이 전액 혹은 일부를 부담하는데, 일부부담일 경우 하루에 10유로를 환자가 부담해야 한다.

처방전을 요하지 않는 의약품에 대해서는 가격제한이 없다. 2004년부터는 처방전을 요하는 의약품도 독일의 안전기준에 합치될 경우 통신판매나 인터넷판매를 통해 구입할 수 있다.

의료제도개혁은 의료의 질 향상을 가져오고 있다. 병원의 외래진료는 고도로 전문화된 의사들에 의해 의료서비스가 제공된다. 종합의료센터에서는 장차 진료를 담당하는 모든 의사, 치료사, 기타 전문인력들이 공동으로 의료를 담당하게 된다.

질병의 경우 근로자는 사용자를 통해 6주까지 급여를 지급받을 권리가 있다. 일부 노동협약에서는 이 기간을 더 연장하고 있다. 그 후에는 의료기금이 78주까지 질병급여금을 지급한다.

2006년부터 근로자는 질병급여금을 위해 총소득의 0.5%를 별도보험금으로 추가납부하고 있다.

(3) 수발보험

수발보험은 신체적 또는 정신적 질환이나 장애로 인해 일상적 생활을 자력으로 해나갈 수 없는 사람들이 돌봄을 받을 수 있도록 한 제도로

1995년에 도입되어 짧은 기간 동안 공고하게 정착되었다. 여기에서는 질병의 위험에 대처하여 공적 의료보험에 가입한 사람은 누구나 자동적으로 수발보험의 피보험자가 된다는 원칙이 적용되고 있다. 민간 의료보험에 가입한 사람은 민간 수발보험과 계약을 체결해야 한다. 수발보험료는 총소득의 2.05%로 근로자와 사용자가 절반씩 부담한다. 자녀가 없는 23세 이상의 성인은 0.25%의 추가 보험료를 내야 한다.

현재 약 2백만 명 이상의 수발을 요하는 사람들이 수발보험 등급(1~3등급)에 따라 가정이나 시설에서 인적 및 물적 지원이나 현금보조를 받으며 수발을 받고 있다. 수발보험은 수발을 요하는 사람들과 그 가족들의 상황을 개선시키고 사회적인 수발환경을 뚜렷하게 변화시켜 왔다. 특히 최근 수발보험이 치매환자에게 더 많은 혜택을 줄 수 있도록 관련 법률이 개정되었다. 이에 따라 수발급여를 신청한 치매환자는 '0'등급을 받더라도 수발급여를 지급받게 되었다. '0'등급을 받은 수급자가 가족으로부터 수발을 받는 경우에는 월 120유로의 수발현금급여가 지급되며, 시설수발을 받는 경우에는 225유로의 현물급여에 해당하는 금액이 지원된다.

(4) 사고보험

독일에서는 매년 약 140만 건의 근로사고 및 교통사고가 발생한다. 또한 약 1만 8천 건의 잘 알려진 직업병이 발생하며, 학교사고도 약 150만 건이 일어난다. 이러한 사고나 질병을 당한 사람들은 엄청난 삶의 변화를 겪게 되는데, 사고보험은 바로 이들을 보호의 대상으로 하고 있다.

농업과 소규모 제조업을 포함한 모든 분야의 근로자들과 교육훈련자들, 유치원 및 학교의 학생들이 사고보험에 의해 보호된다. 근로현장이나 학교에서 발생하는 사고는 물론 그곳으로 오가는 동안의 사고와 직업병들도 사고보험의 보장 영역이다. 사고보험은 근로사고와 직업병의 예방을 과제로 하고 있으며, 근로사고와 직업병 발생 시 피보험자들의 건강과 활동능력을 회복시키고 지원금을 통해 피보험자나 유족들을 보상해주는 역할을 한다. 사고를 당한 경우 보험은 치료비를 부담하고, 노동불능상태가 되었을 때는 상해수당이 지급된다. 사고 및 직업병으로 피보험자가 사망할 경우 사망일시금이나 유족연금을 지급한다. 재활훈련에 지급되는 직업촉진금은 특히 장애를 입은 사람이 다시 직업을 가질 수 있도록 하는 직업전환교육에 지원된다.

사고보험은 독일 사회보장체계 중 가장 오래 된 분야에 속한다. 사용자와 근로자가 보험료를 분담하는 건강보험, 수발보험, 연금보험, 실업보험과 달리 사고보험은 사용자가 보험료 전액을 부담한다. 따라서 사고 및 질병의 예방, 회복, 보상에 드는 모든 비용은 사용자의 부담과 함께 연방, 주, 자치단체의 공적 기금이 떠맡는다.

(5) 실업보험

실업보험은 실업수당Arbeitslosengeld이나 실업부조금Arbeitslosenhilfe 지급 등 경제적 지원을 통해 실업상태에 있는 사람들의 생계를 보장해주는 역할을 한다. 또한 직업상담 및 소개, 구직을 위한 재교육, 고용촉진 등 적극적인 일자리 창출 등을 지원한다.

사용자에게 고용되어 주당 18시간 이상 근무하는 모든 근로자는 원칙적으로 실업보험에 가입하도록 되어 있다. 현재 총소득의 3.0%인 보험료는 사용자와 근로자가 각각 절반씩 부담한다. 연금보험과 마찬가지로 실업보험료 산정에서도 근로자의 소득에 상한선을 두고 있다. 2014년의 경우 구서독 지역은 연소득 71,400유로(월 5,950유로)를 상한액으로 정하고 그 이상의 소득에 대해서는 이 상한액을 적용한다. 구동독 지역은 연소득 60,000유로(월 5,000유로)가 상한액이다.

실직 시점 이전 2년 동안 최소 12개월 이상 실업보험의 보험료를 납부한 사람은 실업급여를 청구할 수 있다. 실업급여 액수의 산정은 대단히 복잡한 계산 과정을 거친다. 1명 이상의 자녀가 있는 실업자는 고용 당시 최종 순보수액(보험료 및 세금이 공제된 순수령액)의 67%를, 자녀가 없는 실업자는 60%를 받는다. 대략 최근 1년간 평균 월급의 약 40% 정도로 보면 된다.

실업급여의 지급기간은 나이와 보험 가입 기간에 따라 차이가 난다. 50세 미만이고 보험 기간이 24개월 미만일 때 실업급여의 지급기간은 최대 1년이다. 24개월 이상 보험료를 납부하고 50세 이상일 경우에는 규정된 조건에 따라 14~32개월까지 실업급여를 받을 수 있다. 지급기간에 대해서는 단축과 연장을 놓고 정치권의 논쟁이 치열하다.

2005년 1월 1일부터는 18세 이상 65세 미만의 노동 가능한 자를 대상으로 제2의 실업급여인 실업급여 II (Arbeitslosengeld II: 하르츠 위원회에서 주도하여 마련한 개혁안 중 하나라서 보통 '하르츠 IV'라고도 한다)가 지급되고 있다. 이 실업급여 II는 기존에 정부(노동청)에서 지급하던 실업보조금 Arbeitslosenhilfe과 지방자치단체에서 지급하던 사회부조금 Sozialhilfe을 통합한 것으로 중앙정부에서 지급하고 있다. 실업보조금은 실업급여를 받지 못하는 실직자에게, 사회부조는 최소한의 인간적인 생활을 위해 빈곤층에게 지급되어 왔다. 실업급여 II의 수급자는 연간 약 500만 명에 이르는 것으로 나타났다. 실업급여 II는 기본필요액 외에 주택임차료와 난방비도 일정금액까지 부담한다.*

(6) 가족수당

독일에서는 매년 600억 유로 이상이 가족의 지원을 위한 공적자금으로 사용되고 있다. 우선 자녀수에 따라 차등지급 되는 자녀수당Kindergeld이 있다. 첫째와 둘째 아이에게는 매월 각각 184유로, 셋째 아이에게는 190유로, 넷째 이후의 아이에게는 215유로가 지급된다. 자녀수당은 통상 아이가 만 18세가 될 때까지 지급하지만 18세 이상이 되어도 자녀가 대학과정이나 직업교육을 받고 있으면 최장 25세까지 지급한다. 장애아에게는 나이 제한 없이 지급된다.

2005년 1월부터는 저임금 근로자 가정에 대해 자녀수당을 보완하기 위한 자녀추가수당Kinderzuschlag이 지급되고 있다. 이는 경제적으로 여

---

* 실업급여 II의 지급액은 주로 다음과 같은 내용들을 고려하여 책정된 것이다. 먼저 재화 및 서비스의 가격변화와 평균 노동자들의 순소득 변화를 반영한, 생활에 반드시 필요한 기본적인 금액(Regelbedarf: 기본필요액)이 있다. 이는 2013년 기준 월 382유로(약 55만원)이다. 여기에 6세 미만의 아이가 있을 경우 224유로(328만 8000원), 6~13세 사이일 경우에는 255유로(37만3000원), 또는 14~17세일 경우에는 289유로(42만3000원)가 추가된다. 다음으로 주거비인 월세를 지원하는데, 베를린의 경우 혼자일 때는 378유로(55만3000원), 2명이면 444유로(65만3000원), 3명이면 542유로(79만3000원), 4명이면 619유로(90만6000원), 5명이면 705유로(103만2000원)이고, 이후 가족이 한 명씩 늘어날 때마다 50유로(7만3000원)씩 증가한다. 난방비용은 가족 한 명당 앞서 말한 '기본필요액의 2.3% 정도를 추가로 계산한다. 이사를 하여 월세가 오를 경우, 사전에 구청에서 확인을 받으면 그 인상분도 지급된다. 또 임신하거나 장애가 있는 경우, 또는 혼자 아이를 키우는 경우에는 그에 필요한 추가적인 금액(Mehrbedarfe: 추가필요액)이 포함되어 각각 기본필요액의 12~36%를 별도로 받게 된다. 그밖에 일할 능력이 안 되는 경우 등에는 사회급여(Sozialgeld)가 지급된다. 의료보험료는 공적 보험의 경우에는 전액을, 자영업자나 사적 의료보험의 경우에는 공적 보험에 해당하는 액수까지만 지원한다.

의치 않아 자녀 양육이 어려운 경우의 가정에 연방정부가 부담하는 지원금으로, 부모의 월소득이 900유로 이하(한 부모 가정의 경우 600유로 이하)인 경우 신청할 수 있다. 25세 이하의 아이에게 최대 3년 동안 매달 140유로를 자녀수당과 함께 지급한다.

2007년부터는 어린 자녀의 육아를 위해 일시적으로 직장을 휴직해야 하는 부모를 경제적으로 지원하기 위해 부모수당Elterngeld 제도가 마련되었다. 이에 따라 휴직 후 집에서 아이를 돌보고 양육하는 부모에게 12개월에서 최장 14개월까지 매월 최소 300유로에서 출산 전 월소득의 67%까지 최대 1,800유로 한도로 부모수당이 지급된다. 출산 전 생계활동을 하지 않은 학생이나 주부의 경우 300유로를 받는다. 출산 전 월소득이 1,000유로 미만인 저소득층 부모에게는 67% 제한비율을 적용하지 않고 월소득액의 100%를 부모수당으로 지급한다. 부모수당을 14개월 동안 모두 받기 위해서는 배우자가 서로 휴직을 교대로 사용해야 하며, 한쪽이 적어도 2개월 이상 휴직해야 한다. 부모 중 한명만 휴직하여 아이를 돌보면 부모수당은 12개월 동안만 지급된다. 육아휴직 중인 부모가 주 30시간 이상 일을 할 경우에는 부모수당을 받을 수 없다. 연방통계청의 자료에 따르면 남성 육아휴직자는 2011년의 경우 전년 대비 2%가 증가했고, 독일 아버지의 4분의 1이 두 달간 육아휴직을 사용하는 것으로 나타났다.

2013년 8월부터는 육아수당Betreuungsgeld 제도가 도입되었다. 이에 따라 직업을 가진 부부가 2세에서 4세 아이의 아기를 보육시설이 아닌 집에서 돌볼 경우 아이 한 명당 2013년엔 매달 100유로, 2014년부터는 150유로를 육아수당으로 지급하고 있다.

가족을 위한 급여나 지원은 현저하게 개선되고 있다. 연방은 연방과 각 주가 공동으로 조성하는 자녀수당 기금 중 연방 부담분을 매년 확대하고 있다. 그럼으로써 주들은 자녀양육을 위한 여러 가지 분야들을 확충할 수 있는 여지를 얻게 된다. 생계활동자들은 누구나 취업활동에서 비롯되는 자녀양육비용을 일정한 조건 아래 세금으로 공제받을 수 있다.

(7) 주거수당

주거는 인간의 기본적 욕구에 속한다. 따라서 독일에서는 적절한 주택에 거주할 만큼 소득이 충분치 못한 사람은 누구나 주거수당Wohngeld을 청구할 권리가 있다. 주택임차료나 주택소유자의 관리비에 대한 보조금 성격의 주거수당은 소득정도, 가구원 수, 주거비 수준 등에 따라 정해진다. 주거수당은 연방과 주에서 절반씩 부담한다. 실업수당을 받는 사람은 주거수당을 받을 수 없다.

특히 가정을 이루고 사는 가족의 경우 국가는 소득에 따라 단독주택이든 공동주택이든 내집 마련을 지원하고 있다. 이에는 보조금, 유리한 융자, 세제혜택, 주택부금에 대한 우대 등이 있다.

(8) 사회보장제도의 개혁

통계에 의하면 기대수명은 지금까지와 마찬가지로 앞으로도 높아질 것으로 예상되고 있다. 이런 수명연장과 함께 낮은 출산율로 인하여 생계활동자와 연금수급자의 인구비율은 불리하게 전개될 것으로 보인다. 그리하여 독일연방공화국은 다른 선진산업국들과 마찬가지로 한편으로는 국민의 사회보장을 지속적으로 확보해나가고, 다른 한편으로는 지나치게 많은 세금과 사회보장보험금에 의한 생계활동자들의 과도한 부담을 막아야 하는 과제에 직면해 있다. 따라서 사회보장국가라는 틀 안에서의 개혁은 불가피하다. 개혁프로그램인 '아젠다 2010' 관련법들과 함께 의료보험, 연금보험, 실업보험, 수발보험 분야에서 근로자와 사용자가 부담하는 보험금을 사회보장제도의 재원으로서 안정적으로 유지될 수 있도록 하는 대책이 마련되어 왔다. 의료보험에 있어서 피보험자의 자기책임과 자기부담 확대, 연금수령액 인상을 2004년 7월에서 2005년 7월로의 연기, 연금수급자의 수발보험료 부담의 확대, 실업보험금 수급에 있어서의 좀 더 엄격한 규제 등 중요한 개혁정책들이 이미 실시되고 있다.

연금제도의 장기적 개혁을 위한 법 정비도 계속되고 있다. 연금액의 산정에 있어서는 이른바 제도유지요인이 적용되어 연금액의 인상을 축소하고 보험료의 인상도 제한하도록 되어 있다.

경제학 교수인 베르트 뤼룹의 이름을 딴 '사회보장제도의 재원유지'를 위한 뤼룹위원회도 연방정부를 위해 의료보험, 수발보험, 연금보험의 개혁을 위한 여러 가지 방안들을 제안한 바 있다. 이에 따르면 연금수급개시연령이 2011년부터 2035년 사이에 현재의 65세에서 67세로 높아진다. 또한 현재의 의료보험이 단계적으로 '국민보험'으로 전환된다. 이 국민보험은 부담금 부과방식은 유지하면서 공무원이나 자영업자에게도 보험료를 납부하도록 하여 보험료 수입원의 확대를 꾀하고 있다. 또 대안으로서 '일률적 의료보험료'도 제안되었는데, 이는 모든 피보험자가 소득에 관계없이 일률적인 보험료를 의료보험에 납부하도록 한다는 것이다.

9. 보건의료

건강을 돌보는 것은 우선은 모든 개인의 책임이다. 그러나 그것은 또한 국가와 사회의 과제이기도 하다. 모든 시민은 경제적 및 사회적 지위에 좌우되지 않고 건강의 유지와 회복에 대한 동등한 기회를 가져야 된다. 독일은 전 세계에서 의료서비스가 가장 잘 갖춰진 나라 가운데 하나이다. 다양한 종류의 병원과 의료시설들이 국민 모두를 위한 의료 서비스를 보장한다. 4백만 명 이상이 종사하고 있는 보건체제는 독일 최대의 고용분야이기도 하다. GDP의 10.4%가 보건부문으로 지출는데, 이는 OECD 국가의 평균보다 1.5% 포인트 높은 수치이다. 보건제도 개혁의 일환으로 도입된 이른바 비용절감법으로 독일은 OECD 회원국 가운데 1인당 보건지출 증가율이 가장 적다. 2000년에서 2007년 사이 연간 실질 지출 증가율은 1.4%를 기록했는데, 같은 기간 OECD 평균은 3.7%에 달했다.

독일에서 인간의 평균수명은 지난 40년 동안에 꾸준히 늘어났다. 최근의 평균수명은 남자 78세, 여자 83세이다. 이러한 수명연장은 무엇보다도 의료의 덕분이다. 미래의 계속적인 수명연장은 이른바 '문명병들 Zivilisationskrankheiten'의 퇴치를 통해 이루어질 것이 분명하다. 그리하여 건강교육의 개선, 규칙적인 건강검진, 건강한 생활방식의 촉진 등 질병 예방대책의 강화가 적극적으로 이루어지고 있다.

독일에서 건강상의 최대의 위협요소는 모든 고도산업국들에서와 마찬가지로 문명병들인데, 전체 사망건수의 절반은 심장 및 순환기질환에 기인한다. 질병사망의 두 번째 요인은 암이다. 또한 알레르기질환도 중추신경질환과 같은 전형적인 노환과 함께 점차 비중을 더해 가고 있다. 결핵, 콜레라, 디프테리아, 폐렴과 같은 과거의 전염성 질병들은 현대의학에 의해 더 이상 위협적 요소가 되지 못하고 있다. 그 대신 에이즈(AIDS)가 새로운 엄청난 위협을 던지고 있다.

(1) 의사와 병원

현재 독일에는 약 37만여 명(치과의사 6만5천여 명 포함)의 의사들이 의료에 종사하고 있다. 따라서 독일은 세계에서 의료 상 최상의 혜택을 받는 나라에 속한다. 물론 어느 곳에서나 의료시설이 똑같이 잘 되어 있는 것은 아니다. 자유개업의들이 의료를 중추적으로 담당하는 지역에서는 의료시설을 쉽게 이용할 수 있으나 이따금 시골과 교외에서는 의사가 없는 경우가 있다. 그러나 의사의 수가 점점 늘어나고 있으므로 이러한 어려움은 점차 극복될 것으로 보인다. 절반에 못 미치는 의사들이 자유개업을 하고 있고 나머지 의사들은 종합병원, 의료행정기관이나 연구소에서 일한다.

독일에는 2,300여 개의 병원이 61만 개의 병상을 갖추고 있다. 이들 병원 외에 약 1,370개의 예방시설이나 재활시설이 있다. 병원들의 운영 주체는 국가와 주정부(병상의 절반 이상), 주로 교회의 자선기관(40% 이상), 개인 운영자(10% 미만)로 되어 있다.

(2) 의약품 관리

독일에서는 의약품의 안전성이 크게 중시되고 있다. 의약품법은 의약품의 질, 효능, 무해성이 국가인증기관에 의해 시험되고 안전이 확인된 후에 비로소 소비자에게 제공될 수 있다고 규정하고 있다. 시판허용 후에도 의약품은 계속하여 소비자 보호를 위해 감독을 받음으로써 위험을 신속히 찾아내 적절한 대책이 강구될 수 있도록 한다. 의약품법은 또한 의약품의 제조에 관한 세부적인 안전규정들을 담고 있으며, 약국에서만 판매될 수 있는 의약품과 의사의 처방에 따라서만 판매될 수 있는 의약품을 규정하고 있다. 의약품의 유통에 대한 감독과 통제는 베를린의 연방보건부 산하 의약품연구소와 각 주의 감독관청에서 행한다. 유해한 의약품에 의해 건강상의 피해를 입은 사람은 그 제조자에게 피해배상을 요구할 수 있다.

(3) 건강진단

"예방이 치료보다 낫다"는 오래된 말은 오늘날의 보건정책의 요체가 되고 있다. 건강진단은 모든 국민으로 하여금 자신의 건강을 유지하고 건강을 위협하는 요인들을 피함으로써 스스로를 보호해야 한다는 자기책임을 일깨워 준다. 그리하여 많은 영역에서 건강진단이나 조기발견 검사가 도입되었다. 국가와 주의 많은 연구소들과 사설 비영리기관들은 다음과 같은 건강교육에 관한 다양한 정보와 프로그램을 제공한다.

- 임신과 출산시, 영아기와 유아기의 건강과 학교에서의 보건교육
- 알콜과 담배 남용, 의약품과 마약 남용, 결식과 과식, 운동부족과 같은 잘 알려진 심장 및 순환기질환의 원인이자 암과 기타 흔한 질병들의 요인이 될 수 있는, 건강을 해치는 생활태도

- 만성적 질환자와 장애자 및 그 가족들이 질병이나 장애를 지닌 채 잘 살아갈 수 있도록 도와주기 위한 후원 프로그램

의료보험법에 명시된 예방 및 진단에 관한 주요 항목은 다음과 같다.

- 임신기의 검사로서 피보험자인 부인은 임신기간 동안 산모와 아이의 상태를 살피는 10회의 검사를 받는다.
- 아기에 대한 질병 조기진단 프로그램은 10회의 검사를 행한다.
- 건강진단으로서 35세 이상의 모든 피보험자는 2년마다 순환기 및 신경계 질환, 당뇨 등 문명병들을 포함한 종합건강진단을 받는다.
- 암 조기진단으로서 여자는 20세, 남자는 45세부터 매년 한 차례 암의 조기발견을 위한 검사를 받는다.
- 어린이 및 청소년의 치아질환 검사로서 12세 이하의 아이에게는 의료기금이 유치원 및 학교와 공동으로 치아질환 예방을 위한 활동을 벌인다. 6세부터 20세까지의 어린이와 청소년은 반년에 한 번씩 개인적으로 치의학적 검사를 받을 수 있다.

오늘날에는 면역성이 약한 에이즈의 퇴치를 위해서 최고의 노력이 요구되고 있다. 연방정부는 세계보건기구 및 유럽공동체 국가들과 손잡고 에이즈 퇴치운동을 전개하고 있는데, 그것은 에이즈의 예방과 함께 환자 및 감염혐의자에 대한 상담과 조력을 하고 있다. 계몽 및 홍보활동에서 중점을 두는 것은 환자가 사회로부터 고립되거나 배척되지 않아야 된다는 점이다. 백신도, 효과적인 치료방법도 없는 한 계몽과 상담은 에이

즈의 확산을 방지하는 가장 중요한 수단이다. 계몽과 상담은 개개인으로 하여금 자신의 보호와 함께 타인의 보호를 위한 책임 있는 행동을 해 나가도록 각성시킨다.

흔히 환자와 그 가족들은 의사나 병원을 통한 의학적 치료 외의 또 다른 도움을 필요로 한다. 그들을 위하여 폭넓은 상담은 물론 똑같은 질병을 앓는 사람들과 서로의 체험을 주고받을 수 있는 기회가 있다. 이러한 일은 만성질환자와 장애자들의 자발적 단체들로서 형성된 수많은 자조단체들에 의해 이루어지고 있다. 이 단체들은 오늘날 보건체계에 있어서 확고한 위치를 차지하고 있다. 수많은 단체들 가운데 몇 개의 예를 들면 다음과 같다.

- 독일 에이즈조력회
- 독일 다발성경화증협회
- 독일 류머티즘연맹
- 부인암조력협회
- 정신질환자가족회
- 익명의 알콜중독자회

(4) 국제적 활동

독일은 보건에 있어서의 국제적인 협력에 적극적으로 참여하고 있다. 세계 어느 나라도 단독으로는 엄청난 문명병들, 에이즈와 같은 전염병들, 환경파괴로 인한 건강의 위협과 같은 도전들에 완벽하게 대처할 수 없다. 이러한 질병 및 그 근원의 탐구와 퇴치는 국제적인 협력을 요구한다. 그 밖에 독일은 재정적 지원과 전문적 조언을 통해 개발도상국들의 보건체계를 발전시키는 것을 의무로 여기고 있다.

　세계보건기구(WHO)의 회원국으로서 독일은 이 기구의 많은 위원회들을 대표하고 있다. 매년 35개 이상의 국제회의가 독일과 세계보건기구 간의 협력 상의 현안들을 다루기 위해 개최된다. 50여 개의 연구시설들은 이 기구와의 협력의 중심축으로 인정되고 있다. 독일은 세계보건기구에 세 번째로 많은 기금을 납부하는 나라이다.

　유럽연합의 일원으로 독일은 공동의 보건정책에 적극적으로 협력하고 있는데, 회원국들의 높은 보건수준의 확립은 유럽연합의 최우선적인 활동에 속한다. 이러한 유럽의 공동적 활동들의 예로는 건강연구 프로그램인 '암에 대처하는 유럽', 독극물중독에 대한 실천프로그램으로 해독 센터의 정보교환도 곁들여지는 '유럽 비상카드', 에이즈와 알콜 및 마약 중독의 퇴치에서의 공동협력 등이다. '유럽의 정치적 연합'이라는 틀 속에서의 유럽연합의 새로운 상황과 함께 보건상의 이 같은 유럽의 협력은 훨씬 더 강화될 것으로 보인다.

10. 교통

현대 산업사회는 고도로 발달된 교통 시스템을 필요로 한다. 그것은 사람들에게 최대한의 기동성을 확보해 주고, 주거지와 일터의 선택을 용이하게 하며, 균형 잡힌 생활조건을 만드는 데 기여한다. 상공업과 무역은 오로지 잘 구축된 교통망과 함께 능률을 높일 수 있다. 독일과 같이 대외무역을 지향하는 나라에서는 이 같은 교통망이 특히 중요하다.

독일의 교통정책은 커다란 도전에 직면해 있는데, 그것은 유럽 역내 시장과 그것의 동유럽으로의 개방이 유럽의 심장부에 있는 독일을 점점 더 강한 경제 및 교통의 중심축으로 만들고 있기 때문이다.

도로망	230,400km (고속도로 12,900km, 일반도로 217,500km)
철도망	38,000km (전철 20,000km, 일반철도 18,000km)
내륙수로	7,700km (주요 내륙항: 뒤스부르크, 마그데부르크)
주요항구	함부르크, 빌헬름스하펜, 브레멘, 로슈톡, 뤼벡
공항	16개 국제공항 (주요 공항: 프랑크푸르트 암 마인, 뮌헨, 함부르크, 베를린-테겔, 뒤셀도르프, 슈투트가르트)
자전거도로	50,000km

한눈에 보는 교통

(1) 통일독일의 교통 구상

구 서독지역에서는 훌륭한 교통로들이 확보된 반면 구 동독지역에서는 교통로들의 신설과 보수가 끊임없이 계속되고 있다. 이것은 동부독일의 경제발전에 있어서 필수적인 전제이며 향후 막대한 투자를 요하고 있다. 무엇보다도 중점을 두고 있는 것은 독일 내 동서 간 연결로들의 개설과 보수인데, 그것들은 독일 동서지역의 공동발전과 구 동독지역의 경제도약에 있어서 결정적 기능을 하기 때문이다. 1991년 이후 17개의 특별히 중요한 철도, 도로, 내륙수로들이 착공되어 2000년까지 완공되었다.

1993년 6월에 약 4천 5백 30억 마르크의 예산 규모로 확정된 통일 후 전체 독일의 첫 교통망 구축안은 2012년까지 기존 교통망의 유지 및 보수와 함께 철도, 도로, 수로망의 대대적인 건설을 목표로 삼았다. 특기할 만한 것은 도로에 비해 좀 더 환경친화적인 철도 및 수로 건설에 더 큰 비중을 두어 전체 투자액의 약 54%가 여기에 투입되었다는 점이다. 도로 건설에 있어서는 도시와 마을들에 약 1천개의 우회도로를 신설하여 교통소통을 원활히 하는 데에 중점을 두었다.

(2) 철도

1994년에 구서독의 독일연방철도DB=Deutsche Bundesbahn는 구동독의 독일제국철도DR=Deutsche Reichsbahn와 통합하여 독일철도주식회사DB=Die Bahn로 민영화되었다. 연방정부는 국가 재정부담의 한계에 따라 이러한 구조개혁을 통해 미래의 교통 발전에 있어서 철도가 좀 더 강력한 역할을 해 줄 것을 기대하고 있다. 현재 독일의 철도 총연장은 약 38,000km인데, 이 가운데 약 20,000km는 전철화 되었다. 따라서 독일은

1천㎢ 당 106㎞로 체코(122㎞), 벨기에(116㎞), 룩셈부르크(106㎞)에 이어 유럽에서 가장 조밀한 철도망을 갖추고 있다.

철도는 특별히 공해를 일으키지 않는 환경친화적 교통수단으로서 무엇보다도 대량화물과 여객의 운송을 위한 복합적인 교통수단으로 각광받고 있다. 서부지역에서는 독일연방철도(DB)가 1991년에 최신의 고속철도 노선들을 개통했다. 이 노선들에서는 새로 개발된 ICE 열차가 최고시속 250㎞로 운행되고 있다. 유럽 국가 간을 연결하는 고속철도 노선들도 계속적으로 설계되고 있다. 특히 하노버, 뷔르츠부르크, 만하임, 슈투트가르트, 뮌헨 사이의 노선은 업무여행자들에게 인기를 얻고 있으며, 쾰른 – 프랑크푸르트 암 마인 간에는 새로운 고속철도가 2000년에 개통되었다.

1994년에 연방정부는 베를린에서 슈베린을 거쳐 함부르크에 이르는 284㎞ 구간에 자기부상 철도인 트란스라피드를 건설할 것을 결정했다. 트란스라피드는 1989년부터 엠스란트에 있는 시험구간에서 지속적인 시험운행을 거쳐 1995년에 안전성이 최종 확인되어 대중운송 수단으로 확정되었다. 트란스라피드는 고속성과 환경친화성에 따라 자동차와 항공기를 대체할 촉망받는 미래의 교통수단이 될 것으로 보인다. 트란스라피드가 완공되면 베를린과 함부르크 간을 최고시속 500㎞로 주행하게 되며 슈베린에만 중간정차역을 두게 된다.

철도는 대도시 지역의 근거리 대중교통 수단으로서도 중요한 기능을 한다. 도시철도는 가능한 한 많은 자동차 운전자들을 편리하게 갈아 탈 수 있도록 함으로써 환경보호에도 기여한다. 최근 수년간 막대한 정부예산이 투입되어 베를린, 함부르크, 루르지역, 프랑크푸르트 암 마인, 쾰른, 뉘른베르크, 슈투트가르트, 뮌헨, 카셀 등에 근교철도망이 확충되었다. 도시철도는 지하철, 전차, 버스와 연계하여 효율적으로 이용되는데, 교통조합(Verkehrsverbund)은 거의 모든 대도시에서 대중교통 운전자들을 상호 교류하며 조합에 소속된 모든 교통수단을 승차권 한 장으로 이용할 수 있도록 하고 있다.

(3) 도로

독일의 도로에는 매년 자동차 통행량이 늘고 있다. 2013년 현재 5천 2백 39만 대의 차량이 등록되었는데, 이 중 약 4천 3백 39만 대가 승용차였다. 등록차량 수는 구 서독지역에서 1950년에 2백만 대에 불과했으나 1986년에는 3천1백70만 대로 늘었다.

2013년 현재 도로의 총연장은 230,400㎞로, 일반도로 217,500㎞와 고속도로 12,900㎞로 되어 있다. 이에 따라 독일은 미국 다음으로 세계에서 가장 긴 고속도로망을 갖추고 있다. 구동독의 새로운 주들을 제외하고는 오늘날 더 이상 새로운 도로의 건설은 중요하지 않게 되었다. 그 대신 좁은 도로와 사고 위험이 높은 지점을 보수하고 구조적으로 연결이 취약한 지역들 간의 도로 건설이 중시되고 있다.

대부분의 도로에서는 차등적인 최고속도 제한이 이루어지고 있다. 그리하여 국도에서는 최고속도를 시속 100㎞로 규정하고, 시내도로에서는 50㎞, 주거지역에서는 30㎞로 제한하고 있다. 다만 대부분의 고속도로에서는 속도제한이 없다. 이와 함께 화물차, 미니버스, 트레일러 등 특정한 차종에 대해서는 별도의 제한속도가 적용되고 있다.

많은 사람들에게 자동차는 직장을 왕래하고 여가활동을 하는 데 있어서 불가결한 교통수단이다. 또한 집집마다의 신속한 화물운송은 화물자동차가 없이는 불가능하다. 자동차는 미래에도 역시 핵심적인 교통수단으로 남을 것이다. 앞으로 자동차 생산에 있어서 중요한 문제는 연료소모를 줄이고 배출가스를 감소시키는 일로 이에 대한 전문적 연구가 계속되고 있다. 2000년부터는 3리터의 연료로 1백km를 주행할 수 있는 고연비 자동차를 생산하게 되었다.

자동차가 개개인에게 가져다주는 기동성과 삶의 질은 어두운 측면도 지니고 있다. 자동차는 산업체 및 가계활동과 함께 대기오염의 주된 원천들 중의 하나인 것이다. 오래 전부터 유해물질 배출이 적은 자동차 소유자들은 세제상 혜택을 받고 있다. 1997년 7월 1일부터 시행된 배출가스량에 따른 자동차세 제도에 의해 유해물질 배출량이 적은 승용차들의 생산이 점점 더 촉진되고 있다.

교통안전은 끊임없이 개선되고 있는데, 이는 현대적인 도로건설 공법 및 도로교통 기법, 교통안전교육 및 계몽활동과 함께 최신 수준의 기술을 적용한 안전성 있는 자동차들에 의해 이루어지고 있다. 교통사고 사망자 수는 점증하는 차량 및 기동인원에도 불구하고 점점 줄어들고 있다. 1996년에는 연간 사망자 수가 8,700명으로 1953년 도로 교통사고 통계가 시작된 이후 가장 낮은 수준을 기록했으며, 2005년에는 5,300여 명, 2013년에는 전년보다 7.3% 감소한 3,338명을 기록했다. 도로상의 안전을 개선시키는 일은 지속적인 과제로 남아 있다.

(4) 해상교통

거대한 수출입국으로서 독일연방공화국은 독자적인 무역선을 운영하고 있다. 세계에서 가장 현대적이고 안전한 것으로 알려진 독일 무역선은 500여 척에 이른다. 전체 무역선의 2/3는 선령이 10년 이하이다. 컨테이너선과 자동선적 및 하역기술에 있어서도 독일은 선진국에 속한다.

독일의 큰 항구들로는 함부르크, 브레멘, 빌헬름스하펜, 뤼벡, 로슈톡을 들 수 있는데, 이들 항구들은 국제적인 경쟁력에서 우위를 보이고 있다. 독일의 항구들은 인프라 구축과 현대적인 컨베이어시스템 및 선적장치에 대한 막대한 투자에 의해 경쟁력을 확보하고 있다. 이들은 거대한 배들이 짧은 시간 안에 입항하여 선적될 수 있도록 하는 '신속 항구들schnelle Häfen'로 알려져 있다.

(5) 내륙수로

독일은 약 7,700㎞에 이르는 연방 수로망을 확보하고 있는데 이 중 약 39%는 자연수로이고, 38%는 물막이수로, 23%는 운하이다. 구서독의 연방주들에서는 독일연방공화국 수립 이후 줄곧 수로망이 개보수 되고 새로운 교통수단들에 의해 보완되어 왔으나 동부의 새로운 주들에서는 전적으로 2차 대전 이전의 상태를 유지해 왔다.

가장 중요한 수로는 라인강인데, 내륙수로를 통한 화물 수송량의 2/3를 떠맡고 있다. 수로를 이용하는 주요 화물은 광석, 석유류, 석탄 등으로 이것들이 전체 수송량의 70%를 차지한다.

(6) 항공교통

세계적인 항공교통의 급속한 성장은 독일에서도 공항시설과 항공안전에 대한 필요성을 높이고 있다. 매년 약 1억 3천여만 명의 여행객이 독일의 공항을 이용한다. 화물은 항공편으로 매년 약 290만 톤이 수송되고 있다. 27개의 공항이 연간 이용객 수 15만 명 이상을 기록하고 있다. 독일 최대의 프랑크푸르트 암 마인 공항은 유럽에서 가장 중요한 공항들 중의 하나이다. 그 밖의 주요 국제공항들로는 뮌헨, 함부르크, 베를린-템펠호프, 베를린-테겔, 베를린-셰네펠트, 브레멘, 뒤셀도르프, 드레스덴, 에어푸르트, 하노버, 쾰른/본, 라이프치히, 뮌스터/오스나브뤽, 뉘른베르크, 자르브뤼켄, 슈투트가르트 공항이 있다. 이들 국제공항들과 함께 국내선 운항을 담당하는 많은 지방공항들이 있다.

독일 루프트한자는 가장 유명한 국제항공사에 속한다. 약 330대의 최신형 항공기를 보유하고 있는 이 항공사는 연간 약 1억 명의 승객을 운송한다. 휴가철에는 매년 3천만 명이 넘는 승객이 콘도어, LTU, 하팍-로이드, 에어로 로이드와 그 밖의 군소 항공사들을 이용한다.

120여 개의 국제항공사들이 독일 공항들을 이용하여 정기노선을 운항하고 있는데, 100여 개 나라의 약 300 개 도시와 직항로를 이루고 있다.

11. 종교와 교회

"신앙 및 양심의 자유와 종교적 및 세계관적 믿음은 침해될 수 없다. 방해받지 않는 신앙의 수행은 보장되어야 한다."

이 같은 기본법(제4조)의 규정을 모든 독일의 시민은 자명한 기본권으로 느끼고 있다.

오늘날 독일의 종교적 풍토는 점점 확대되는 다원화와 세속화로 특징지어진다. 독일 인구의 약 2/3는 양대 기독교, 즉 가톨릭교와 개신교 신자이다. 가톨릭교는 가톨릭교구와 독일주교회의로 조직되어 있으며, 개신교는 연방차원의 상부조직인 독일개신교협회 소속 교회와 각 연방주의 개신교회로 이루어져 있다. 이들은 독일기독교교회평의회(ACK)에 소속된 20여 개의 기독교회 및 공동체들과도 서로 협력한다.

독일의 가톨릭은 약 2천6백만 명의 신자와 12,000개 교구를 두고 있으며, 교황을 수장으로 하는 로마 가톨릭에 속한다. 2005년 교황선출을 위한 추기경회의인 콘클라베Konklave는 482년만에 다시 독일 출신의 추기경 요제프 라칭어를 로마 카톨릭 교회의 수장으로 선출하여 교황 베네딕트 16세로 명명했다.

독일개신교협회(EKD)는 22개의 독립적인 연방주 개신교회로 구성되어 루터교, 개혁종파 및 통합종파를 모두 아우른다. 개신교도의 수는 2천5백만 명에 달하며, 개신교회의 수는 약 16,000개에 이른다.

1920년대 독일에는 약 53만 명의 유대인이 살았었다. 홀로코스트 이후에는 독일에 거주하는 유대인의 수가 수천 명에 불과했다. 유대교는 독립국가연합(CIS)에서 온 이주민들을 통해 1990년대부터 크게 증가했다. 오늘날 유대교는 100여 개 교회에 약 106,000명의 신도를 갖고 있으며, 그 범위도 정통유대교, 개혁교, 자유교에 이르기까지 다양하다.

이슬람교 또한 이민을 통해 중요성이 커졌다. 약 50여 개 나라에서 온 4백만 명의 이슬람교도가 독일에 살고 있다. 많은 도시들에 이슬람교회가 세워졌다. 이슬람 기도원 및 집회장소도 약 2,600개에 달한다.

독일에는 국교가 없다. 즉 국가운영과 교회운영 간의 연관관계가 존재하지 않으며 국가는 종교와 신앙강령에 있어서 중립적이다. 국가와 종교의 관계에서 기초가 되는 것은 기본법에 보장된 신앙 및 종교활동의 자유이다. 국가의 종교중립성이라는 의미에서 국가와 교회는 분리되어 있으며, 누구나 자신의 종교를 스스로 결정할 권리가 있다. 교회는 독립적인 공공법인으로서의 특별한 위상을 지니고 있어 교회와 국가와의 관계는 흔히 동반자적 관계로서 규정된다. 기본법 외에도 많은 협약들과 규약들은 이같은 관계의 토대가 되고 있다. 교회의 재산권은 보장된다. 국가는 성직자들의 급료를 위한 보조금을 지급하고 유치원, 병원, 학교와 같은 특정한 교회시설들을 위한 비용의 일부 혹은 전부를 떠맡는다. 교회는 신자들에게 교회세를 받는데, 국가가 이를 징수하여 사회복지 재정에 사용한다.

성직자들은 대부분 대학에서 양성되며, 신학교원들의 임명에 있어서 교회는 발언권을 가진다. 기본법은 종교수업을 정식 교과목으로 인정하고 있다(브레멘과 베를린에서는 제한됨). 또한 이슬람교 학생 수가 아주 많은 연방주의 경우에는 이슬람교에 대한 수업 모델을 시도하고 있다. 독일 이슬람협의회는 독일정부와 독일에 있는 이슬람단체 및 조직되어 있지 않은 다수의 이슬람교도들 간의 건설적 대화의 틀을 구축했다.

VII. 환경과 기후와 에너지

　21세기 환경정책의 가장 큰 해결과제 중 하나는 대기층과 기후체계의 변화에 대처하는 일이다. 대부분 인간의 행위에 의해 야기된 기후변화야말로 세계가 해결해야 할 공동의 과제라 할 수 있다. 독일은 기후 및 에너지정책에 있어 세계적으로 주도적 역할을 하고 있으며, 앞으로도 대폭적인 배출가스감축 목표를 실현해나갈 계획이다. 2011년에 독일은 원자력을 포기하고 늦어도 2022년까지 마지막 원전을 폐쇄한다는 결정을 내림으로써 전 세계에 주목할 만한 신호를 주었다.

1. 환경정책

독일은 환경보호에 있어 세계에서 가장 앞선 나라에 속한다. 그 한 예로 '푸른 천사Der Blaue Engel'라는 세계 최초의 환경마크를 들 수 있다. 이 마크 제도는 환경친화적인 제품 생산을 통한 환경보호를 위해 1978년 독일 내무부의 제안으로 도입되어 그해 말 6개 품목군에 대한 부여기준이 마련되었다. 1979년 5월에는 최초로 48개의 개별품목들에 '푸른 천사' 마크가 부여되었으며, 오늘날에는 약 120개 품목군에서 12,000개 제품이 이 마크를 달고 있다. 푸른 천사 마크는 소비자들에게 환경친화적인 제품 선택을 유도하여 환경에 대한 인식을 일깨우는 역할을 하며, 제조업체들에게는 환경적으로 친화적인 제품을 개발하고 공급하도록 함과 함께 매출 촉진에도 기여한다.

1986년의 환경, 자연보호, 원자로 안전을 위한 연방환경부의 설립은 책임 있는 환경정책에의 토대가 되었다. 이에 앞서 베를린의 연방환경청은 이미 1974년부터 존재했다. 연방주들도 환경부서를 설립했다. 현재의 연방정부는 처음부터 국제적인 영역에서, 특히 유럽연합 권역 내에서 환경정책에 자극을 주고자

'푸른 천사' 마크

시도했다. 연방정부의 환경정책은 다음과 같은 세 가지 원칙을 세우고 있다.

- 사전대비원칙: 국가와 산업의 새로운 개발계획들은 환경문제가 전혀 발생하지 않도록 수립되어야 한다.
- 오염자부담원칙: 넓은 범위의 공동체가 아닌, 환경을 오염시키거나 파괴한 당사자가 복구의 책임을 진다.
- 협력의 원칙: 환경문제의 해결에 있어서는 국가, 산업, 시민이 일치되어 협력한다.

국가는 자연적인 삶의 토대들을 유지하기 위한 기업과 개인의 활동에 있어서 기본틀을 마련해 줄 책무를 지니고 있다. 지난 수년 동안에 환경의 보호를 위한 폭넓은 법적 장치들이 마련되었는데, 그것들은 끊임없이 발전되고 있다.

그러나 국내적 대책들만으로는 충분치 않은데, 오염된 공기는 국경에 제한 받지 않으며 더러워진 강물은 많은 나라들을 통과하여 흐르기 때문이다. 중요한 과제는 기후변화, 오존층 파괴, 생태계분화의 상실과 같은 전 세계적인 당면문제들을 해결하는 일이다. 그것은 범세계적인 협력을 요하는데, 독일정부가 특히 유럽연합 내에서 적극적인 국제적 정책을 추구하는 이유도 여기에 있다.

2. 현대적이고 지속적인 기후 및 에너지 정책

환경과 기후를 보호하는 일은 21세기 범세계적인 당면과제들 중 하나이자 독일의 정치, 언론, 시민사회에서 빼놓을 수 없는 이슈가 되고 있다. 독일은 기후보호에 있어 선도국이자 신재생에너지 활용에 있어 선구자로서 세계적으로 인정받고 있다. 독일은 2011년 선진산업국들 중 최초로 원자력으로부터의 탈퇴를 결정했다. 독일 정부는 국제적으로도 환경보호, 기후친화적 개발전략, 에너지협력 부문에서 적극적인 활동을 펼치고 있다. 이를 반증하듯 유엔 기후변화협약의 이행업무를 담당하는 사무국 또한 독일의 본에 소재하고 있다.

독일은 1990년 이래 온실가스 배출을 24% 가량 감축함으로써 2012년까지 21% 감축할 것을 명시한 2005년 교토의정서 의무조항을 일찍이 초과달성했다. 독립적 환경단체인 '저먼와치Germanwatch'가 발표한 2011년 기후보호지수에서도 독일은 상위권에 속했다.

독일은 이미 수년 전부터 기후보호와 환경보호를 한데 연결 지어 지속적으로 관리해나가는 방법을 모색해왔다. 그 핵심을 이루는 것이 에너지 및 자원의 효율성 제고와 신재생에너지 및 재생 가능한 천연자원의 확대이다. 이를 통해서 발전소나 재생에너지원 등 공급자뿐만 아니라 실제로 에너지를 사용하는 수요자에게도 새로운 에너지기술의 개발을 촉진시키고 잇다.

1994년에 기본법 20a항('자연적 생활기반의 보호')은 "국가는 미래 세대들에 대한 책임 안에서 자연적인 삶의 토대들을 보호한다"고 규정함으로써 자연보호를 국가목표로 격상시켰다. 독일 국민의 삶 및 환경의 질을 유지하기 위해서는 파괴되지 않은 자연, 깨끗한 공기, 맑은 물이 전제조건이라는 것이다. 이러한 과제는 모든 정책영역들 속에 파고들어 영향을 미치고 있으며, 무엇보다도 재활용산업 육성, 환경보호적인 교통수단의 실현, 농업과 자연보호와의 조정 등이 강력하게 추진되고 있다.

독일의 공기 및 물의 상태는 지난 수 년 간의 배출가스 감축 노력에 힘입어 각종 환경조사에서 좋은 점수를 받고 있다. 교통수단에 의한 온실가스 배출은 급격히 늘어나는 교통량에도 불구하고 1999년부터 감소세를 보여 현재는 1990년보다도 낮은 수치를 보이고 있다. 특히 산화질소 배출이 약 50%나 감소한 것은 차량에 장착하도록 한 저감장치의 공이 크다. 석탄 및 갈탄을 사용하는 발전소에서 배출되었던 이산화황은 매연 탈황을 법적으로 의무화함으로써 90%나 줄일 수 있었다. 식수 사용 또한 현저히 줄었다. 1인당 하루 식수 사용량은 144리터에서 121리터로 줄었는데, 이는 모든 선진국들 중 두 번째로 적은 사용량이다.

3. 원자력 폐기

개인생활은 물론 교통과 산업분야에서도 화석에너지는 아직도 가장 중추적인 에너지원이 되고 있다. 독일에서 최대 에너지원은 전체 에너지의 1/3을 점하고 있는 석유 이며, 그 다음으로 천연가스, 갈탄, 석탄, 원자력이 뒤를 잇고 있다. 독일 연방정부는 핵에너지(점유율 약 9%)를 단계적으로 폐지하고 점차 신재생에너지로 대체해 나갈 계획이다. 이를 위해 독일 정부는 1990년대 초부터 진흥책을 마련하여 신재생에너지의 사용에 대한 긍정적이고 경제적인 이미지를 살려왔다. 신재생에너지법(EEG)*은 신재생에너지 사용을 촉진하기 위해 제정한 시장유인책으로 독일의 기후친화적 에너지원 활성화의 원동력이 되었으며, 전 세계 많은 국가들로부터 벤치마킹 대상이 되었다. 2009년에 체결된 연방정부의 연정협약에서도 신재생에너지 사용 증대 및 에너지 사용 효율화가 핵심적 내용이었다.

2011년 초 독일 연방정부는 핵에너지의 폐기를 가속화하는 '에너지 전환'을 하기로 결정했다. 일본 후쿠시마 원전 사고 후 새로이 실시된 안전 점검에서 독일은 아직 가동 중인 17개 원전 가운데 노후 원전 8개를 즉시 폐쇄했다. 또한 연방의회는 나머지 9개 원전을 2022년까지 폐쇄하기

---

* 신재생에너지법(EEG)은 재생 가능한 에너지원 확충을 위해 제정된 법으로, 신재생에너지에 의한 전기사용 비율을 2020년까지 최소 35%로 늘리고, 그 이후에도 그 비율을 점차 높여가는 것을 구체적 목표로 하고 있다. 또한 신재생에너지를 생산하면 고정 요율에 의한 보상을 해주는 것을 명시하고 있다. 신재생에너지법은 화석연료 의존도를 낮추고 EU 외 국가로부터의 에너지수입을 줄이기 위한 일련의 조치 중 하나이다.

로 의결했다. 이에 따라 2011년 현재 소비전력의 18%를 차지하고 있는 핵에너지는 2022년까지 주로 신재생에너지와 새로운 충전장치를 통한 친환경전력으로 대체될 예정이다. 신재생에너지원으로 생산되는 전력의 비중을 2020년에는 35%, 2050년에는 80%로 높이도록 계획되어 있다. 독일에서는 '에너지 전환' 정책이 시행되기 전부터 이미 친환경 '그린전력'이 호황을 누렸다. 1990년 전체전력의 5%를 차지하던 그린전력이 2011년에는 20%로 증가한 것이다.

4. 미래를 위한 신재생에너지

학자들이 앞 다퉈 기후변화로 인한 현상들(기온 상승, 홍수, 가뭄, 극지 빙하의 급속한 해동, 생물의 멸종)에 대해 경고하고, 전 세계적으로 화석에너지 사용이 끊임없이 늘어가는 현 실 앞에 기후친화적인 대안의 모색은 점점 더 중요해지고 있다. 바람, 물, 태양, 바이오매스*, 지열은 무한정 사용이 가능하면서 기후를 해치는 유해물질을 배출하지 않는 에너지원이다.

독일에서 사용되는 신재생에너지는 전체 에너지 사용량의 10% 이상을 차지한다. 세계 풍력 발전의 약 14%를 차지하는 독일은 중국, 미국에 이어 세계 3위의 풍력에너지 생산국이다. 독일은 EU 회원국 8개국과 함께 '북해 해상풍력협의체'를 구성하여 풍력에너지에 대한 새로운 가능성을 열어가고 있다.

태양광전력 부문에서 독일은 2010년 총 17,300 메가와트에 달하는 태양광 발전시설을 갖춤으로써 스페인과 일본을 제치고 선두를 달렸다. 지속적인 에너지기술을 위한 대규모 유럽연합 프로젝트인 '데저텍Desertec'은 독일 기업의 주도로 시작되었다. 이 프로젝트를 통해 북아프리의 태양에너지발전소에서 얻어진 에너지는 2050년까지 유럽 전기수요의 15%를 충당할 예정이다.

---

* 바이오매스는 생태학 용어로 살아 있는 동·식물 및 미생물의 유기물과 중량을 의미한다. 그러나 신재생에너지가 부각되면서 지금은 식물, 농·임업 부산물, 음식 쓰레기, 축산 분뇨 등을 모두 바이오매스 자원으로 부르고 있다. 모닥불을 피울 때 마른 잎을 이용하거나 장작불을 때어 방을 따뜻하게 덥히고 밥을 짓는 것은 바이오매스를 직접 활용하는 것이다. 여기서 한 단계 더 나아가 바이오매스를 열분해하거나 발효시키면 천연가스의 주성분인 메테인, 에탄올, 수소 등의 에너지를 얻을 수 있는데, 이것이 바로 석유를 대체할 훌륭한 바이오 에너지가 된다.

5. 혁신의 상징 '녹색 기술'

　에너지 및 기후보호 대책은 비단 환경의 보호뿐만 아니라 혁신적이고 고용창출에 강한 미래산업의 육성에도 기여하고 있다. 고도의 국제적 경쟁력을 갖춘 미래산업은 해외시장에서 갈수록 역할이 커지고 있다. 2010년의 경우 전 세계에서 사용된 태양광전지의 약 1/5과 풍력터빈의 약 1/7이 독일 제품이었다. 현재 신재생에너지 분야에 종사하고 있는 인력은 36만 명이 넘는다. 아울러 수질관리, 여과기술, 재활용, 재생 등 환경기술 분야 종사자도 백만 명 가량 된다. 갈수록 상승하는 에너지 비용으로 인해 효율성기술을 필요로 하는 기업들(에너지 효율이 높은 발전소, 전기와 열을 병합한 에너지 발전, 에너지 절약형 주택 건설, 에너지 효율적 리모델링, 저연비 차량)이 늘어남에 따라 일자리창출 효과 또한 높아지고 있다. 국제에너지기구(IAE)에 따르면 독일은 상대적으로 낮은 에너지 사용으로 폭넓은 경제적 성과를 이루고 있는 에너지선진국에 속한다.

6. 국제 기후협력의 중요성

독일은 환경 및 기후보호에서 선구자적 역할을 다하고 있다. 독일 정부가 2020년까지 1990년 대비 온실가스 배출량을 40% 감축하려는 목표는 어떤 선진국과 비교하여도 전례가 없는 의욕적이고도 구체적인 계획이다. 아울러 독일은 신재생에너지를 지속적으로 확충해 나가고 에너지 효율성을 계속하여 높여나갈 계획이다. 독일의 목표는 에너지공급의 대부분을 신재생에너지로 충당하는 것이다.

독일은 국제무대에서도 환경 및 기후보호를 위해 앞장서고 있다. 독일은 EU 이사회 의장국이자 G8 의장국이었던 2007년에 기후보호와 에너지정책을 주요안건으로 상정한 바 있다. 이러한 노력의 일환으로 EU 이사회에서는 온실가스 배출 감축을 위한 강도 높은 결의안을 채택하였고, 하일리겐담 G8 정상회담에서는 국가 및 정부수반들이 2050년까지 온실가스 배출을 절반으로 줄인다는 목표를 "진지하게 검토"할 것을 천명하는 등 기후변화를 위한 범지구적 성과를 도출해냈다.

2007년 발리에서 열린 세계기후정상회의에서는 이른바 '포스트 교토 의정서'를 위한 토대가 마련되어 기후보호를 위한 선진국의 대책 강화와 함께 개발도상국 및 신흥공업국 또한 기후보호에 적극 가담토록 촉구했다. 이것은 아주 중요한 의미를 갖는데, 유엔의 정부간기후변화위원회(IPCC)가 금세기에 지구온난화에 대처할 수 있는 길은 2050년까지 전 세계적으로 이산화탄소 배출을 절반으로 줄이는 것이라고 경고했기 때문이다. 지구온난화에 대처하려면 지구의 평균기온이 2도 이상 상승하는 것을 막아야 하는데, 이는 2012년 효력을 상실하게 될 교토의정서 규정만으로는 달성할 수 없는 목표였다.

국제사회는 2009년 코펜하겐 기후정상회의에서 교토의정서 후속협약을 채택하는 데에 실패했다. 기온상승을 산업화 이전 대비 2도 이내로 억제하자는 합의가 도출되기는 했지만 이산화탄소 감축을 위한 구체적이고 구속력 있는 목표는 정해지지 못했다. 코펜하겐 협정에 의한 배출감소 의무조항은 '2도 목표'를 달성하기에는 역부족이었다.

전세계 온실가스 배출량의 80% 이상을 차지하는 100여 개 나라들은 코펜하겐에서 합의한 대로 본 소재 유엔기후사무국에 자국의 기후보호 목표치를 제출했다. 그러나 이 목표치들로는 2도 목표를 달성하는 데 부족하다. 그리하여 EU는 선구자적 역할을 다해 이산화탄소와 같은 온실가스 배출을 2020년까지 1990년 대비 최소 20% 줄일 것이며, 다른 선진국들이 유사한 수준으로 감축노력에 동참할 경우 30%까지 줄이겠다고 천명했다. 이제 에너지 사용에서 신재생에너지의 비율은 20%로 늘려야 하며, 에너지 소비는 효율성 개선을 통해 20% 절감해야 한다. EU 기후 및 에너지협약의 실행은 28개 회원국별로 주어진 할당량에 따라 이루어진다. 독일은 EU의 온실가스 배출감소에 있어 주도적 역할을 하게 될 것이다.

독일 정부는 합의도출의 어려움을 무릅쓰고 국제적인 기후보호체제와 새로운 세계기후규정을 만들어나가기 위해 노력하고 있다. 2011년 12월 남아공 더반에서 개최된 세계기후정상회의에서는 포스트 교토의정서 도출에 한 발짝 다가섰다. 더반 기후회의에서는 2015년까지 미국과 신흥공업국에게도 감축의무를 부여하는 새로운 기후보호협약을 타결하기로 했으며, 2020년에 이를 발효시키기로 했다. 또한 2012년 만료되는 교토 의정서는 제2기로 연장하기로 했으며, 캐나다와 일본과 러시아는 이에 참여하지 않기로 했다. 이산화탄소 감축목표는 확정되지 않았다.

VIII. 교육과 연구

독일은 아이디어의 나라이다. 교육과 학문, 연구와 개발이 특별히 중시되고 있다. 교육은 국경이 사라진 유럽과 글로벌화 된 세계시장에서 개방된 국경 및 전 세계 지식네트워크의 기회를 활용할 수 있도록 하는 도구이다. 독일의 교육 및 대학 시스템은 큰 변혁과정에 있는데, 이제 그 첫 성과를 내보이고 있다. 즉 독일은 유학생들이 가장 선호하는 나라에 속하며, 국제적인 첨단연구와 특허개발의 장소가 되고 있다.

1. 학교교육

모든 사람은 자신의 인성을 자유롭게 함양하고 직업이나 학문을 위한 교육시설을 자유로이 선택할 권리를 가지고 있다. 이러한 기본권은 기본법 속에 보장되고 있다. 이에 따라 정부는 모든 시민에게 그들의 능력과 소질에 맞는 종류의 교육을 받을 최선의 기회를 제공해야 한다. 모두에게 일생 동안 개인적, 직업적, 혹은 정치적으로 스스로를 실현할 교육기회가 개방되어 있다. 기회의 균등이 보다 잘 실천될 수 있도록 연방정부는 특별히 이민자가족의 자녀들에 대해 만 4세를 대상으로 언어수준평가를 도입할 계획이다. 필요할 경우 취학 시까지 부족한 독일어를 습득할 수 있는 언어능력향상대책도 마련하게 된다.

교육정책의 기본방침은 젊은이들을 국가의 민주주의체제 속에서 자기역할을 다하는 성숙한 시민으로 이끄는 것이다. 천연자원이 빈약한 산업국으로서 독일은 잘 숙련된 전문인력에 의지하고 있으며, 따라서 교육에 막대한 투자를 하고 있다.

독일의 학교는 대부분 오전수업만을 했었으나 연방정부는 전일제 도입의 필요성을 인식하여 기존 학교의 전일제 확대 및 전일제학교 설립을 지원해왔다. 그리하여 지난 수년 동안 약 7,000개의 전일제 학교가 생겨났다.

학교제도는 각 연방주의 관할이며, 각 주 문화부장관들로 된 상임위원회에서 학교정책을 조정한다.

(1) 법적 토대

기본법 7조에 따르면 독일에서의 교육전반의 본질적 분야들은 연방주의 책임영역에 속한다. 유치원은 물론 일반학교와 직업학교, 성인교육과 계속교육, 대학교육이 각 주의 책임 안에 있는 것이다. 그리하여 16개 주에는 각각 상이한 교육체계와 학교유형들이 있다. 그러나 1971년 10월 14일에 맺어진 주들 간의 협정에 따라 의무교육, 편제, 수료의 인정 등 공통적인 기본구조는 존재한다. 상이한 교육체계에서의 필요한 동일성은 각 주 문화부장관들의 상임위원회를 통한 또 다른 협정들에 의해 유지된다. 예를 들면 김나지움 상급단계의 편성, 대학입학 자격기준, 다양한 학교 수료증서의 상호인정 등이 그것이다.

(2) 의무교육

독일의 의무교육 기간은 9년이다. 만 6세가 되는 모든 아이는 기초학교에 입학하여 9년간 의무교육을 받게 된다. 먼저 4년 과정의 기초학교를 마치면 주요학교Hauptschule, 실업학교Realschule, 김나지움Gymnasium 중 하나를 택해 의무적으로 5년을 다녀야 한다. 이들 학교는 요구되는 학습능력 및 실기와 이론의 비중 등에서 서로 차이를 보인다. 그 외에도 의무교육기간에 해당되는 모든 학생들이 학습능력에 따라 교육을 받을 수 있는 종합학교Gesamtschule가 있다. 이곳에서는 학생이 다양한 유형의 학교들 중 자신의 능력에 따라 학교를 쉽게 바꿀 수 있다. 주요학교에서는 5학년에서 9학년까지 의무교육이고 10학년은 임의적 교육기간에 해당된다. 실업학교는 주요학교와 김나지움의 중간에 위치하며 5학년부터 10학년까지의 과정으로 되어 있다. 김나지움은 주에 따라 12학년 또는 13학년까지이며, 졸업 후 종합대학 입학자격이 주어진다.

(3) 유치원

유치원Kindergarten은 많은 나라들이 본받아 수용한 독일의 교육시설이며 'Kindergarten'이란 명칭 역시 다른 나라에서 그대로 사용되기도 한다. 유치원은 국가 의무교육체제에 속하지는 않는다. 유치원교육의 핵심은 언어능력 촉진, 인성신장, 사회성교육과 유희활동에 있다. 대부분 아이들은 오전에만 유치원에 머무르며 오후에는 다시 가정에서 지낸다. 그러나 많은 종일제 유치원들도 있다.

유치원에 다니는 것은 자유의사에 맡겨져 있으며 대부분 부모가 기금을 납부해야 한다. 대부분의 유치원들은 교회, 자선단체, 지방행정기관, 기업체 등으로부터 지원받는다.

(4) 교육체제

6세에 아이들은 기초학교Grundschule에 입학한다. 기초학교과정은 일반적으로 4년인데 베를린과 브란덴부르크에서는 6년이다. 대부분의 연방주들에서는 처음 2학년 동안에는 아이들에게서 성적순으로 서열을 매기는 것이 아닌 일반적인 평가를 한다. 기초학교에서의 4학년의 공통과정이 끝나면 학생들은 방향모색과정이라 할 수 있는 2년을 다른 유형의 학교에서 수학하는데, 이 기간 동안 학생과 부모는 학교선택을 변경할 수 있다(바이에른주는 예외).

약 1/3 이상의 학생들이 기초학교를 마치고 주요학교Hauptschule로 간다. 주요학교에서 9학년이나 10학년을 마치면(14세나 15세) 대부분 직업훈련과정에 들어가며, 이와 병행하여 2년 동안 직업학교에 다니게 된다. 주요학교는 수공업체와 산업체에서의 숙련을 요하는 많은 직업들로의 길을 열어주고 있다. 주요학교의 교과영역은 꾸준히 확대되어 왔다. 그 예로 오늘날에는 거의 모든 학생들이 대부분 외국어인 영어로 교육을 받으며 학교로부터 직업현장으로의 손쉬운 적응을 위해 직업안내교육이 실시된다.

전문학교	야간 김나지움 (대학진학 자격)	대학교, 교육대학, 전문대학, 행정전문대학, 종합대학 등				
직업 및 일반 계속교육 과정						
						13
12	산업체 및 직업학교의 직업훈련 교육	직업학교	직업전문학교(전문대 진학자격)	직업고등학교 (전문대진학 자격)	김나지움 상급과정	12
11						11
10	주요학교		실업학교		김나지움	종합학교	10
9							9
8							8
7							7
6	방향 모색(탐색) 단계					6
5						5
4	기초학교					4
3						3
2						2
1						1
⇧ 학년						⇧ 학년
유치원						

교육체제도

실업학교Realschule는 주요학교와 김나지움의 사이에 위치한다. 실업
학교는 보통 5학년에서 10학년까지의 6년 과정이며 수료하면 기술학교
(실업학교보다 상급 단계의 직업훈련을 시키는 전문학교나 전문고등학교)에서의
계속적인 교육을 위한 자격이 주어진다. 실업학교를 졸업하면 산업체
와 공직에서 중급인력으로 인정받는다. 실업학교 졸업자는 전체 학생의
1/3에 못 미친다.

8년 또는 9년 과정(5학년~12 또는 13학년)의 김나지움은 독일의 전통적
인 인문계 고등학교이다. 초기의 편제인 고대어김나지움, 현대어김나지
움, 수학−과학김나지움은 오늘날 거의 존재하지 않는다. 오늘날 서부독
일 주들에서의 김나지움들은 전통적인 학제를 개선한 상급단계(11~13학
년)를 개설하고 있다. 이 상급단계 과정에서는 특별히 관심 있는 분야들
에 집중적으로 몰두하도록 되어 있다. 그럼으로써 학생들로 하여금 대학
진학 후의 전공공부를 수월하게 할 수 있도록 하려는 것이다. 일부 김나
지움들은 경제나 기술연구 분야로 특성화되어있다. 김나지움의 졸업증
명인 아비투어Abitur는 대학에서의 학문연구의 자격을 인정한다. 그러나
김나지움 졸업자들의 증가로 희망대로 모두가 대학에 진학할 수 없게 되
어 오래전부터 대학입학에 규제가 가해지게 되었다.

또 다른 학교유형은 위의 세 학교형태들을 혼합한 종합학교
Gesamtschule이다. 종합학교는 보통 5학년부터 10학년까지의 과정으로
되어 있다. 일부 종합학교들은 김나지움의 상급과정과 마찬가지로 독자
적인 상급과정을 갖고 있다. 학생들은 능력에 따라 높거나 낮은 수준의
과정을 선택할 수 있으며 직업교육이 교과과정에 포함되어 있다. 종합학
교의 다양한 수료증서들은 모든 연방주들에서 인정받는다.

신체적, 정신적 장애로 인하여 일반학교에서 충분한 교육을 받을 수 없는 아이들은 특수학교들에 다닌다.

개인적 사정으로 인하여 교육의 기회를 놓친 사람은 누구나 제2의 교육루트를 통하여 만학을 이룰 수 있다. 직장인들은 야간 김나지움에 다님으로써 아비투어를 얻어 대학에 진학할 수 있다.

(5) 교사

모든 종류의 학교에는 특별히 잘 숙련된 교사들이 근무한다. 대학교육은 모든 교사의 기본조건이지만 그것의 내용과 기간은 다양하다. 장차 기초학교와 주요학교의 교사가 되려는 사람은 보통 7학기 과정을 이수한다. 좀 더 긴 과정은 실업학교, 특수학교, 김나지움과 직업학교 교사들에게 요구되는데, 8~9학기 과정이다. 교사가 되려는 사람은 누구나 대학의 교육과정을 마친 후 1차 국가고사에 통과해야 된다. 그런 다음 보통 24개월인 학교에서의 수습기간을 거쳐 2차 국가고사를 치러야 한다. 공립학교의 교사는 보통 연방주의 종신 공무원으로 임명된다.

2. 이원적 직업교육

독일의 이원적 직업교육은 세계적으로 특수한 제도이다. 전체 청소년의 절반 정도가 학교를 마친 후 국가에 의해 공인된 350개 전문기능직종 가운데 한 가지를 이원적 교육체제 속에서 습득한다. 이원적 직업교육을 통해 직업전선에 발을 내딛게 하는 방식은 오로지 학교에서의 직업교육에만 의존하는 다른 많은 국가의 직업교육과 차이가 있다. 이원직업교육 아래에서는 일주일에 3~4일은 사업장에서 실무를 익히고, 1~2일은 직업학교Berufsschule에서 전문적인 이론교육을 받게 된다. 전체 교육기간은 2년에서 3년 6개월 정도이다. 대학입학자격을 지닌 사람들은 이 기간이 6개월 단축될 수 있으며 훈련성적이 탁월할 경우 6개월이 더 단축된다. 교육훈련생들은 매년 인상되는 훈련수당을 받는다. 훈련규칙들은 경제단체들, 고용주조직들, 노동조합들의 제안에 의해 관련부서 연방장관들의 승인을 받아 마련된다. 이 규칙들은 훈련내용과 최종 자격시험에 관해 규정하고 있다. 최종시험은 상공회의소, 공업협회 등 경제단체들로 된 자체적인 위원회에서 시행한다. 시험위원회에는 고용주 대표, 근로자 대표, 직업학교교사 대표가 포함된다. 사업장에서의 교육은 사업장 밖 교육과정 및 추가적 자격취득과정을 통해 보충되기도 한다. 교육비용은 직업훈련생에게 훈련수당을 지불하는 사업장 측과 직업학교 수업료를 책임지는 국가가 부담한다. 현재 공공부문과 자유업 부문에서 젊은이들에게 실무교육을 제공하는 사업장 수는 총 50만 개에 이른다. 직업훈련자리를 제공하는 사업장의 80% 이상이 중소기업이다. 남자들의 선호

직종은 자동차기술자, 전자기술자, 사업가, 무역업자, 화가나 목공기술자 등이고 여자들이 선호하는 직종은 미용사, 판매원, 간호사나 치과보조사, 사무원 등이다.

이와 같은 이원적 직업교육제도 덕분에 독일의 청년 실업률은 상대적으로 낮다. 15~19세 청소년을 기준으로 직장이나 직업훈련자리를 얻지 못하는 비율은 4.2%에 불과하다.

이론과 실무의 조화는 높은 질적 수준을 갖춘 수공업자와 전문기술자의 배출을 보장한다. 또한 직업교육은 직장생활의 경력을 쌓는 출발점이며, 계속교육을 통해 장인자격증Meisterbrief까지 취득할 수 있게 한다. 뿐만 아니라 자격취득제도가 새롭게 개편되어 직업과 병행하면서 계속적으로 교육을 받으면 대학의 석사Master 학위까지 취득할 수 있게 되었다.

3. 대학교육

독일에는 모두 372개의 대학이 있으며, 이 가운데 140개는 종합대학 Universität이고 167개는 전문대학Fachhochschule이다. 2014년 현재 약 260만 명의 대학생 가운데 여학생은 124만 명으로 약 48%를 차지하고 있다. 지금까지 독일의 대학은 학비를 거두지 않았으나 2007년부터 일부 연방주들을 시작으로 학기당 500유로 정도의 수업료를 징수하고 있다.* 외국인 학생 수는 30만여 명으로 독일은 미국과 영국에 이어 세계의 젊은 이들이 가장 선호하는 학문탐구의 나라임을 나타내고 있다.

독일에서 가장 오래된 대학인 하이델베르크대학은 1386년에 설립되었다. 그 밖의 몇 개 대학들이 설립된 지 500년이 넘었는데, 이 가운데에는 전통 있는 라이프치히대학(1409년 설립)과 로슈톡대학(1419)이 있다. 이와 함께 아주 짧은 연륜의 대학들도 있는데, 20여 개의 대학이 1960년 이후에 설립되었다.

19세기와 20세기 중반에 독일 대학들을 규정한 교육이념은 1810년에 설립한 베를린대학에서 빌헬름 폰 훔볼트Wilhelm von Humboldt가 구현하고자 했던 것이었다. 훔볼트는 대학이 연구를 위한 연구가 행해지며, 학생들이 근본적으로 장래의 직업을 염두에 두지 않고 순수하게 학문연구에만 몰두하는 장소여야 한다고 주장했다. 그러나 이러한 훔볼트의 대학

---

* 2007년부터 바덴-뷔르템베르크, 바이에른, 함부르크, 니더작센, 노르트라인-베스트팔렌 연방주가 입학과 함께 등록금을 받고 있다. 등록금 액수는 대체로 학기당 500유로로 확정되어 있다. 이들 연방주에서는 국가가 보증해주는 학자금대출을 제공하기도 한다.

이념은 점점 더 현대 산업사회의 요구들과 합치되지 않게 되었다. 그리하여 전통적인 대학들과 함께 공과대학, 교육대학, 그리고 특히 1970년대와 80년대에는 전문대학들이 설립되었다. 교육정책 또한 변화되었다. 모든 젊은이들에게 대학의 문호를 개방하는 것이 대학교육정책의 보편적 목표가 되었다.

1960년만 해도 해당 연령층의 8%만이 대학교육을 받았으나 오늘날에는 거의 1/3이 대학에 지원하고 있다. 매년 약 50만 명이 대학에 입학하며, 전체 재학생 수는 260만 명에 이르고 있다. 국가는 60년대 이후 늘어나는 수요에 대처하여 기존 대학들을 확대하고 새로운 대학들을 설립하며 교수진과 대학재정을 확충해왔다. 새로운 전공영역들이 도입되었으며, 전공과정들은 직업적 요구의 측면에 더욱 중점을 두어 왔다. 그러나 확충이 대학집단의 팽창을 따를 수 없어 최근에는 상황이 열악해져 왔다. 평균적인 대학 재학기간이 너무 늘어남에 따라 정부는 대학교육의 효율성을 증진시키기 위해 구조적인 개혁작업을 수행하고 있다.

(1) 대학의 조직

독일의 고등교육기관들(신학대학과 같은 종교단체 소유의 대학과 사관학교 및 국가의 행정계통의 대학들은 제외)은 주들의 관할에 속한다. 연방정부는 대학조직의 일반적 법규들을 마련하고 시설물과 연구에 재정적 지원만을 한다.

대학은 자율운영의 권리를 갖고 있다. 대학은 법의 테두리 안에서 독자적인 학칙을 제정한다. 대학은 상임관리자나 수년의 임기로 선출된 총(학)장에 의해 운영된다. 자율운영에는 모든 기능집단들의 공동기능의 원리가 적용된다. 그 집단들은 교수, 학생, 연구자 및 기타 직원들이다. 대부분의 연방주들에서는 학생회가 학생들의 사안들을 스스로 처리한다.

(2) 다양한 대학체제

2차 세계대전 이후 독일의 학문분야는 그 어느 때보다도 다양성을 띠게 되었으며, 이러한 특징은 1990년 통일 이후 더욱 더 강화되었다. 독일 유학을 원하는 학생들은 독일 전역에 분포되어 있는 약 370여 개의 대학 가운데 하나를 선택할 수 있다. 대도시이든 소도시이든, 전통적이든 현대적이든, 작고 아담하든 크고 활기가 넘치든 일정 규모 이상의 거의 모든 도시에는 대학이 있다. 노르트라인-베스트팔렌 주에만 18개의 종합대학과 33개의 전문대학과 9개의 미술 및 음악대학이 있다. 이들 중 대다수는 대학팽창기라 할 수 있는 1960년대와 1970년대에 설립되었다. 이 20년 동안 대학생 수는 5배로 크게 증가했으며, 특히 여학생 수가 빠르게 증가하여 오늘날에는 여학생 수가 남학생 수를 추월한 대학도 있다. 독일 대학생 수는 약 260만 명에 달한다. 또한 독일에서는 매년 재학생의 약 2.3%가 박사학위를 취득한다.

오늘날 독일에서는 약 260만 명의 젊은이들이 대학에서 공부하고 있다. 동년배의 1/3이 대학에 진학하며, 그 비율은 더 높아가는 추세이다. 그렇지만 국제적으로 비교하여 독일의 대학진학률은 평균수준 이하에 머물고 있다. 그 원인 중 한 가지는 고등학교 졸업자들이 대학진학자격을 취득하는 비율이 상대적으로 낮은 데에 있다. 다른 한편으로는 인문계 고등학교 졸업자의 1/3이 이원적 교육체제 속에서 직업교육을 택하기 때문이다. 이 이원적 체제는 기능공이나 의료보조와 같은 다양한 직업을 위한 교육을 제공하는데, 이러한 교육을 다른 나라들에서는 대학이 맡고 있다.

대다수의 다른 국가들과는 달리 독일에서는 사립대학이 차지하는 비중이 상대적으로 적은 편이다. 학생들 중 90% 이상이 국립대학에 다니고 있다. 국립대학은 국가가 감독 및 운영하며, 원칙적으로 아비투어(또는 이와 동등한 인증자격)를 통과하여 대학입학자격을 가진 사람이면 누구에게나 입학의 문이 열려있다. 1970년대부터는 국가와 교회에서 운영하는 대학 외에도 국가나 종교로부터 독립되어 운영되는 많은 사립대학들이 설립되기도 했다.* 이들 대학은 등록금과 기부금으로 재정을 충당한다.

대학체제의 근간은 종합대학Universität과 이와 동급의 단과대학 Hochschule이다. 이들 대학에서는 디플롬Diplom, 마기스터Magister, 국가 자격시험Staatsprüfung 과정으로 수료과정이 나누어진다. 수료 후에는 박사Doktor 학위과정을 계속하여 이수할 수 있다. 일부 과정들은 마기스터나 박사과정만으로 되어 있다.

또 다른 유형은 최근 점점 더 각광받는 전문대학Fachhochschule으로, 이것은 특수화된 고급기술대학 혹은 종합기술대학이라 할 수 있다. 전문대학은 좀 더 많은 실기교육을 행하며 특히 기술, 상업, 사회사업, 디자인과 농업 분야에서 디플롬을 취득할 수 있게 한다. 오늘날 대학지원자의 1/3은 이 전문대학을 택하는데, 전문대학의 과정은 종합대학의 그것보다 짧다.

---

* 1970년대 이후로 비국립 및 종교대학 외에도 일련의 국가공인 사립대학들이 설립되었다. 오늘날 독일에는 대부분 소규모인 비국립대학이 130개에 이르며, 이 가운데에는 외스트리히−빙켈에 위치한 유럽비즈니스스쿨, 비텐/헤르데케 사립대학 등 10개의 사립대학과 12개의 신학대학이 포함되어 있다.

(3) 전공과정과 학생

정부의 교육정책은 폭넓은 계층의 국민에게 대학교육의 문호를 넓혀왔다. 그 한 예로 1952/53년 겨울학기에 신입생의 4%만이 근로자들이었는데 오늘날에는 그 비율이 약 14%로 높아졌다. 또한 1952년에는 여대생이 1/5에 불과했으나 오늘날에는 48%를 넘고 있다.

연방정부와 주정부들은 외국인들이 독일에서 공부하는 것에도 관심을 기울이고 있다. 2013/2014년 겨울학기 기준으로 외국인 입학생 수는 7만 5천여 명에 총 재학생 수는 30만 명을 넘어섰다. 정부는 외국인의 독일 내 수학을 국제적 이해에 기여하는 것으로서 촉진시키고 있다.

전공분야의 이수계획은 전통적으로 대학생들의 자유에 맡겨져 있다. 수많은 과목들이 강의계획과 함께 제시되며 중간시험이 부과되는데, 어떤 분야의 강좌를 수강할 것인지는 대학생 스스로가 결정한다. 일부 주의 대학을 제외하고는 학비는 존재하지 않는다. 학생이나 부모가 생활비를 조달할 능력이 없을 경우에는 연방교육촉진법BAföG에 따라 지원을 받을 수 있다. 지원금의 절반은 장학금으로 지급되고 나머지 절반은 대여금으로 대여기간 만기 후 5년 내에 상환하도록 되어 있다. 대학들에는 학생의 복지를 위해 학생후생복지기구Studentenwerk가 있는데, 이것은 국가의 지원을 받아 학생기숙사와 학생식당Mensa 등을 관장한다.

서부지역에서는 오늘날 약 10%의 대학생들이, 동부지역에서는 55%가량의 학생들이 비교적 값싼 학생기숙사에서 생활한다. 전체 신입생의 약 40%는 부모와 함께 생활한다. 일반주택의 집세는 많은 대학생들에게 큰 부담이 되고 있다. 반면에 대학생들에게는 매우 유리한 의료보호 혜택이 있다. 대학생들은 법에 따라 사고보험에 가입되며 의료보험료도 적게 낸다. 전체 대학생의 60% 정도는 생계활동을 겸하고 있다.

(4) 자유로운 입학과 정원제한 입학

지금까지의 엄청난 대학의 확충에도 불구하고 쇄도하는 입학지원자들로 인하여 입학제한, 즉 정원제한제Numerus Clausus*가 적용되는 전공분야들이 늘고 있다. 입학정원은 지역성을 띤 대학은 자체적으로 결정하고 전국에서 지원자가 몰리는 대학의 경우에는 도르트문트에 있는 대학입학정원위임중앙사무소(ZVS)에서 책정한다. 의학, 치의학, 수의학 등 지원자가 몰리는 분야들은 별도의 선발절차를 행하고 있다. 이에 따라 아비투어의 평균성적, 대기기간, 필기시험 및 면접이 입학허가를 위한 기준이 된다. 국민경제학, 경영학, 법학, 정보학 등의 분야는 희망하는 대학에 지원하여 자유롭게 입학허가를 받을 수 있다.

오래전부터 대학교육의 개선이 논의되어 오고 있는데 무엇보다도 수학연한을 축소해야 한다는 것이다. 오늘날 대학생은 평균 14학기, 즉 7년을 재학한다. 이것은 세계적으로 비교해도 너무 긴 것이다. 게다가 입학자의 연령이 점점 더 높아지고 있다. 이러한 요인들에 의한 뒤늦은 생계활동의 시작은 다른 나라들, 특히 유럽 역내시장에서의 점증하는 유동력을 고려할 때 엄청난 손실인 것이다.

---

* 일부 학과에 대한 수요가 크게 증가함에 따라 특정 학과에 대해서는 전국적으로 정원제한(Numerus clausus) 제도를 도입하게 되었다. 정원제한 학과에 대해서는 2005년부터 '20-20-60 규정'이라 불리는 할당제가 적용된다. 즉 정원의 20%는 고등학교졸업시험 성적이 가장 우수한 학생들에게 배정하여 원하는 대학을 선택하게 하고, 20%는 대기자 순으로 배정한다. 나머지 60%에 대해서는 대학이 자체 기준을 반영하여 배정할 수 있다

4. 대학 및 대학 밖의 연구

(1) 최고의 두뇌를 향한 국제적인 경쟁

독일이 학문탐구의 나라이자 기술자와 발명가의 나라로 명성이 높다는 것은 훔볼트, 아인슈타인, 뢴트겐, 플랑크 등 몇몇 학자의 이름만으로도 잘 알 수 있다. 이미 중세부터 유럽 전역의 학자들은 당시 새로 설립된 하이델베르크, 쾰른, 그라이프스발트 대학을 찾아 독일까지 먼 길을 오는 것을 마다하지 않았다. 그 후 빌헬름 폰 훔볼트(1767-1835)의 대학개혁 이후 독일의 대학들은 수준 높은 학문세계의 이상으로 떠올랐다. 훔볼트는 대학을 지식탐구를 위한 자주적인 장소로 인식했다. 그는 대학은 연구와 교육이 조화를 이루는 곳이어야 한다고 주장했다. 즉 독자적인 연구경험에 의해 자신의 학문분야에 통달한 교수들만이 학생들을 가르쳐야 한다는 것이었다. 그는 또 교수와 학생은 국가의 어떤 검열에서도 벗어나 오직 학문에만 전념해야 한다고 역설했다.

학문에서 무언가를 이루려는 사람은 일정 기간 동안 독일의 실험실이나 강의실에서 배워야 했다. 20세기 초에는 전체 노벨상의 약 1/3을 독일의 과학자들이 수상했다. 상대성이론, 핵분열, 결핵균이나 뢴트겐선의 발견 등 독일 과학자들의 혁신이 세상을 변화시켰다.

오늘날 미국이 세계에서 가장 중요한 과학 선진국이 된 것은 독일 연구자들의 덕분이기도 하다. 알베르트 아인슈타인과 같은 많은 유대인을 포함한 수백 명의 학자들이 히틀러체제를 피해 미국의 대학이나 연구소에서 새로운 정착을 했던 것이다. 반면 독일의 연구는 이들의 이민으로 인해 오늘날까지도 심한 손실을 겪어왔다.

(2) 국제적 경쟁을 위한 개혁

세계화로 인해 독일의 학계와 대학도 새로운 도전을 맞이하게 되었다. 정치권과 대학들은 대학제도를 새로운 국제적 요구에 맞춰 개혁해야 한다는 데 한 목소리를 냈다. 학사와 석사 같은 학위과정의 조정*, 등록금과 선발시험의 도입, 사설 대학교육시설의 설치, 대학과 외부 연구기관 사이의 전략적 결연 강화 등 오늘날 대학교육체제는 사회의 다른 어느 분야보다 더 큰 변화를 시도하고 있다. 개혁의 목표는 첨예화되어가는 국제 경쟁에서 연구와 교수 역량을 강화하여 세계의 선도적 위치를 되찾는 것에 있다. 개정된 대학관련법은 대학들에 더 많은 재량권을 주고, 교수의 급여를 실적에 따라 차별화 한다. 명성이 있는 대학들은 인지도를 더욱 높이기 위해 안간힘을 쓰고 있다. 특히 대학의 질과 선호도에 따른 서열화는 대학들 사이의 경쟁을 더욱 뜨겁게 부추기고 있다. 이로써 대학들이 모두 평준화된 토대 위에 안주하여 학문과 연구가 모든 대학에서 똑같은 수준으로 평가되던 시기는 지나갔다.

대학의 경쟁력 강화를 목표로 2006년부터는 대학들의 첨단연구개발을 지원하기 위해 우수대학육성프로그램Exzellenzinitiative을 도입하였다. 이 프로젝트는 독일 연구부문 최대 후원기관인 독일연구재단(DFG)**이

---

* 현재 독일 대학에서는 기존의 학위과정 및 학위와 함께 새로 도입된 학위과정 및 학위가 공존하고 있다. 2009년 독일 대학에서는 총 9,500개 이상의 학사 및 석사 학위과정이 개설되었는데, 이는 곧 기존 학위과정의 3/4이 새 학위과정으로 변경되었음을 의미한다.

** 독일연구재단은 학술공동체의 자치기구이다. 연구재단은 연구활동을 지원하는데, 지원금은 대부분 대학에 돌아간다. 그 밖에도 연구재단은 학술연구자들 간의 협력

주관하고 있다. 독립적인 전문심사위원단이 선정한 대학들은 2017년까지 약 27억 유로의 지원을 받는다. 이러한 지원은 대학 내 연구친화적 구조를 구축하고 학제 간 협력을 장려하는 데 기여할 뿐만 아니라 대학 간 협력을 비롯하여 대학 외 연구기관 및 기업과의 협력을 증진하는 데에도 건설적인 영향을 미칠 것으로 기대된다.

이러한 지원금은 후진학자 양성을 위한 대학원, 특정 연구부문을 위한 우수연구센터(우수클러스터), 그리고 9개 우수대학에 대한 연구지원을 위해 쓰이게 된다. 9개 우수대학은 뮌헨 대학(LMU), 뮌헨 공대(TU), 칼스루에 공대, 아헨 공대(RWTH), 콘스탄츠, 괴팅엔, 하이델베르크, 프라이부르크, 자유 베를린 대학 등이다. 이들 대학의 빛나는 연구업적은 '학문의 등대'가 되어 전 세계를 비출 것으로 기대된다.

(3) 공과대학과 전문대학

고전적인 대학들이 순수학문 분야의 책임을 맡아 고고학으로부터 국민경제학에 이르기까지의 폭넓은 전공영역을 제공하고 있는 반면 공과대학(TU)들은 공학과 자연과학 분야의 교육에 집중하고 있다. 공과대학들은 독일 공학기술의 산실로서 훌륭한 명성을 얻고 있다. 공과대학들은 특히 외국의 대학생들에게 선호되고 있다.

1960년대 말부터는 외국에서도 많이 본받게 된 독일의 독특한 대학유형인 전문대학(FH)이 발전했다. 오늘날 독일 전체 대학생의 약 1/3은 전문대학이나 몇몇 연방주들에 있는 기업과 밀접하게 연계된 이른바 직업 아카데미에서 공부한다. 학생들이 전문대학에 매력을 느끼는 것은 무엇

사업을 지원하며, 의회와 당국의 자문역할을 담당한다.

보다도 보통 3년 과정의 실습위주 교육에 의해 좀 더 빨리 직업을 얻을 수 있기 때문이다. 긴밀하게 압축된 교육과정과 수업에 수시로 부가되는 시험은 평균재학기간을 단축시키고 있다. 그렇다고 하여 학문성이 배제되는 것은 아니다. 약 200개의 전문대학들에서는 대부분 실용적이며 산업현장과 가까운 연구가 행해지고 있다.

(4) 대학의 국제화

독일은 전 세계의 젊은이들에게 매력적인 학문연구의 장소가 되고 있다. 현재 약 30만 명의 외국인 대학생들이 독일의 대학에서 공부하고 있는데, 이는 10년 전보다 70%가 늘어난 수치이다. 전체 대학생의 10% 이상이 외국 학생인데, 대다수가 동유럽과 중국 및 러시아 출신이다. 독일은 미국과 영국에 이어 외국인 학생들이 가장 선호하는 나라이다.

독일 대학들의 이러한 성공적인 국제화는 대학들과 정치권의 합일된 노력 덕분이다. 그리하여 대학생, 박사과정 학생 및 학자들은 특정 연구 프로젝트나 장학금 및 후원금을 통해 국제적 교류를 할 수 있도록 지원받는다. 아울러 외국인 학생들의 학업성적 향상 및 사회적 통합을 위한 프로그램이 별도로 마련되어 있다. 이와 함께 많은 대학들이 국가의 지원을 받아 외국에 자매대학을 설립했다. 대표적인 예로는 싱가포르의 뮌헨 공대, 카이로의 울름대와 슈투트가르트대, 서울의 바이마르 음대를 들 수 있다.

독일학술교류처(DAAD)*는 이러한 대외활동에 주도적인 역할을 하고

* 독일 대학들이 공동으로 설립한 기관으로, 해외 학생 및 학자들의 교류 등을 통해 외국과의 대학교류를 후원한다. DAAD의 프로그램은 모든 국가 및 학과에 개방되어 있으며, 독일인과 외국인이 동등하게 이용할 수 있다. DAAD는 전 세계에 사무

있으며, 전 세계적으로 학생과 학자들의 교류를 촉진하고 있다. 독일학술교류처는 1백여 개 나라에서 사무소와 교수진 및 교육기관들을 지원하고 있다. 또한 독일 대학들에서 외국어(주로 영어)로 된 수백 개의 교과목을 개설하는 데에도 참여하고 있다. 알렉산더 폰 훔볼트 재단도 국경을 초월하여 학자들 간 협력을 지원하는 중요한 후원단체이다.

독일 외무부는 2009년 시작된 '해외학술교류정책'을 통해 기존의 학술교류 지원수단을 더욱 강화하고 확대하여 독일이 학문과 연구 중심지로서 국경을 초월한 네트워크를 더욱 확대할 수 있도록 했다. 이로써 새롭게 탄생한 독일의 해외 학술 및 혁신 기관들은 독일 학계의 연구성과를 더욱 빠르게 가시화하는 데 일조하고 있다. 이에 따라 독일 대학들의 협력 아래 해외의 자매결연 기관들과 공동으로 우수 연구센터 및 교육센터가 설립되고 있다. 뿐만 아니라 해외 유학생들을 위한 장학금을 확충하여 전 세계적으로 독일어를 배울 수 있는 기회를 크게 확대하고 있다.

또한 2010년부터는 독일 대학의 전반적 교과과정이 국제적으로 공인된 학사Bachelor와 석사Master 학위제로 개편되었다. 이는 유럽의 국가들이 조인한 '볼로냐 선언'에 따른 조치이다. 이를 통해 유럽대륙 내의 학생 교류가 용이해질 뿐만 아니라 대륙 밖의 학문연구자들에게도 유럽은 더 관심을 끌 수 있게 되었다.

미술대학과 음악대학에서 이미 오래 전부터 보편화되어 온 것, 즉 독자적인 학생선발이 앞으로는 다른 대학들에서도 도입된다. 얼마 전까지만 해도 학생을 직접 선발하는 학과는 소수에 불과했다. 의학이나 심리

소와 교수 및 동창회 등의 네트워크를 운영하며, 현지에서 정보 및 상담서비스를 제공한다.

학 같은 입학정원이 제한된 일부 분야에서 대학입학정원위임중앙사무소(ZVS)에 의해 배정된 인원을 각 대학들이 자체 선발하는 정도였다. 정원제한 학과는 현재 의학과, 약학과, 심리학과, 수의학과 및 치의학과이다. 이제 점점 더 많은 대학들이 특정학과의 입학인원을 제한하여 적성검사나 면접시험을 통해 학생을 선발하는 쪽으로 바뀌고 있다.

2005년 1월에는 연방헌법재판소의 결정에 의해 또 다른 금기가 깨졌다. 그것은 대학교육에서의 수업료의 도입이었다. 지금까지는 독일에서 고등교육의 재정은 오로지 국가가 부담해왔다. 현재 5개 연방주가 입학과 함께 학기 당 500유로 정도의 수업료를 받고 있는데, 이는 국제적으로 비교해 볼 때 비교적 낮은 수준이다. 장기간 대학을 다니는 학생이나 졸업 후 다시 대학을 다니는 학생의 경우에는 5개 연방주 외의 다른 연방주에서도 수업료를 받고 있다.

(5) 기업의 활발한 연구활동

교육은 대학에서만 이루어지지만 연구의 경우에는 대학뿐만 아니라 대학 밖에서도 행해진다. 이에 따라 독일 기업들은 활발한 연구활동을 하고 있다. 독일은 미국과 일본에 이어 세계 3위의 특허 출원국이다. 유럽 특허청에 출원된 특허 가운데 독일은 26,500여 개의 특허를 출원하여 다른 유럽 국가를 크게 앞서고 있다. 지멘스, 보쉬, BASF는 거의 5,000개에 달하는 특허를 출원하여 전체 특허출원자들 중 상위 5위에 속한다. 나노, 바이오, 신기술 및 재생가능에너지 부문의 특허에서도 독일은 미국, 일본과 함께 세계에서 가장 활발한 특허를 출원하는 국가에 속한다. 독일은 자동차 유해물질 감축 부문에서 3대 특허 출원국 특허의

3분의 1을 보유함으로써 세계적으로 선도적 역할을 하고 있다.

(6) 대학 밖의 연구활동

첨단연구는 헬름홀츠 협회*, 프라운호퍼 협회**, 라이프니츠 협회*** 등에 조직된 수백 개의 학술연구소에서도 활발하게 이루어진다. 특히 이러한 대학 외 연구기관은 우수한 연구자들에게 세계 어디에서도 드문 최적의 연구조건을 제공해준다. 가장 생산적인 독일 연구자들은 이들 연구소에서 왕성한 연구활동을 펼치며 가장 창의적인 논문들을 발표한다. 77개에 달하는 막스–플랑크 연구소(MPI)가 그 대표적인 예이다. 화성에서 물찾기, 인간게놈 프로젝트, 인간의 행동 탐구 등 과학의 새로운 영역에 진입할 때면 언제나 막스–플랑크 연구소가 함께 한다. 막스–플랑크 협회는 1948년 설립 이후 17명의 노벨상수상자를 포함해 다수의 국제학술상을 수상한 학자들을 배출했다. 2005년에는 노벨 물리학상이 막스–플랑크 연구소의 테오도르 헨쉬 소장에게 수여되었고, 2007년에는 역시 막스–플랑크 연구소장인 게르하르트 에르틀이 노벨화학상을 수상하기도

---

* 헬름홀츠 협회는 16개 연구센터, 28억 유로에 달하는 연간 예산, 28,000명의 직원을 보유하고 있는 독일 최대 규모의 학술단체로 에너지, 지구와 환경, 건강, 핵심기술, 물질구조, 교통 및 우주 분야에 연구의 역점을 두고 있다.

** 프라운호퍼 협회는 응용연구에 초점을 맞추며, 산업 및 서비스업체, 공공기관으로부터 위탁을 받는다. 전 세계 80개 이상의 연구소에서 약 17,000 명의 연구원들이 활동하고 있으며, 그 중 60개의 프라운호퍼 연구소가 독일에 위치해 있다. 연간 연구비 규모는 15억 유로에 달한다. 프라운호퍼 협회는 유럽, 미국, 아시아 및 중동 지역에 진출하여 활동하고 있다.

*** 만능학자로 불리는 고트프리트 빌헬름 라이프니츠(1646-1716)의 이름을 딴 라이프니츠 협회는 86개 연구소로 구성되어 인문학, 경제학으로부터 수학에 이르기까지 다양한 분야를 포괄한다. 가장 중점을 두는 것은 응용중심의 기초연구이다. 라이프니츠 연구소들에는 14,000명 이상이 종사하고 있으며, 전체 예산은 10억 유로를 넘는다.

했다. 막스–플랑크 협회의 매력은 최고의 연구환경에 있다. 막스–플랑크 연구소들은 모든 연구주제를 직접 선정하며, 최고의 연구조건을 갖추고 있고, 동료연구원들을 자유롭게 선발한다. 막스–플랑크 연구소장이 된다는 것은 많은 학자들에게 있어서 최고의 커리어를 의미한다.

막스–플랑크 연구소에서는 거의 이루어지지 않는 기업과의 밀접한 협력이 프라운호퍼 협회의 연구소들에서는 지극히 필수적인 것이 되고 있다. 프라운호퍼 협회 산하의 80개를 웃도는 연구소들은 특히 공학 관련 응용연구에 초점을 맞추고 있다. 프라운호퍼의 연구원들은 주로 기업들, 특히 중기업들로부터 연구위탁을 받기 때문에 한쪽 다리는 실험실에, 다른 한쪽 다리는 공장에 걸쳐놓고 있는 셈이다.

라이프니츠 협회의 86개 연구소는 생명과학과 자연과학뿐만 아니라, 인문학, 사회학, 경제학에도 높은 비중을 둔다. 정기적으로 기업경기실사지수를 발표하는 ifo 경제연구소 외에 세계 최고의 과학기술박물관 중 하나인 뮌헨의 독일박물관, 열대의학을 다루는 함부르크의 베른하르트–노흐트 연구소, 독일어의 발전을 학문적으로 연구하는 만하임의 독일어 연구소 등이 라이프니츠 협회에 속한다.

헬름홀츠 협회 산하에는 16개의 하이테크 연구기관이 집결되어 있다. 이들 기관들은 전 세계적으로 그 명성이 알려져 있으며, 규모가 크고 지극히 값비싼 연구시설들로 유명하다. 중이온연구협회(GSI), 독일 암연구센터(DKFZ), 함부르크의 독일 전자–싱크로트론(DESY), 알프레드–베게너 극지해양연구소 등이 여기에 속한다. 매년 헬름홀츠 연구소에는 수천 명의 외국 연구자들이 세계 어디에서도 찾아보기 힘든 연구시설을 이용하여 물리학 및 의학 실험을 하기 위해 몰려든다.

연구는 혁신을 위한 중요한 기반이며 혁신은 성장의 동력이다. 연방정부는 계획적인 지원을 통해 학술 및 연구 분야의 지속적 발전을 촉진하고 있다. 이에 따라 2010년부터 2013년까지 교육 및 연구 부문의 연방지출은 총 120억 유로에 달하게 되었다. 연방정부는 늦어도 2015년까지 GDP의 10%를 교육과 연구 분야에 투자한다는 목표도 세웠다.

5. 성인교육

매년 1천만 명의 독일인들이 많은 성인교육의 기회들을 활용한다. 지속적인 배움은 현대 산업사회에서 필수적인데, 그것은 직장에서의 요구사항들이 점점 더 커지고 시시각각 변하기 때문이다. 또한 적지 않은 사람들이 일생 동안 직업을 여러 차례 바꾸어야 한다. 성인교육은 중요한 여가활동이기도 하다. 성인교육은 또한 궁극적으로 정치적 기능을 갖기도 하는데, 왜냐하면 시민으로 하여금 많은 분야에서 스스로의 판단을 내릴 능력을 갖추게 함으로써 자기주장의 능력을 키워주기 때문이다.

(1) 국민대학

성인교육센터라 할 수 있는 국민대학Volkshochschule은 19세기말 스칸디나비아의 모델에 따라 설립되었다. 국민대학은 이론적 및 실제적 지식을 전달한다. 오늘날 강좌영역은 천문학으로부터 어학과정을 거쳐 참선에 이르기까지 광범위하다. 독일에는 약 1천 5백 개 국민대학들과 수많은 부속교육시설들이 있다. 그것들은 보통 지방행정기관이나 등록단체들에 의해 운영된다.

재정은 주정부에 의해 지원된다. 국민대학은 비정치적이며 비종파적이다. 대부분의 국민대학들은 야간제를 취하고 있으며, 수일이나 수주 과정을 제공하는 향토국민대학들에 의해 보충된다. 가장 인기 있는 과정은 어학, 건강교육, 수공예 등이다.

수년 전부터 어학, 수학, 과학, 기술 등의 분야에서는 자격증이 수여되고 있다. 또한 많은 수강자들이 국민대학을 통해 놓친 학교교육 기회를 만회하고 있다. 그리하여 주요학교나 실업학교의 졸업자격을 얻거나 아비투어를 통과하기도 한다. 국민대학의 광범위한 교육은 약 8천3백 명의 전임교사와 18만 2천 명의 분야별 파트타임 지도자들에 의해 이루어진다.

(2) 지속적인 직업훈련

계속교육 과정은 엄청나게 증가되어 왔다. 전체 근로자들의 1/3 이상이 여기에 참여하고 있다. 기업체들은 매년 근로자들의 계속훈련에 많은 비용을 투자한다. 기업체에 의해 운영되는 10여 개의 전국규모 훈련기관이 있으며 30개의 계속교육기관이 있다. 대기업들은 그들의 종업원들을 위한 독자적인 과정들을 운영한다. 과정 참여자들은 더욱 고도의 직업적 자격을 획득하고 자신의 직종에서 기술을 새롭게 단련한다.

다른 직종을 얻기 위한 재훈련 희망자들도 늘어나고 있다. 일반적으로 훈련과정은 실습과 함께 전일제로 2년간 계속된다. 계속훈련 참여자의 대부분은 더 나은 일자리를 얻었다고 밝히고 있다.

계속훈련과정 중에 참여자들은 장학금이나 대여금을 받는다. 수업료와 교재대는 전체 혹은 일부가 주에 의해 지원된다. 무엇보다도 실업자들이 취업기회를 쉽게 얻기 위하여 계속교육과정을 점점 더 많이 이용한다. 교육과정을 성공적으로 마친 실업자 수강자들의 대다수는 반년 안에 일자리를 구한다. 노동부는 재훈련자에게 영구적인 일자리를 주는 회사들에게는 장려금을 지급한다.

연방군은 군인들을 연방군전문학교들에서 직업적으로 계속교육을 시킨다. 거기에서 그들은 아비투어에 이르기까지의 다양한 학교졸업자격을 얻을 수 있다. 연방군의 직업촉진처는 최초교육, 전환교육, 계속교육을 실시한다.

(3) 폭넓은 선택 기회

노동조합들의 계속교육과정도 다양하다. 국민대학들과 독일노동조합연맹(DGB)은 노동단체인 '노동과 삶' 속에서 서로 연결되어 있다. '노동과 삶'은 근로자들에게 경제 및 사회정책 과정, 경영체제, 보험법과 노동법, 기타 많은 분야를 제공한다. 산업체 임원들과 노동관계 대표자들은 특별한 연구과정을 이수할 수 있다.

교회들 역시 성인교육 분야에 적극적이다. 기독교 교회는 여러 교육시설을 통해 시사문제들에 대한 세미나를 개최한다. 가톨릭교회의 성인교육에서는 결혼 및 가정문제, 신앙과 문화적 테마가 중심이 된다.

정당과 밀접하게 연결된 재단들도 성인교육을 이끌고 있는데 프리이트리히-에버하르트재단(SPD), 프리이트리히-나우만재단(FDP), 콘라트-아데나워재단(CDU), 한스-자이델재단(CSU), 하인리히-뵐재단(녹색당) 등이 있다.

약 2백 개의 사설 통신성인교육기관들도 약 1천 2백여 개의 성인교육과정을 제공한다.

IX. 문화와 미디어

독일의 문화는 다양한 면모를 지니고 있다. 약 400개의 극장과 140개의 전문오케스트라단이 북쪽의 플렌스부르크로부터 남쪽의 가르미쉬에 이르기까지 산재해 있다. 세계적으로 높은 가치를 띤 다양한 수집물들을 지닌 600개의 예술박물관들은 뛰어난 박물관문화의 풍토를 이루고 있다. 또한 오래 전부터 국제적으로 인정받고 있는 독일의 현대 미술도 활성화되어 있다.

해마다 약 10만 종의 초판 및 재판 서적들이 간행됨으로써 독일은 대규모 서적국가에 속하고 있다. 350종의 일간신문과 수천종의 잡지는 활기찬 미디어환경을 증명해주고 있다. 독일의 영화 또한 독일 극장을 뛰어넘어 전 세계 극장에서 성과를 거두는 등 크게 부상하고 있다.

1. 독일문화의 역사적 토대

오늘의 독일문화는 모든 서양의 문화가 그러하듯 '고대문화Antike', '그리스도교문화Christentum', '게르만문화Germanentum'를 토대로 하여 발전하였다. 독일문화를 이해하기 위해서는 그 토대가 된 이 세 가지 역사적 전제들을 우선적으로 살펴 볼 필요가 있다.

(1) 그리스 및 로마의 고대문화

고대의 문화는 중세에 들어 그리스도교 신앙과 하나로 통합되어 전수되었다. 고대문화는 본질적으로 그리스와 로마의 문화영역을 포괄한다. 그리스문화는 정신적인 측면이 더 강조되고, 로마문화는 국가적이며 법치적인 측면이 더 중시되는 점에서 양쪽 문화의 보편적인 차이가 나타난다.

1) 그리스

그리스의 정신적 세계가 서양의 문화에 미친 영향을 파악하기 위해서는 호머(기원전 800년경)의 문학작품들로 거슬러 올라가야 한다. 트로야시의 몰락과 오디세이의 방황을 그린 그의 양대 서사시 ≪일리아스≫와 ≪오디세이≫에서는 초기 그리스의 문화적 특성을 엿볼 수 있다. 호머는 그리스 국민들로부터 항상 그들의 스승으로서 이해되었다. 그의 문학작품은 올림피아 신들의 '신화Mythos'를 통해 정치적인 덕목들과 종교적인 덕목들이 서로 밀접하게 연결된 인간의 모습을 그림으로써 커다란 교육적 역량을 띠게 되었다. 이러한 초기 단계에서의 세계상은 귀족적인 기본태도를 특징으로 하고 있다. 이에 반해 천민적 사상들은 헤시오도스 Hesiodos(기원전 700년경)의 작품들에 반영되어 있다.

다음에 이어지는 그리스에서의 정신사적 시기는 위대한 작가 아이킬로스, 소포클레스, 유리피데스로 대표되는 '비극Tragödie'의 시대이다. 비극에서는 인간 및 그에게 전수된 정치질서와 신적인 것과의 관계가 중심이 된다. 독특한 이야기와 신화로부터 얻어진 테마들이 그렇게 묘사되어 인간은 자신의 도덕적 자각 속에서 운명적으로 희생하는 모습으로 나타난다. 비극들의 원초적인 근원은 의식행사들이었다.

일찍이 그리스인들은 세계의 이성적 질서를 탐구했다. 그들은 자연의 좀 더 광범위한 관계들과 근원을 인식하고자 했다. 또한 나중에는 이른바 궤변론자들Sophisten이 등장하여 웅변술을 통해 젊은이들에게 해박한 지식과 교양을 전해 주었다. 그들은 연설과 행동을 통해 인생을 인식하는 시민들을 만들고자 했다.

이 같은 전제들 아래에서 '철학Philosophie'이 생겨났는데, 그것은 전체 유럽의 사고에 있어서 토대가 되었다. 이 철학적 사고를 대표하는 두드러진 인물은 소크라테스이다. 그의 관심의 초점은 인간이다. 그에 의하면 인간을 진실을 인식하도록 이끄는 것이 철학의 가장 중요한 과제이다. 그의 방법은 문제시하고 회의하는 것이다. 소크라테스는 철학적 통찰을 위해 신화적 세계상을 극복했으며, 자신의 신념을 지키다가 사형을 당해야만 했다(기원전 399년). 유명한 철학자 플라톤과 아리스토텔레스는 각기 상이한 방식으로 정신적 질서로서의 세계를 파악하고자 시도했다. 플라톤의 대화들에서는 철학적 사고의 기본개념들이 이념, 자유, 불멸성, 이성, 사랑Eros, 법칙, 정치적 질서 등으로 다루어진다. 아리스토텔레스에게서는 철학은 모든 존재영역들이 고려되는 하나의 체계적인 틀에 접근한다.

그리스 철학 속에서는 인간의 이성의 효과와 인간에게 있어서 본질적인 학문의 기능이 발견된다. 형이상학적이며 윤리적인 논거들은 세계를 이론적으로 파악하고 실질적으로 형상화할 수 있도록 하는 데에 기여한다.

철학과 아울러, 자주 그것과 결합된 궤변론자들의 '수사학Rhetorik'이 존재했는데, 그것은 웅변술의 도움으로 젊은이들에게 의사표현의 중요성을 전해 주었다. 법정과 민중집회, 축제행사에서의 상이한 유형의 화법들 속에서는 민주주의적 생활형식의 표현을 인식할 수 있다. 그러나 논쟁과 말들을 그것들이 본래 의미하는 뜻과는 달리 사용함으로써 이따금 궤변론자들의 수사학은 부정적 반응을 얻기도 했다.

도시국가인 폴리스는 그리스의 위대한 정신시대의 역사적 장소였다. 그것은 문화, 문학, 학문, 국가행사에 있어서 정신적 및 정치적인 중심지였다. 특히 페리클레스 통치 아래에서 아테네는 문화적 전성기를 맞았다. 그 증거로서 오늘날에도 보존되어 오는 사원들을 지닌 아크로폴리스가 있다. 거의 모든 국가형태들은 아테네의 역사 속에서 발전 되었는데, 무엇보다도 민주적인 시민사회의 원칙들이 발전했다.

전체 그리스는 정치적 측면에서 볼 경우에는 하나로 통합되지 않았으나 문화적인 통일은 이루었다. 무엇보다도 올림픽경기와 같은 커다란 축제들에서 계속적으로 문화적 통일을 나타냈다. 예술과 스포츠에서의 경쟁열은 개개 도시국가들의 공통적인 문화의식을 촉진했는데, 도시국가들 중 아테네와 스파르타가 정신적인 선도역을 했다.

독일에서 그리스의 고대문화에 대한 관심은 언제나 지대했다. 하인리히 슐리만은 19세기말에 그리스에서 많은 유명한 유적지들(트로야, 미케네)을 발굴해 냈다. 오늘날 베를린의 페르가몬 박물관은 고대문화에 관한 중요한 자료와 기록들을 소장하고 있다.

2) 로마

로마제국 속으로 통합된 그리스문화는 헬레니즘이라는 고대후기의 형태로 계속 영향을 미쳤다.

그리스문화에 비해 고대 로마의 문화는 이론적이기 보다는 좀 더 실질적인 사고방식에 의해 특징지어진다. 로마인들에게는 세계와 인간의 본질 규명이 아닌 포괄적인 국가적 질서에의 의지가 우선적으로 중시되었다. 그리하여 그들에게서는 서양을 본질적으로 규정하는 사고방식인 법과 객관적 정의에 대한 이해가 형성될 수 있었다.

로마제국의 정신적이며 정치적인 중심지는 로마시였다. 로마시는 점차 성장해 가는 세계제국의 핵이 되어 왔다. 종족들, 민족들이나 도시들은 더 이상 역사의 세력이 되지 못했다. 제국주의는 점점 더 확산되었으며 수많은 민족들이 제국에 합병되었다.

로마제국의 유용한 행정에 의해 교역, 산업과 함께 정신적 교류가 가능해졌으며 고대문명의 큰 틀이 창조되었다. 오늘날에도 이탈리아에 가면 로마인들이 얼마나 훌륭하게 도로와 수도시설을 건설했었는지를 확인할 수 있다. 해안과 항구들에 있는 등대들은 바다 교통로를 안전하게 했다. 비교적 견고한 은본위제도와 금본위제도는 시장들과의 결속을 보장했다. 그리하여 로마의 문화적 활동은 지속적인 제국의 안정 속에서 이루어졌으며 제국의 이념은 SPQR(Senatus Populusque Romanus = 원로원과 로마민족)이라는 네 글자로 표현되었다.

그러한 제국주의는 국가 안에서 특정한 정치적 및 종교적 덕목들이 높이 숭상됨으로써만 유지될 수 있었다. 로마의 시민은 자유, 즉 공동체 내에서의 개개인의 자유, 국가의 공유물로서의 자유를 옹호했다. 로마제국은 고대문화의 정신을 이어받은 세계 속에서 내적 및 외적 평화, 즉 그리스-로마문화의 평화로운 영역인 '팍스 로마나Pax Romana'*를 보장해 나가는 것을 큰 과제로 삼았다. 로마 역사상의 모든 권력투쟁들에서는 이 같은 이념이 배후에 놓여 문화적 연속성을 형성할 수 있었다.

로마의 정신세계는 계속하여 그리스의 사상에 의해 폭넓게 형성되었다. 헬레니즘 시대에는 로마시에서 오래도록 그리스어가 라틴어를 추방했다. 그럼에도 불구하고 베르길, 키케로, 타키투스와 같은 위대한 라틴어 시인, 작가, 역사가들은 로마적인 고유성을 지켜 나갔다. 그들에 의해 라틴어는 완성된 예술적 형태가 되었다. 그들은 오늘날까지도 학교에서의 라틴어수업의 기초가 되고 있다.

(2) 그리스도교 문화

유럽의 문화에 가장 강한 영향을 미친, 종교로서의 그리스도교는 역사적으로 그보다 앞선 유대교로부터 이해해야 한다. 유대교와 함께 구약

---

* BC 1세기 말 제정을 수립한 아우구스투스 시대부터 5현제의 시대까지 약 200년간 계속된 평화로서 로마의 평화라고도 한다. 이 시대는 변경의 수비도 견고하였고, 이 민족의 침입도 없었으며, 국내의 치안도 확립되어 교통과 물자의 교류도 활발하였고, 로마제국 내의 각지에서 도시가 번영하여 전 국민은 평화를 누렸다.

성서의 구절들이 보편화되었다. 구약성서의 유대교 편들에서 우리는 그리스 및 로마문화와는 상이한 세계관을 접하게 된다. 그것은 인간의 운명은 하나의 인간적 신의 손 안에 놓여 있다는 인식이다. 무엇보다도 예언자들에 의해 이끌어진 이러한 신에의 믿음이 그리스도교에 널리 확산되었다. 유대교와 마찬가지로 그리스도교는 역사종교이다. 인류의 역사는 신적인 작용의 표식으로서 이해된다. 그리하여 그리스도교는 – 오늘날에도 마찬가지인데 – 역사를 그리스도 수난사로서, 죄와 화해의 연속으로서 보았다. 그리스도교에서 인식되는 시간은 주기적인 것이 아니라 전체 인류의 궁극적 목표점을 지향하고 있다.

구약성서 편들과 함께 4복음서, 사도편지들, 기타 초기 교회의 기록물들로 그리스도교도들의 '성스러운 글Heilige Schrift'인 신약성서가 이루어진다. 그것은 신앙서이자 세계문학의 기록물로서 문화사 속에 등장했다. 나사렛 예수의 삶과 작품은 그리스도교에 있어서 종교들을 이해하는 전환점을 가져다주었다. 그리스도교도에 있어 예수는 종교창시자 이상의 인물이다. 그를 아는 것은 곧 믿음의 전수이다. 그리하여 역사 속의 예수는 종교적인 신의 아들로부터 사회적인 혁명가에 이르기까지 항상 새롭게 해석될 수 있었다. 그의 중요성과 지속적인 영향은 시대의 흐름과 함께 생겨난 그리스도교회들의 영역을 뛰어 넘어 펼쳐지고 있다.

절대성의 요구와 함께 보편성의 사고 역시 그리스도교적인 엄격한 신 개념과 결합되었다. 고대후기와 중세에는 세상의 모든 선한 것과 참된 것, 무엇보다도 고대의 유산을 새로운 정신과 융합하여 활성화시키고자 하는 것이 그리스도교의 자각이었다. 그리스도교는 세계를 아주 진지하게 받아들일 수 있다고 믿는데, 그것은 세상에는 신에 의해 이루어지는 변화가 있다고 확신하기 때문이다. 그리스도교는 일방적인 세계저주도, 아무런 문제없는 세계긍정도 하지 않으며, 절대적이지 않은 다양한 국가적 질서 아래에서의 세계형상화를 추구한다. 그리하여 로마제국 시대에서는 국가의 권력구조에 절대적으로 복종할 수 없었던 그리스도교도들에 대한 박해가 있었다.

초기의 소극적 태도에도 불구하고 그리스도교는 고대문화와의 적극적인 접촉을 했다. 신분에 관계없는 모든 인간에 대한 사랑으로서의 '이웃사랑Nächstenliebe'은 교회를 형성하는 힘을 확산시켰고 그리스도교로 하여금 인간의 자기완성을 중시하는 고대후기, 특히 스토아학파의 윤리적 체계를 본질적으로 능가하도록 했다. 고난과 죽음의 체험에 대해 그리스도교는 희망에 찬 답변을 줄 수 있었다. 왜냐하면 십자가에 못 박힌 그리스도의 죽음은 공적인 활동의 종말이 아니라 구원과 구제의 상징이 되었기 때문이다. 그리스도교를 통해 특별히 유럽의 역사는 종교적 특성을 띠게 되었다. 이미 첫 세기들에 형성되어 오늘날까지 행해져 내려오는 그리스도교적 축제들(성탄절, 부활절, 오순절)은 예수의 삶과 연관되어 있다.

그리스도교의 구원사적 사고와 고대철학의 이론적이며 실제적인 교리간의 종합은 서양에 있어서 결정적인 문화적 전제가 되었다. 2세기 중엽부터 그리스도교 신앙은 고대의 학문과 비판적인 논쟁을 벌였다. 이러한 논쟁은 무엇보다도 클레멘스와 오리겐스가 주도한 알렉산드리아학파에서 벌어졌다. 논쟁을 통해 그리스도교적 역사철학은 그리스적 개념의 교육이념Paideia을 받아들여 역사는 신이 이끄는 인간의 교육으로서 여겨지게 되었다. 또한 로고스Logos, 이념Idee, 지혜, 불멸성, 영혼, 정신과 같은 그 밖의 고대철학의 주요 개념들도 의미가 변전되어 자명한 그리스도교적 특성이 되었다.

그리스적인 인간성의 사상은 모든 인간은 신에 의해 부름 받은, 신 앞에서 똑같은 가치를 지닌 독자적인 개체라는 그리스도교적 사고를 통해 확산되고 심화되었다. 이 같은 인간이해와 함께 그리스도교는 고대에서 완전히 멸시받은 노예계급에게도 의미를 부여하게 되었다.

그리스도교적 고대 세계에서 정신적으로 가장 중요한 인물은 아우렐리우스 아우구스티누스(354~430)였다. 서로마제국의 몰락에도 고대의 전통이 무너져 내리지 않은 것은 본질적으로 그의 덕분이었다. 그는 역사신학적 작품인 ≪신국론De Civitate Dei≫에서 어떻게 하여 그리스도교가 로마제국을 지속시켜 나갈 수 있을 것인지를 제시하며, ≪삼위일체 De Trinitate≫는 그리스도교적 신 개념의 탁월성과 명확성을 증명하고, ≪고백록Confessiones≫은 그리스도교도로서의 개인의 자기고백을 담고 있다. 아우구스티누스와 함께 보에티우스는 그리스도교도로서 고대의 철학적 사고를 창조적으로 수용했다. 베네딕트 폰 누르시아의 교단 설립은 문화적 삶에 있어서 중요한 영향을 미쳤다. 베네딕트 교단인들에 의해 고대에서는 고통으로만 여겨진 육체적 노동 역시 값진 것으로 평가되었다. 카시오도르에 의해 이 교단은 고대의 문화와 학문을 전수 보호하는 학교의 역할을 했다.

(3) 게르만 문화

이미 고대의 문화와 내면적으로 결합되었던 그리스도교 정신은 중세 초에 게르만 민족정신 역시 끌어들여 그것을 변형시키고 역사적으로 확산시켰다. 게르만정신은 본질적으로는 고대정신과 그리스도교정신과 같은 문화세력은 아니었다. 게르만인들의 종교적이며 문화적인 사고방식은 처음에는 그리스도교에 의해 이교적이며 야만적인 것으로서 멸시되었으나 그리스도교 문화의 발전과정에서 수용될 수 있었다. 게르만정신의 중심으로부터 점차 '독일정신Deutschtum'이 형성되었다.

게르만인들의 삶에 대한 기록물들은 극히 적은데, 이것들은 로마의 작가 케사르와 타키투스에 의한 것이다. 게르만인의 문학형태들은 훨씬 나중에야 등장한다. 그리하여 게르만적 본질을 특징짓는 것은 간단하지가 않다. 게다가 게르만인들은 문화적으로 서로 상이한 수많은 혈족들과 종족들로 이루어져 있었다. 독일의 역사와 문화에 있어서 중요한 역할을 한 종족은 게르만의 거대종족들인 고텐, 랑고바르덴, 부르군더가 아니라 정착하여 머무르거나 서서히 남쪽으로 진출해 간 서게르만 종족들이었다. 서게르만적 고유성은 나중의 독일종족들인 작센, 프랑켄, 튀링어, 알레마넨, 바이에른족에 의해 계승되어 나갔다.

모든 게르만 종족들은 신적인 것과의 확고한 종교적 연결을 맺고 있었는데, 이는 자연 속에서 나타나고 있다. 그들은 사원을 세우지 않고 대신 산등성이와 성스러운 숲에서 그들의 신들을 숭배했다. 계절의 순환, 별자리들, 자연현상들이 오로지 종교적으로 이해되었다. 이와 함께 또 다른 종교적 숭배대상이 생겼다. 그것은 인간과 유사한 신들의 세계 속에 있는 영웅적인 혈족으로, 가장 잘 알려진 것은 보단Wodan신이다. 말은 그에게 성스러운 희생동물로 인정되었다. 게르만 언어 속의 요일들의 명칭은 게르만의 신화에서 비롯되며, 오늘날에도 활용되는 많은 명칭들은 게르만의 종교적 개념이 그리스도교적으로 변형된 것이다. 동게르만의 거대종족들이 몰락하게 된 민족이동의 운명 속에서 게르만인들의 영웅적 세계상은 비극적 모습을 띠었다.

　모든 면에서 게르만인들의 삶을 규정한 자연적인 공동기구는 '지페Sippe'였다. 지페에는 법의 제정과 집행이 위임되어 있어 법을 어기는 자에 대한 유혈복수까지 행해졌다. 문자로 쓰인 로마의 법에 영향 받아 말로만 전해져 온 게르만 종족들의 법규가 비로소 법전들 속에 기록되었다. 기록되어진 가장 오래 된 게르만의 시민법은 라틴어로 된 ≪살리카법전lex salica≫이다. 모든 사람은 자유인, 반자유인, 노예의 세 가지 사회적 계층으로 분류되었다. 노예들은 물건으로서 취급된 반면 반자유인들은 개인적으로 자유로웠고, 자유인들은 토지와 저택을 소유할 수 있었으며, 이들로부터 더 상위의 귀족계층이 발생했다. 여성은 일반적으로 고대에서보다 더 존중받는 지위를 가졌다. 지페와 함께 또 다른 사회적 구조가 형성되었는데, 그것은 '복종제Gefolgschaftswesen'로서 자유인 남자들은 무조건적 충성 속에서 군주에게 예속되었다. 충성 외에 명예와 명성이 삶의 궁극적 가치로서 인정되었다.

　최고 통치권은 자유인 남자들의 집회인 '팅Thing'에 있었는데, 거기에서는 행정이 집행되고 판결이 내려졌으며 전쟁과 평화에 대해 논의되었다. 모든 자유인은 전쟁복무의 의무를 지녔으며, 게르만인들의 주된 문장들은 창, 도끼, 칼이었다. 작센족과 같은 일부 종족들은 민주적인 헌법을 가졌으며, 그 밖의 종족들은 왕에 의해 통치되었다. 민주적인 헌법을 지닌 종족들은 전쟁을 위해 군주를 선출했으며, 지페에 의해 정해진 전쟁의 무자들은 그에게 예속되었다. 독일에는 아직도 토이부르크 숲의 건물지와 같은 초기 게르만인들의 흔적을 보여 주는 많은 유적지들이 있다.

게르만인들은 주로 농촌에서 단독저택들이나 작은 마을들을 이루어 살았다. 경제적인 기반은 거의 전적으로 농업에 있었다. 주로 보리, 밀, 호밀, 귀리 등이 재배되었다. 이와 함께 기름을 얻기 위하여, 또한 이미 잘 발달된 마직물공업의 원료로서 아마도 재배되었다. 그때까지 사과나무 밖에 알려지지 않았던 게르만인들에게 로마인들을 통해 포도원과 과수원이 알려지게 되었다. 경작농업과 함께 오늘날의 모든 가축들이 포함된 축산업도 크게 행해졌다.

게르만인들의 세계관과 생활태도에 관한 많은 것은 시간적 차이를 둔 양 편으로 된 북게르만의 작품집인 ≪에다Edda≫에 담겨 있는데, 후편은 옛 가요와 영웅담들의 모음집이고 전편은 게르만의 신화 및 문학의 표본들을 담은 당시의 문학 교술서 역할을 하고 있다.

로마제국의 지배 아래 수 세기가 흐르는 동안 특히 서유럽 지역에서는 '라틴문화'가 형성되어 그 속으로 그리스도교 정신이 밀려들었다. 라틴문화는 고대후기의 총체적인 정신적 삶을 규정했다. 이 시기 동안에 통속 라틴어의 토대 위에서 다양한 로만계 언어들이 형성되었는데, 그것들은 각각의 국민문학들의 전제가 되었다. 중부 및 북부 유럽 지역에서는 반면에 독립적인 게르만 민족어들이 정착 되었다. 켈트어의 잔재들은 변두리 지역에서 존재했다. 라틴어는 그러나 유럽 국가들의 영역을 뛰어 넘어 유지되었다.

고대문화와 그리스도교를 기반으로 한 로마제국은 민족이동시에 게르만 민족의 습격에 의해 붕괴되었다. 그리하여 알라리히는 410년에 자신의 서고트족들과 함께 로마시를 정복했으며, 500년에 테오데리히는 라벤나에 중심을 둔 동고트제국을 세울 수 있었다. 이 제국은 완전하게 새로운 나라가 아니라 '고텐족에 의한 세계제국 로마Imperium Romanorum vi Gothorum'로서 고텐족의 세력 속에서 다시 이룩된 로마제국인 셈이었다. 이 제국은 그러나 오래 지속되지 않았다. 같은 시기에 프랑크지역에서는 클로트비히가 통치했는데, 그의 제국수립에의 노력은 대단한 것이었으며 후일의 카롤링어제국의 성립을 가능케 했다. 그리스도교에 의해 종교적 위엄이 곁들여진 세계제국 로마의 이념은 로마제국 자체를 지속시켜 왔을 뿐만 아니라 게르만적 형태 속에 남아 중세에 있어 역사를 이끄는 막강한 힘이 되었다.

2. 지역균등의 문화연방주의

독일은 시인과 사상가의 나라다. 괴테가 독일에서 태어났듯 베토벤과 바흐도 독일에서 나왔다. 그런데 독일은 이런 문화국가임에도 불구하고 국가가 문화관할권을 갖고 있지는 않다. 문화는 각 주의 소관 사안이라는 것이 기본법에 규정되어 있다. 주들은 스스로를 독일 문화연방주의의 수호자이며 촉진자로 여기고 있다. 어째서 독일에서는 문화적 사안들이 국가가 전체적으로 조정가능하거나 조정해야할 일이 되지 못하고 있는 것일까? 독일 국가의 표상으로서의 독일 문화는 19세기 말엽 빌헬름 2세 황제 시대 이후 과대망상증을 의심받아 왔다. 국가사회주의의 파멸은 마침내 필연적인 새로운 방향전환을 이끌었다. 2차 세계대전 이후에는 과도하게 고조된 모든 국가주의적 문화격정의 징후들을 회피할 경우에만 독일이 세계공동체 속으로 되돌아갈 수 있다는 성찰이 깊어졌다. 이것이 다시금 독일에서 모든 국가주의적 문화정책과 결별하도록 이끌었다. 이에 따라 1949년 독일연방공화국이 수립되자 연방주의 전통을 고려하여 문화주권을 연방주에 넘겨주게 된 것이다. 1999년 이후 비로소 연방총리실에 문화미디어 담당 정무장관 직이 신설되게 되고, 이때부터 독일은 몇 가지 문화적 사업들을 국가가 담당해야 할 책무로 파악하고 있다.

그럼에도 불구하고 독일에서 문화시설들은 대부분의 다른 나라들에서보다 지역별로 더 폭넓게 분산되어 있다. 문화연방주의는 각 연방주들의 명예욕을 일깨우기도 한다. 문화정책은 곧 입지정책이다. 바덴-뷔르템베르크 주는 문화를 '부드러운 입지요소'로 보아 공공연히 문화시설

유치에 나서고 있다. 영화산업의 진흥도 각 주가 정책이나 목표를 실현하기 위한 유도수단이 되고 있다. 돈은 영화가 제작되는 장소에서 나오는 것이다. 노르트라인-베스트팔렌 주의 광산 및 철강노동자 거주지인 루르지방은 20세기 말 이후 훌륭한 문화지역으로 탈바꿈하고 있다.

연방영화진흥 사업도 새롭게 조직되어 연방문화재단이 설립되었다. 그 결과 베를린은 점점 더 문화를 끌어당기는 자석 역할을 하게 되어 독특한 문화활동의 중심지이자 문화의 도가니가 되었고, 그곳 박물관들에서는 전체 인류역사를 보여주고 있다. 베를린의 중심부에 있는 홀로코스트 기념비는 문화의 나라 독일이 자신의 역사를 어떻게 다루는지 그 성숙도를 나타내는 시금석이라고 할 수 있다. 이는 21세기에 필요한 국가차원의 문화정책을 위한 사료로서 매우 인상적인 기념물이다. 기본법이 추구하는 문화연방주의는 계속 지켜질 수 있을 것이며, 이것은 전체 독일에서의 폭넓고 수준 높은 문화생활에 대한 보장물이다.

3. 문학

독일문학의 가장 오래된 형태는 작자 미상의 ≪힐데브란트의 노래 Hildebrandslied≫다. 이것은 힐데브란트가 명예를 위하여 그의 아들 하두브란트와 싸워 그를 죽이는 이야기로 궁정에서 유랑가수들에 의해 불렸다. 독일 작가들의 이름이 전해져 내려오는 것은 12세기부터이다. 그들은 볼프람 폰 에셴바하Wolfram von Eschenbach, 발터 폰 데어 포겔바이데Walther von der Vogelweide, 고트프리트 폰 슈트라스부르크Gottfried von Straßburg 등으로 운문과 서사시들을 썼으며, 주로 프랑스의 전형들을 따랐다.

독일의 문학은 항상 외부로부터 자극을 받아들여 모방했다. 르네상스의 인본주의자들은 그리스와 로마의 문학을 발견했다. 마르틴 루터 Martin Luther는 성서를 대중언어로 번역하여 그것을 독일어를 말하는 모든 사람들에게 읽히도록 했다. 이로써 그는 보편적인 고지독일어의 개척자가 되었다. 17세기에야 비로소 오피츠Martin Opitz 같은 작가들이 독일의 국민문학을 창조하기 위해 노력하게 된다. 그러나 독일문학은 그렇다고 국민문학이라는 협소한 범위에 국한되지 않게 된다. 독일문학의 매체인 독일어는 결코 국경에 의해 제한되지 않았다. 독일어 작가가 오스트리아인인지 스위스인인지 독일인인지의 문제는 독자에게 중요하지 않은 것이다. 클라겐푸르트 출신의 무질Robert Musil, 뤼벡 출신의 토마스 만 Thomas Mann, 프라하 출신의 카프카Franz Kafka가 독일 작가인 것과 똑같이 프라하에서 태어난 릴케Rainer Maria Rilke와 빈에서 태어난 호프만

슈탈Hugo von Hoffmannstahl의 작품은 독일문학에 속한다. 더 나아가 스위스인인 켈러Gottfried Keller나 막스 프리쉬Max Frisch, 오스트리아인인 슈티프터Adalbert Stifter나 베른하르트Thomas Bernhard, 루마니아 태생의 서정시인 첼란Paul Celan이 없이 독일문학을 생각할 수 있을 것인가? 이 모든 작가들의 작품은 독일문학에 기여했다.

(1) 과거의 중심인물들

18세기, 즉 계몽주의, 질풍노도, 고전주의의 시기에는 작가와 철학자들이 무엇보다도 이념논쟁에 치중했다. 그 후 해방전쟁의 배후에서 그들에게는 독일문학 혹은 세계시민문학의 발달이 중심적 과제가 되었다.

레싱Gotthold Ephraim Lessing은 비극 속에 처음으로 평범한 시민적 인간들을 등장시키고 인간성의 이상을 찬양했다. 헤르더Johann Gottfried Herder는 새로운 독일 국민문학의 이념들을 발전시키고 무엇보다도 셰익스피어를 표본으로 삼았다. 얼마 후 '질풍노도'의 작가들이 괴테Johann Wolfgang von Goethe의 주위에 몰려들었다.

괴테와 실러Friedrich Schiller는 독일 고전주의 작가로, 나아가 독일을 대표하는 작가로 인정된다. 자아와 세계, 감정과 이성간의 조화라는 엄격하게 형식화된 그들의 예술이념은 반세기 이상 독일에서의 문학적 창작을 지배했다. 1789년의 프랑스혁명은 그 같은 풍요로운 문학의 시기를 단절시켰다.

낭만주의의 작가들은 완전히 상이한 이상들을 추구했다. 많은 작가들이 애국적인 감상에 충만되어 있었다. 예나와 하이델베르크의 낭만주의자들은 계몽주의의 이상들과 단절했다. 그들은 세상을 개선하고자 하는 대신 정신화 하고 문학화 하고자 했다. 내면성, 거꾸로 된 중세의 찬미, 민족성에 대한 낭만적 동경이 새로운 세계들과 새로운 전망들을 세우려는 노력과 투쟁했다. 그리하여 브렌타노Clemens Brentano, 아르님Achim von Arnim, 그림Grimm형제에 의해 토속적인 민속물들인 가요, 동화, 풍설Sage 등이 성립 되었다. 그것들의 반향은 컸으며 오래도록 영향을 미쳐 뷔히너Georg Büchner는 풍자적—사실적 드라마들에서 동화이야기들을 끌어 들이고 있으며, 독일에서 가장 많이 인용되는 하이네Heinrich Heine 의 시 《로렐라이Rolelei》는 라인 강에 대한 풍설을 이야기하고 있다.

그러나 이 시기에는 또한 세계문학작품들이 엄청나게 번역되기도 했다. 티크Ludwig Tieck와 슐레겔Schlegel 형제에 의한 셰익스피어와 세르반테스의 번역작품들이 유명했는데 그것들은 수많은 대작들의 번역을 촉진하여 로만어와 스칸디나비아고어로 된 작품들과 나중에는 동양과 인도문학의 번역이 이루어졌다.

19세기의 위대한 독일작가들은 오늘날에도 많이 읽히고 있는데 슈티프터Adalbert Stifter, 슈토름Theodor Storm, 라아베Wilhelm Raabe, 폰타네 Theodor Fontane 등을 들 수 있다. 토마스 만과 하인리히 만은 금세기의 위대한 작가에 속하며 릴케, 벤Gottfried Benn, 헤세Hermann Hesse, 브레히트Bertolt Brecht의 작품들은 금세기의 선두 지위를 차지하고 있다.

12년간의 나치독재 동안 많은 독일작가들이 외국으로 망명했다. 마르세유에서 안나 제거스Anna Seghers는 추방자들이 나치 치하의 유럽에서 벗어나기 위해 얼마나 절망상태에서 노력하고 있는지를 《통과Transit》에서 서술했으며, 덴마크에서 브레히트는 어두운 시대를 분석하고 비판한 《암울한 시대Finstere Zeit》를 썼고, 미국에서는 토마스 만의 《파우스투스 박사Doktor Faustus≫가 완성되었다. 벤, 카롯사Hans Carossa, 윙어Ernst und Friedrich Georg Jünger, 케스트너Erich Kästner, 비헤르트Ernst Wiechert 등 단지 소수의 작가들만이 잦은 작품활동 금지를 당하면서 '내면으로의 망명Innere Emigration'* 속에서 견뎌냈다.

(2) 1945년 이후의 새로운 시작

2차 세계대전 후 독일문학은 새로운 시작을 시도했다. 독일의 작가들은 우선 외국의 문학조류들에 크게 의지하여 문학적 공백을 메꾸고자 했다. 그리하여 미국작가 헤밍웨이의 신사실주의와 사르트르의 실존주의를 받아들여 문학수련을 했다. 종전 직후의 독일문학은 '폐허문학Trümmerliteratur'과 '0시Stunde Null'의 문학으로 일컬어졌다.

이 같은 종류의 문학에 해당하는 가장 극단적인 예는 작가 자신이 "어떤 극장도 공연하려 하지 않고 어떤 관객도 보려 하지 않는 연극"으로 특징지은, 전쟁에서 귀향하여 자신의 집을 발견하지 못하는 한 병사의 비참한 모습을 묘사한 보르헤르트Wolfgang Borchert의 ≪문 밖에서≫이다. 여기에서는 그 시대의 다른 작품들에서와 마찬가지로 작가의 강한 정치참여가 반영되어 있다. 권터 아이히Günter Eich, 페터 후헬Peter Huchel, 한스 에리히 노삭Hans Erich Nossack과 같은 작가들은 문학적 수단을 통

---

* 　1933~1945년 나치의 제3제국 동안 외국으로 망명하지 않고 독일에 남아 문학활동을 통해 의식적으로 나치체제에 저항한 작가들의 정치적 태도를 의미한다. 국가사회주의 통치 앞에서 온갖 통제와 압박으로부터 벗어나기 위해 자신의 내면으로 도피하여 작품활동을 한 행한 개인이나 집단의 상황을 뜻하는 추상적인 용어로 1933년 티스(Frank Thieß)에 의해 지칭되었다. 이 개념은 무엇보다도 문학의 영역에 적용되는데, 그들의 문학활동은 주로 잡지 〈도이체 룬트샤우〉와 같은 인쇄물을 통해 현실을 반영하고 독재체제를 비판하는 방향으로 행해졌다. 그러나 이 용어는 그 시기에 침묵하거나 파당성 없는 순수미학 영역으로 도피한 작가들이나 비정치적인 대중작가들에게도 확대 적용되기도 해 개념상 논란이 계속되고 있다.

해 정치적 영향을 일으키는 것을 과제로 여겼다.

1950년대와 60년대 초반에는 이 같은 태도가 다른 측면으로 변화되어 펼쳐졌다. 많은 작가들이 도덕을 기반으로 한 사회비판을 행했다. 경제적 도약의 배후에 숨겨진 부정적 국면과 복지사회의 이기주의 및 물질만능주의에 대한 비판이 작품에 반영되었는데, 쾨펜Wolfgang Koeppen의 소설 ≪온실Das Treibhaus≫과 단화들을 통해 나치체제의 유산을 다루기도 한 하인리히 뵐Heinrich Böll의 소설 ≪9시반의 당구Billard um halbzehn≫를 대표적인 예로 들 수 있다. 안더쉬Alfred Andersch의 ≪진지바르 혹은 마지막 땅Sinsibar oder der letzte Grund≫이나 귄터 그라스Günter Grass의 ≪양철북Blechtrommel≫에서와 같이 나치독재체제의 문제는 50년대와 60년대 독일문학의 중심적 테마였다. 우베 욘존Uwe Johnson, 페터 헤르틀링Peter Härtling 등 많은 작가들은 문학의 예술적 핵심에 대해 숙고한 결과 문학의 매체인 언어 자체를 문학의 테마로 만들었다. 그들은 문학의 '재사유화Reprivatisierung'를 논했다. 당시의 가장 유명한 드라마 작가는 ≪노부인의 방문Der Besuch der alten Dame≫, ≪물리학자들Die Physiker≫을 쓴 뒤렌마트Friedrich Dürrenmatt와 ≪안도라Andorra≫의 작가 막스 프리쉬Max Frisch였다.

(3) 68세대

새로운 전환점은 60년대 후반에 찾아 왔다. 독일에서의 문학은 그것의 사회적 기능을 중심적 테마로 삼았다. 그 동기가 된 것은 무엇보다도 68세대의 학생운동이었는데, 문학은 정치적 투쟁에 기여해야 되었다. 서정시(F. C. 델리우스, 에리히 프리트, 야아크 카르중케 등)와 드라마(롤프 호

흐후트: 《대표이사》, 하이나르 키프하르트: 《J. 로베르트 오펜하이머의 경우》, 페터 봐이스: 《심문》)는 시대사적 소재들을 테마화 하거나 일상적 현실을 무대에 올렸다. 60년대의 많은 소설가들 역시 스스로를 정치적 작가들로 이해했는데, 특히 하인리히 뵐(《어느 어릿광대의 견해》, 《여인과 군상》), 귄터 그라스(《개들의 시절》), 마르틴 발저(《절반 시간》), 지크프리트 렌츠(《독일어시간》)가 대표적이다. 이들은 모두 한스 베르너 리히터에 의해 "한데 모여 젊은 세대의 문학을 촉진시키기 위한" 목적으로 결성된 작가단체인 '47그룹Gruppe 47'의 회원들이었다. 독일의 분단에 대해서는 누구보다도 우베 욘존이 관심을 집중했다(《야콥에 관한 추측》). 산업 노동세계는 노동세계의 문학단체인 61그룹 회원들이 나타내고자 했다(막스 폰 데어 그륀: 《도깨비불빛과 불》, 귄터 봘라프: 《우리는 너를 필요로 한다》). 또 다른 작가집단은 '예술을 위한 예술L art pour l art'의 원칙을 작품활동의 중심으로 했다. '구체시konkrete Poesie'에서는 언어 자체가 중시되었는데 대표적인 작가는 에른스트 얀들Ernst Jandl, 프리이데리케 마이뢰커Friederike Mayröcker, 헬무트 하이센뷔텔Helmut Heißenbüttel, 프란츠 몬Franz Mon 등이다. 이 같은 비판성 없는 순수문학의 경향에 따라 1968년 엔첸스베르거Hans Magnus Enzensberger에 의해 발행된 문학잡지 〈시각표Kursbuch〉는 "문학의 사망Tod der Literatur"을 선언했다.

(4) 자아의 재발견

1970년대에는 많은 독일어권 작가들이 자신들의 개인적 존재를 작품의 주제로 삼았다(막스 프리쉬: 《일기》, 볼프강 쾨펜: 《젊은 시절》, 토마스 베른하르트: 《근원》, 《호흡》, 《추위》, 엘리아스 카네티: 《구제된 혀》). 60년대 말 많은 주목을 받은 오스트리아인 페터 한트케는 작품활동 초기 10년간 풍성한 작품들을 썼다. 주요 초기작품으로는 ≪관객모독≫(1966), ≪카스파르≫(1968), ≪골라인에 선 골키퍼의 불안≫(1970), ≪참된 감각의 시간≫(1975) 등이 있다. 그는 70년대를 거쳐 점점 더 독특한 자기만의 문학적 길을 걸으면서 ≪서둘지 않는 귀환≫(1979), ≪결석≫(1987), ≪아무도 없는 만에서의 내 세월≫(1994) 등을 썼다.

70년대 중반 이후로 독립된 여성문학이 형성되어(카린 슈트룩: ≪학급사랑≫, 베레나 슈테판: ≪껍질벗기기≫, 브리기테 슈바이거: ≪어떻게 소금이 바다에 이르는가≫) 오늘날까지도 독자적인 위상확립을 추구하고 있다. 기록문학의 영역에서는 정치적 과장과 자기성찰이 혼합되어 있다(우베 욘존: ≪기념일≫, 발터 켐포프스키: ≪흠없는 자와 늑대≫, 귄터 봘라프: ≪맨 아래쪽에≫). 이 시기에는 서정시(볼프 본드라첵, 니콜라스 보른, 울라 하안)와 드라마(보토 슈트라우스: ≪재회의 3부작≫)가 소설보다 더 강하게 일상적 삶을 지향했다. 이와 함께 계속하여 '시로의 도피'가 이루어져 왔다. 80년대 말에는 신문, 잡지, 비평서 등과 같은 문학적인 대량생산물들에 의해 이른바 '오래된 대가들Altmeister'이 부각되었다. 1972년에 노벨 문학상을 수상한 하인리히 뵐은 1988년에 ≪강변지역의 여인들Frauen vor Flußlandschaft≫을, 귄터 그라스는 1986년에 ≪암쥐Die Rättin≫를 발표했다. 파트릭 쥐스킨트의 1985년작 ≪향수Das Parfüm≫는 오랜 동안 베스트셀러 대열에 있었으며, ≪서로 함께하지 않고Ohne einander≫는 마르틴 발저의 소설이다.

(5) 동부독일에서의 문학

1945년과 마찬가지로 사회주의와 동독의 붕괴를 가져 온 1989/1990

년은 정치사에서 뿐만 아니라 문화사에서도 중대한 분기점이 되었다. 무엇보다도 자극을 받은 것은 동독에서 살면서 온갖 결핍에도 불구하고 좀더 나은 독일 땅에 대한 전망을 가졌던 작가들이었다. 처음부터 동독에서의 문학은 서독의 그것과는 다른 발전과정을 취했다. 그곳에서는 정보교환과 의사표현의 자유가 없었으며 이념, 서적, 사람의 자유로운 교환이 계속 제한되었다. 동독은 나라 전체가 소련의 문학이념인 '사회주의 리얼리즘'에 토대를 두고 있었다.

그리하여 1945년 이후 구동독에서는 작가들이 소련스타일의 '사회주의 리얼리즘'을 찬양하도록 강요받았다. 50년대에 나온 대부분의 문학작품들은 후일 건설소설, 생산소설, 향토소설 등으로 특징지어졌다. 그 속에서는 토지개혁, 대재산의 난민들에게의 분배, 농민, 농업경영의 재건이 다루어졌다. 작품에서의 적 이미지는 분명하여 당서기를 포함한 좋은 자들은 대토지 소유자들, 유산계급의 학자들, 위장된 서방간첩들 등 나쁜 자들과 투쟁한다. 누가 승리자가 되는지는 물론 자명했다. 동독당국은 문학에 대한 모든 외부의 영향을 차단했다. "동지여, 펜을 잡아라. 사회주의 국민문화가 그대를 필요로 한다!"가 1959년의 첫 비터펠트 문학회의의 구호였다. 1964년의 2차 회의는 그간의 성과들이 기대에 훨씬 뒤처졌다는 것을 인정하지 않을 수 없었다.

60년대에는 많은 작가들이 정치적 체제를 개선시킬 수 있을 것으로 믿었다. 비판적인, 주관적 작품이 생겨났고 '건설문학Aufbauliteratur'은 '도래문학Ankunftsliteratur'에 의해 해체되었다. 유레크 벡커Jurek Becker의 소설 ≪기만자 야콥Jakob der Lügner≫, 헤르만 칸트Hermann Kant의 소설 ≪강당Die Aula≫, 보브로프스키Johannes Bobrowski의 산문 및 서정시 ≪레빈의 방앗간Levins Mühle≫과 ≪리투아니아의 피아노들Litauische Claviere≫, 프란츠 퓌만Franz Fühmann의 단편 ≪유대인의 자동차Das Judenauto≫, 페터 학스Peter Hacks, 하이너 뮐러Heiner Müller, 폴커 브라운 Volker Braun의 드라마들은 당시 서독에서 주목을 불러 일으켰다. 이 작품들은 대부분 처음에는, 혹은 전적으로 서독에서만 발간되었으며 동독으로 하여금 '문화국가'로서의 국제적인 관심을 일으키는 데에 기여했다. 추방에서 돌아온 많은 작가들(특히 안나 제거스, 아놀트 츠바이크, 요한네스 R. 베혀)은 공산주의 체제에 합치되는 작품들을 쓰거나 더 이상 작품활동에 몰두하지 않았다. 곧 '사회주의 리얼리즘'에 대한 다소간 숨겨진 거부가 나타나기 시작했다. 크리스타 볼프Christa Wolf는 "주관적 신빙성subjektive Authentizität"이란 용어를 만들어냈다.

70년대에 체제비판적인 대중가요 가수이자 작사가였던 볼프 비어만 Wolf Biermann은 무대공연 금지조치를 당하고 1976년에는 시민권이 박탈되어 동독을 떠나야만 했다. 그의 용기 있는 행동은 다른 작가들에게 표본으로서 파급되어 슈테판 하임의 ≪다비드왕 보고서≫, 울리히 플렌츠도르프의 ≪젊은 베르테르의 새로운 고통≫, 프란츠 퓌만의 ≪22일 혹은 삶의 절반≫, 라이너 쿤체의 ≪멋진 세월≫, 귄터 드 브륀의 ≪브란덴부르크에서의 연구≫ 등이 동독과 자주 그들이 빠져 나올 수 없는 비밀정보체제를 비판했다.

귄터 쿠네르트, 자라 키르쉬, 라이너 쿤체, 요아힘 셰트리히 등은 고국을 떠났다. 동독문학은 위기에 빠졌으며, 지금까지 금기시되어 왔던 유토피아문학과 여성테마들이 등장하게 되었다. 사람들은 사회주의 사회의 어두운 배후를 과감하게 문학적으로 다루었다. 그리하여 체제로부터의 출세자들(귄터 드 브륀: ≪새로운 영광≫), 체제순응자들(크리스토프 하인: ≪낯선 친구≫, ≪용의 피≫), 지배자와 피지배자간의 알력(폴커 브라운: ≪힌쩨−쿤쩨 소설≫), 동독에서의 현실적인 삶(볼프강 힐비히: ≪여편네들≫, ≪낡은 박피 가게≫)이 작품에 그려졌다.

문학비평은 크리스토프 하인, 폴커 브라운, 울리히 플렌츠도르프, 슈테판 하임 등에 의해 제한적으로 이루어졌다.

(6) 오늘의 문학

독일은 책의 나라이다. 매년 약 10만 종의 초판 및 재판 서적이 간행되는 독일은 세계 유수의 서적대국에 속하고 있다. 해마다 5천여 점의 독일 서적의 판권이 외국으로 판매되고 있다. 매년 가을에는 세계 최대 규모인 프랑크푸르트 국제 도서전에서 전 세계 출판업자들이 만난다. 아울러 봄에는 좀 더 작은 규모인 라이프치히 도서전도 개최되고 있다. 통일 이후로는 베를린이 문학의 중심지이자 국제 출판도시로서 자리를 굳혔으며, 일찍이 바이마르공화국의 종말 이후 독일에서 찾아볼 수 없었던 풍요로운 대도시문학이 형성되고 있다.

인터넷이나 텔레비전에도 불구하고 독일인들은 독서의 즐거움을 버리지 않아 왔다. 쾰른 문학제LitCologne와 에어랑엔 시인축제 등 많은 문학축제들에는 수많은 독자들이 몰려들고 있다. 물론 독일 도서시장에서 밀리언셀러 작가의 수는 얼마 되지 않는다. 최근에는 ≪해리 포터≫로 전 세계에 명성을 날린 영국의 조앤 롤링, 켄 폴렛, 미국의 댄 브라운 등 세계 최고의 베스트셀러 작가들 대열에 독일의 여류 동화작가인 코르넬리아 풍케가 합류하게 되었다.

2005년에는 최초로 독일 도서상이 제정되어 매년 최고의 소설을 선정하여 수여하고 있다. 이 상의 수여는 수준 높은 문학을 대중에게 어필시켜 시장성을 확보할 수 있도록 하는 역할을 하고 있다. 실제로 율리아 프랑크의 가족 이야기 ≪한낮의 여인≫(2007), 우베 텔캄프의 무너져가는 구동독에 대한 거의 천 페이지에 달하는 서사시 ≪탑≫(2008), 그리고 카트린 슈미츠의 자전적 소설 ≪너는 죽지 않는다≫(2009) 등은 수개월 동안 베스트셀러 목록에 올랐다. 2013년 독일 도서상은 인간 영혼의 밑바닥을 통찰한 테레치아 모라의 소설 ≪괴물≫이 수상했다.

전후세대 작가들 중 노벨문학상 수상자 권터 그라스나 마르틴 발저, 한스 마그누스 엔첸스베르거, 지크프리트 렌츠 등 몇몇은 여전히 창작 활동을 하고 있지만 이들의 신작들 중 문학에 형식언어적인 자극을 주는 작품은 소수에 불과하다. 미학적 혁신을 이룬 전후시대와 사회분석과 언어실험 및 형식실험으로 특징지어진 1970년대 문학의 시기가 지나간 후 2000년대에 들어서는 좀 더 전통적인 서술형식으로의 회귀, 즉 서술되는 이야기의 정제된 단순성으로의 회귀가 관찰된다(유디트 헤르만, 카렌 두베). 기교적 서술과 함께 형식실험(카타리나 하커), 문화적 경계를 넘나드는 다양한 문학적 형식(페리둔 자이모글루, 일리야 트로야노프), 또는 어떤 유행에도 영향 받지 않는 루마니아 태생의 헤르타 뮐러의 언어력 같은 다양한 형태가 나타나고 있다. 헤르타 뮐러는 2009년 노벨문학상 수상 이후 문학적 범주를 뛰어넘어서까지 일반대중에게 널리 알려져 왔다.

이와 동시에 수준 높은 가치를 띤 문학과 재미있는 오락물로서의 문학 간의 경계가 허물어지고 있다. 2차 세계대전 이후에는 도덕적 해답이 모색되었고, 1968년의 학생운동에 따라 사회분석이 주류를 이루게 되었지만 장벽붕괴 후에는 대중문화가 석권하여 모든 행사는 이벤트가 되고 작가는 대중스타가 되었다. 젊은 작가들에게서는 문학을 통한 정치적, 도덕적 개입을 위한 노력은 찾아보기 힘들다.

문학논쟁은 21세기에 들어서도 여전히 1990년 이전 구서독의 지적 경향에 의해 주도되고 있다. 그러나 이야기에 대한 새로운 욕구도 존재하는데, 이것은 레이몬드 카버와 같은 미국의 대표적 인물들에 의해 이끌어졌다. 유디트 헤르만은 가장 훌륭한 재능을 지닌 작가의 한 사람으로 여겨지고 있으며, 동서독의 문화가 교차하는 도시 베를린에서 태어난 젊은 세대의 여신 격이다. 토마스 브루시히와 잉고 슐체는 구동독의 일상적 삶을 그리고 있다. 요절한 서정시인 토마스 클링은 독자적인 시세계를 창조하여 팝, 광고, 텔레비전에 의해 형성된 오늘날의 은어를 받아들였다. 그런가 하면 두르스 그륀바인은 신화를 학문과 예술에 연결시켰다. 2001년 9월 11일의 테러사건은 모두에게 하나의 전환기가 되었다.

그럼 문학이 다시 정치로 되돌아온 것일까? 그렇지는 않다. 작가들은 더 이상 유토피아를 그리지 않고, 그들의 작품은 미래를 지향하고 있지 않다. 문학이 사람들의 이정표가 된 시대는 지나갔다. 저항과 고집에 대한 꿈은 남아 있지만 중요한 것은 문학에서의 실제성이며, 현재의 것을 그리는 것이고, 시선이 엄밀할수록 좋은 것이다. 스스로의 인생경로가 이야기의 토대가 되고 있다. 문학의 기능은 변용되고, 인식은 바뀌었다. 왜냐하면 사회에 영향을 주려는 작품을 쓰는 작가가 없을 뿐만 아니라 그런 작품을 읽고자 하는 독자도 없기 때문이다.

4. 서적 유통과 도서관

활자로 인쇄된 첫 서적은 1455년 마인츠에서 간행되었다. 활판인쇄의 발명자인 요한네스 구텐베르크Johannes Gutenberg는 인쇄인 겸 출판인이었다. 따라서 새로운 인쇄기술의 태동시점과 함께 서적의 출판 및 유통의 역사가 시작된다. 프랑크푸르트 암 마인은 15세기 말엽 이래 독일의 주도적인 출판중심지가 되어 왔다. 18세기에는 라이프치히가 그 역할을 이어 받아 2차대전시까지 행해 나갔다. 오늘날에는 여러 도시들이 출판유통의 중심지가 되고 있는데 뮌헨, 베를린, 함부르크, 슈투트가르트, 프랑크푸르트 암 마인, 쾰른과 통일 이후의 라이프치히 등이 대표적이다.

독일의 서적 출판량은 세계적으로 미국에 이어 두 번째 위치를 차지하고 있다. 오늘날 독일에서는 매년 10만 종이 넘는 신간 및 신판 서적이 간행되고 있으며, 약 70만 종의 서적들이 서점에서 유통되고 있다.

현재 독일에는 2천여 개의 출판사가 있으나 어떤 출판사도 시장을 지배하지는 못하고 있으며 대규모 출판사들과 나란히 수많은 군소 출판사들도 다양한 출판물의 공공유통에 기여하고 있다. 전후에는 새로운 독자층들이 국민교육의 이념에서 출발하여 도서클럽들을 결성했다. 구텐베르크 도서클럽은 대표적인 예이다. 오늘날에는 10개의 도서클럽이 약 6백60만의 회원을 갖고 있다. 회원들에게는 구독예약에 의해 책들이 싼 값에 공급된다.

서적 유통시장에서도 집중화가 이루어지고 있다. 1970년대에는 매장 면적 500㎡ 이하의 소규모 서점들이 대부분을 차지했었다. 오늘날에는 특히 대도시 중심가에 거대한 면적의 서적판매점들이 생겨나고 있다. 프랑스와 영국의 거대 유통체인들도 서적시장에 적극 참여하고 있다.

(1) 국제도서전

프랑크푸르트에 있는 독일 서적거래조합은 출판인들과 판매인들의 전문조직이다. 이 조합의 주관으로 매년 가을 세계에서 가장 큰 서적전시회인 프랑크푸르트 국제도서전이 개최된다. 책의 판매와 홍보라는 상업적 측면에 기여함과 함께 이 전시회는 문화적인 중요한 행사가 되고 있다. 이 전시회는 1976년에 라틴아메리카를 중심테마로 내건 이후 매년 다른 나라를 주빈국으로 내세우고 있다. 1991년에는 스페인, 1992년에는 멕시코, 1993년에는 플랑드르와 네덜란드, 1994년에는 브라질, 1995년에는 오스트리아, 1996년에는 아일랜드, 1997년에는 포르투갈, 1998년에는 스위스가 주빈국이 되었으며, 2005년에는 우리나라가 주빈국이 된 바 있다. 특히 1993년의 전시회에 전자출판관이 처음 생긴 후 해가 거듭될수록 현대인들이 멀티미디어에 지대한 관심을 보이고 있음이 확인돼 멀티미디어가 장래 출판시장을 주도할 것임이 분명해졌다. 전자출판관의 전시장 면적은 점점 넓어지고 있으며 참가국 및 출판사 수도 늘어 가고 있다. 중요한 것은 이 같은 전자출판계의 양적인 측면보다도 질적 성장이다. CD롬 등 멀티미디어가 인기를 끈다 해도 백과사전류 정도에서 그칠 것이란 분석이 무색할 정도로 의학 등 전문학문 분야·관광·섹스물·요리·종교·스포츠, 나아가 고전문학으로까지 거의 전 분야로 영역을 확대하고 있다.

두 번째로 큰 전시회는 매년 봄에 개최되는 라이프치히 도서전인데,

이 전시회는 개최지의 지리적 위치에 따라 서적 홍보와 유통에 있어 동부유럽 국가들과의 중개 역할을 한다.

(2) 도서관

독일은 다른 나라들과는 달리 수백 년 된 유서 깊은 큰 국립도서관을 갖고 있지 않다. 1913년에야 비로소 독일서적조합에 의해 새로 설립된 라이프치히의 독일도서관이 독일어로 된 서적들을 한 지붕 아래에 모았다. 2차 대전 후 독일의 분단은 1947년 프랑크푸르트에 새로운 독일 도서관의 설립을 가져왔다. 이 도서관은 동독에서의 라이프치히 도서관과 똑같은 기능을 서독에서 떠맡아 1945년 이후의 모든 독일어로 된 서적들과 기타 잡지 및 인쇄물들과 아울러 1933년부터 1945년 사이에 나치체제를 피해 망명했던 독일작가들에 의해 창작된 작품들도 모았다. 동부독일과 서부독일을 대표하던 이 양대 도서관은 1990년 8월 통합협정에 따라 '독일도서관Die Deutsche Bibliothek'이라는 이름으로 통합되었다. 통합된 독일도서관은 현재 약 1천4백만 권의 장서를 갖추고 있다.

주요 공공 도서관들로는 6백만 권의 장서를 지닌 뮌헨의 바이에른 주립도서관과 베를린에 있는 약 4백만 권의 장서를 지닌 주립 프로이센 문화도서관이 있다. 주로 주립도서관과 대학도서관인 일반도서관들과 함께 쾰른의 중앙의학도서관과 같은 특수도서관들도 있다. 볼펜뷔텔에 있는 '아우구스트공작 도서관Herzog-August-Bibliothek'과 같은 오래된 도서관 또한 특별한 명성을 얻고 있다. 이 도서관은 66만 권의 서적을 보유하고 있는데 그중에는 1만2천 권의 진귀한 중세의 필본들이 포함되어 있다.

5. 연극

독일에는 약 160개의 시립 및 국립극장과 190개의 사설극장, 50개의 주립극단, 30여 개의 축제극단과 함께 무수히 많은 자유 연극그룹들과 아마추어 극단들이 있어 독일의 활성화된 연극풍토를 대변하고 있다.

무엇보다도 베를린, 뮌헨, 함부르크는 극장을 관람하지 않고는 관광을 했다고 할 수 없는 도시들이다. 베를린에만 '독일 극장Deutsches Theater'과 '실러 극장Schiller-Theater'을 포함하여 30여 개의 극장이 있다. 그러나 다른 도시들에서도 많은 주목받는 연극들이 공연된다. 보훔과 에센은 특별한 내용의 연극을 좋아하는 연극애호가들이 즐겨 찾는 도시이며 만하임은 대부분의 작품들을 만들어 내는 도시로 알려져 있다. 독일에는 이른바 '연극 중심도시'가 없다. 이것이 연극을 지역별로 매우 다양하게 한다. 지방에서도 많은 연극들이 공연되는데, 대표적인 곳은 바이에른주의 바이트회히하임과 메밍엔, 튀링엔주의 마스바하와 마이닝엔 등이다.

이러한 다양성은 전통적인 것으로서 17세기와 18세기에 모든 지방군주들은 그들의 수도에 호화로운 궁중극장을 세우고 연극에 큰 비중을 두었다. 19세기에는 시민권이 강화되어 많은 도시들에서 극장은 공공의 시설이 되었고 그것이 오늘날까지 이어지고 있는 것이다.

(1) 양호한 환경

다른 나라에서는 흔히 독일의 연극이 떠들썩하고 자기도취적이라는 소문이 나있다. 그러나 독일 연극의 배후에는 세계적으로 경탄할 만한 시스템이 갖춰져 있다. 연극 환경은 매우 탁월하여 작은 도시들에도 연극을 볼 수 있는 극장과 함께 오페라하우스나 발레공연장이 있으며, 국립 및 시립극장, 유랑극단과 사설극장이 그물망처럼 조밀하게 존재하고 있다. 또한 1968년의 학생운동의 여파로 광범위하고 다채로운 연극활동이 이루어져왔다. 그리하여 오늘날까지도 스스로를 표현하고자 하는 끝없는 열정의 상징으로 자유로운 연극단체들이 존재한다. 이러한 시스템을 위해 독일에서는 많은 노력과 자금이 투입되고 있다. 많은 사람들이 이것을 사치스런 투자로 여기는데, 연극은 소요경비의 10% 내지 15%의 수익밖에 올리지 못하고 있는 것이다. 사설극장들도 공적인 조성금제도의 혜택을 받고 있는데, 연출가 페터 슈타인이 설립하여 그의 영향을 많이 받고 있는 유명한 베를린 극단도 마찬가지이다. 물론 이 조성금제도가 최고의 기능을 발휘할 수 있던 시기는 이미 오래 전에 지나가버렸다. 이 제도는 예술이 점점 더 물질적인 전제조건에 의해 평가되어가고 있는 오늘날에는 어려운 상황에 처해 있다.

(2) 연출가들

흔히 연극무대에서의 훌륭한 배우들이 연출가를 겸하고 있다. 그들 대부분은 관객을 자극하고자 노력한다. 그들의 연출에 의해 고전작품은 대부분 작가가 처음 쓴 대로 머무르지 않는다. 그들의 연출은 자주 독자적인 작품을 만들어내는 것을 중시하여 '연출극Regietheater'이라는 개념이 생겨났다. 여기에 속하는 연출가들로는 위르겐 플림, 클라우스 미햐엘 그뤼버, 페터 차덱, 룩 본디, 로베르트 윌슨이 있다. 페터 슈타인Peter

Stein은 오랫동안 독일 연극계에서 유일무이한 존재로 평가되어 왔다. 그는 다른 연출가들과는 달리 모티브, 테마, 작가들을 계속적으로 반복함으로써 인지시키는 연출기법을 확립했다. 대본에 충실한 연출기법에 의한 추억의 연극을 만들어낸 것이다. 그의 연출에서의 암시적 상상력은 1980년대 이후 비평가와 관객에게 깊은 인상을 주어오고 있다. 그는 안톤 체홉의 오랫동안 독일 연극계에서 유일무이한 존재로 평가되어 왔다. 그는 다른 연출가들과는 달리 모티브, 테마, 작가들을 계속적으로 반복함으로써 인지시키는 연출기법을 확립했다. 대본에 충실한 연출기법에 의한 추억의 연극을 만들어낸 것이다. ≪세 자매≫를 모스크바에서 연출하여 무대에 내보였다. 오늘날 슈타인은 파리, 밀라노, 런던, 잘츠부르크에서 활약하면서 베를린과 독일의 군소 무대들에서도 계속 활동하고 있다. 그는 1993년 네덜란드에서 에라스무스상을 수상했다.

오늘날의 연출가 세대와 페터 슈타인, 페터 차데크, 베를린 앙상블의 대표 클라우스 파이만 사이에는 차이가 있다. 이런 68 학생운동 세대의 반역아들의 어휘로는 오늘날의 연극을 더 이상 이해할 수 없는 것이다. 계몽한다, 교훈을 준다, 가면을 벗긴다, 개입한다 등의 개념은 시대착오적인 것으로 여겨지고 있다. 젊은이들의 연극은 더 이상 아방가르드로서 이해되지 않으며, 독자적인 표현 형식을 추구한다. 레안더 하우스만, 슈테판 바하만, 토마스 오스터마이어 등 90년대의 젊은 연출가들의 시대가 지나고 지금은 이들 연출가들이 극장장이 되었다.

희곡을 잘게 잘라 다시 새롭게 짜 맞춤으로써 연극파괴자로 알려진 프랑크 카스토르프는 자신이 이끄는 베를린 민중극단을 통해 젊은 연극인 세대의 표본이 되었다. 크리스토프 마르탈러와 크리스토프 슐링엔지프도 냉전 이후의 변화와 범세계적인 자본주의의 유입에 대해 종래와는 다른 연극개념으로 답하고 있다.

미하엘 탈하이머, 아르민 페트라스, 마르틴 쿠제이, 르네 폴레쉬, 크리스티안 파울호퍼 등은 소재보다 스타일을 중시하는 연출방식을 이용함으로써 대본에 충실한 전통적인 서술기법은 오히려 이들에게는 낯선 것이 되고 있다. 약 250년 동안 독일의 연극을 특징지은 사회와의 대결은 다채롭고 다양한 현실세계 속에서 자취를 감추었다. 그러나 시대성을 배제한 연극이 이루어진 적은 없었다. 연극은 우리의 삶의 모습을 반영하지 않으면 안 된다. 그리고 그것은 기억을 더듬는 작업이다. 이 작업을 위해 연극은 지원받고 있는 것이다. 이것이 바로 연극의 공적 기능이다.

(3) 극작가들

독일의 극장들은 흔히 과감한 형식 속에서 현대화되거나 정치화되는 고전작품들을 즐겨 무대에 올린다. 매우 높은 인기를 끄는 작품들로는 실러의 《간계와 사랑》, 레싱의 《현자 나탄》과 클라이스트의 《깨어진 항아리》인데, 특히 클라이스트의 《깨어진 항아리》는 1989/90 씨즌에 12만5천 명의 연극애호가들을 끌어 들였다. 1991/92 씨즌에는 《햄릿》, 《리어왕》 등 셰익스피어의 작품들이 최고의 인기를 끌었고 그 다음으로는 브레히트의 작품들이었는데, 그의 《서푼짜리 오페라》는 18만4천여 명의 관객을 기록했다.

현대의 극작가들도 고전작가들보다는 못하지만 인기에 도전하고 있다. 롤프 호흐후트Rolf Hochhuth는 1964년 《대표이사》라는 작품으로 논란 시 되는 주제들을 다루었고, 하랄트 뮐러Harald Mueller는 1986년의 체르노빌 원자력발전소 사고 후 ≪죽음의 뗏목≫에서 가상적인 어마어마한 종말시대를 다루었다. 1990년에 가장 명망 있는 독일의 문학상들 중 하나인 게오르크–뷔히너상을 수상한 탕크레트 도르스트Tankred Dorst 는 심리적인 서술극인 ≪독일 삼부작≫을 썼다. 하이너 뮐러Heiner Müller 는 역사적인 대재앙들에서 작품의 주제를 취한다. 보토 슈트라우스Botho Strauß는 자주 신비스럽게 낯설게 하여 중상류 계층을 묘사한다. 클라우스 폴Klaus Pohl은 범죄탐정물로 연극공간을 넓혔다. 작가이자 연출가이며 배우인 프란츠 크사버 크뢰츠Franz Xaver Kroetz는 브레히트 이후 세계적으로 가장 많이 공연되는 독일의 극작가이다. 그는 대부분 사회에 대한 비판적 시각을 띤 약 40편의 작품들을 썼는데, 그것들은 40여 개 국의 언어로 번역되었다.

　최근의 경향은 연극과 무용, 음악과의 경계가 무너지고 있는 점이다.

6. 음악

음악의 나라로서 독일의 명성을 높인 이들로는 언제나 바흐, 베토벤, 브람스, 헨델, 리하르트 슈트라우스 등이 일컬어지고 있다. 세계 각국의 대학생들이 독일의 음악대학으로 몰려들며, 음악애호가들은 바이로이트의 바그너 축제로부터 도나우에싱엔의 현대음악주간에 이르는 많은 음악축제들을 찾는다. 독일에는 공적자금에 의해 운영되는 음악극장이 80여 개가 있다. 대표적인 음악극장은 함부르크, 베를린, 드레스덴, 뮌헨, 프랑크푸르트 암 마인, 라이프치히에 있다. 영국의 유명한 지휘자 사이먼 래틀이 이끄는 베를린 필하모니는 독일에 있는 약 140개 프로 오케스트라들 중 최고로 인정받고 있다. 프랑크푸르트의 '앙상블 모데른'은 현대 음악창작의 중요한 추진체가 되고 있다. 여기에서는 매년 20개의 초연을 포함한 약 70개의 새로운 작품이 이루어지고 있다. 쿠르트 마주어, 크리스토프 에셴바흐와 같은 대가들과 함께 잉고 메츠마허, 크리스티안 틸레만 등의 젊은 지휘자들도 두각을 나태내고 있다. 소프라노 여가수 발트라우트 마이어, 바리톤 가수 토마스 크바스트호프, 클라리넷 연주자 자비네 마이어는 세계 정상급에 속하고 있다. 바이올린 연주자 안네-조피 무터는 클래식 팬뿐만 아니라 폭넓은 계층의 인기를 얻고 있다.

전자음악의 개척자 카알하인츠 슈토크하우젠과 그와 대조를 이루는 전통적인 오페라작곡가 한스 베르너 헨체는 1950년대부터 현대음악의 발전에 결정적인 역할을 해왔다. 오늘날 현대음악의 양식은 다양하다. 하이너 괴벨스는 음악과 연극을 결합시키고, 헬무트 라하만은 기악적 표현방식을 극단적으로 이끌고 있다. 볼프강 림의 경우는 음악을 많은 사람들에게 이해시킬 수 있는 가능성이 있음을 보여주고 있다.

음악의 또 다른 장르에서는 헤르베르트 그뢰네마이어와 우도 린덴베르크 등 팝가수들이 오랫동안 성공적으로 활약하고 있다. 이들은 동시대의 시대정신과 팬들의 감수성을 살린 독일 노래로 인기를 얻고 있다. 헤비메탈밴드 '람슈타인' 및 틴에이저 그룹 '도쿄 호텔'도 독일 출신의 슈퍼스타에 속한다. 몇 년 전부터는 '죄네 만하임스Söhne Mannheims'의 크사비어 나이두와 같은 젊은 가수들이 미국적 음악장르인 소울과 랩으로도 성공을 거두고 있다. 특히 이 분야에서 이민자 출신의 많은 젊은 음악가들이 스타로 부상하고 있다. 또한 베를린의 밴드 '우리는 영웅Wir sind Helden'의 성공으로 새롭게 젊은 독일 밴드들이 폭발적으로 생겨나기도 했다. 펑크록 밴드 '디 토텐 호젠Die Toten Hosen'과 힙합그룹 '디 환타스티셴 퓌어Die Fantastischen Vier'가 좋은 예이다. 만하임에는 '팝 아카데미'가 설립됨으로써 독일의 팝음악이 국제적인 경쟁력을 갖추도록 하기 위한 정책적 의지를 내보이고 있다.

클럽무대에서도 많은 곳들이 알려져 있는데, 특히 베를린, 쾰른, 프랑크푸르트, 슈투트가르트, 만하임 등의 대도시들에 클럽들이 많다. 1970년대 디스코 트렌드, 1980년대의 랩과 힙합, 그리고 1990년대의 테크노 스타일과 함께 DJ들은 사운드 아티스트이자 음악창작자로서 독자적인 발전을 해나갔다. '테크노의 대부'인 스벤 베트와 파울 반 디크는 독일 출신으로 클럽무대의 양대 톱스타가 되었다.

(1) 오페라하우스와 오케스트라

독일에는 121개의 오페라 및 연주를 위한 국립 음악극장과 141개의 전문 오케스트라단이 있다. 가장 오래된 오페라하우스는 함부르크에 있는데 1678년에 세워졌다. 가장 현대적인 오페라하우스는 쾰른과 프랑크푸르트 암 마인에 있다. 베를린에는 3개의 오페라하우스가 있다. 가장 아름다운 오페라하우스로는 뮌헨의 국립극장과 드레스덴의 젬퍼 오페라극장이 꼽히는데, 이 두 건물은 이탈리아의 르네상스 양식으로 지어졌다.

'완벽한 음의 대가'로 일컬어지는 베를린 필하모니는 최고의 오케스트라 자리를 지키고 있다. 그러나 다른 오케스트라들도 세계적인 명성을 얻고 있는데, 예를 들면 뮌헨 필하모니 오케스트라, 밤베르크 심포니 오케스트라, 라이프치히 게반트하우스 오케스트라, 드레스덴 국립관현악단과 기타 몇몇 라디오방송국의 심포니오케스트라들이다.

(2) 지휘자와 독주자 및 독창자

독일의 음악계는 세계적으로 인정받는 예술가들 및 신진 음악가들과의 활발한 교류를 한다. 연주회들과 오페라들은 자주 세계 각국 출신의 스타들에 의해 이끌어진다. 베를린 필하모니는 1989년에 사망한 헤르베르트 폰 카라얀의 뒤를 이어 이탈리아의 클라우디오 압바도가 지휘하다가 2002년부터 영국의 사이먼 래틀 경이 이끌고 있다. 반대로 독일의 예술가들이 많은 다른 나라들에서 활동하기도 한다. 그리하여 쿠르트 마주어는 뉴욕 필하모니의 단장으로, 크리스토프 폰 도나니는 클리블랜드 오케스트라의 수석지휘자로 일하고 있다. 바이올리니스트 안네-조피 무터, 비올라 연주자 타베아 침머만, 트럼펫 연주자 루트비히 귀틀러와 가수인 힐데가르트 베렌스, 디트리히 휘셔-디스카우, 페터 호프만, 레네 콜로, 페터 슈라이어, 헤르만 프라이 등은 각각의 분야에서 세계 최고의 인물로 인정되고 있다.

(3) 레퍼터리

위대한 고전주의자들의 음악은 많은 곳에서 애호되고 있다. 그리하여 본에서의 국제적인 베토벤축제와 괴팅엔과 할레에서의 헨델축제와 같은 옛 작곡가들의 작품을 기리기 위한 전통적인 축제가 열린다. 리하르트 바그너의 오페라 공연과 함께 하는 바이로이트 축제는 여전히 최고의 인기를 유지하고 있다. 괴힝 합주단의 단장이며 '국제 바흐 아카데미'의 설립자인 헬무트 릴링과 라이프치히 및 드레스덴에 있는 앙상블들은 요한 세바스티안 바흐의 음악을 기리기 위해 특별한 노력을 기울인다.

독일에서의 발레는 1960년대에 '기적'을 이루었다고들 말한다. 그것은 무엇보다도 슈투트가르트 국립발레단에서의 남아프리카인 존 프랭크의 탁월한 활동에 의한 것이었다. 피나 바우쉬의 혁신적인 연출과 그녀의 부퍼탈 무용극장 역시 독일무용의 발달에 주목할 만한 기여를 해왔다.

전통적인 음악극장들 중의 하나는 베를린의 프리트리히슈타트팔라스트이다. 뮤지컬 ≪고양이들Cats≫은 함부르크에서 수년간 연속 공연되었다.

현대의 고전주의 음악가들 역시 정기적인 음악회를 여는데, 예를 들면 파울 힌데미트, 이고르 스트라빈스키, 아놀트 쇤베르크, 벨라 바르톡, 보리스 블라허, 볼프강 포르트너, 베르너 엑과 세계적으로 유명한 '학교 작품Schulwerk'으로 아이들을 음악으로 이끌고자 한 카를 오르프 등이다.

극단적인 전위 음악가인 베른트 알로이스 침머만은 오페라 ≪군인들Die Soldaten≫로 음악사에서 한 자리를 확보했다.

오늘날의 작곡가들은 오래도록 익숙해 온 조화의 영역을 뛰어 넘어 웅대한 음악극과 비범한 효과들을 사용함으로써 음악에 대한 대중의 지지를 얻고자 한다. 1990년 한스 베르너 헨체는 일본인 유키오 미시마의 단편소설을 바탕으로 한 ≪배반 당한 바다Das verratene Meer≫라는 오페라로 거친 행위극을 내보였다. 아리베르트 라이만은 20, 30, 그 이상의 코드들을 실험하면서 뮌헨에서 전율적인 심리드라마로서 오페라 ≪리어Lear≫를 선보였다. 카알하인츠 슈톡하우젠은 바그너적 차원에서의 환상적 음악극을 만든다. 쾰른에 살고 있으며 오래 전부터 주도적 작곡가로 활약하고 있는 아르헨티나인 마우리지오 카겔은 자기 몸을 완전한 예술창조체로 여겨 자신의 육체를 악기로서 이용하고 있다. 미국인 존 케이지는 독일에서 컴퓨터를 음악에 이용했으며, 볼프강 리임은 작품 ≪오이디푸스≫에서 양철조각과 드럼을 사용하여 음을 냈다.

덜 호화로운 현대음악이 주목을 받는 것은 무엇보다도 현대음악으로 된 일련의 연주회들과 작곡물들을 방송하는 방송국들의 영향 때문이다. 또한 실제 음악창작자들과의 워크숍 활동도 현대음악의 촉진에 기여하는데, 가장 잘 알려진 예는 '도나우에싱 음악집회'와 다름슈타트에 있는 '신음악을 위한 국제적인 방학강좌'이다.

(4) 재즈, 록, 팝

독일의 음악계는 오랫동안 재즈, 록, 팝 등의 영역과는 거리를 두어 오다가 '새로운 독일의 물결'로서 '독일 크라우트 록German Kraut Rock'이 익살스런 노래들로 기반을 구축했다. 날카로운 목소리의 펑크 여가수 니나 하겐이나 '패닉오케스트라'의 우도 린덴베르크는 대단한 호응을 받았다. 1950년대에 저항운동을 주류로 했던 독일의 재즈계는 오늘날 수준 높은 음악가들을 지니고 있다. 트럼펫 연주자 알베르트 망엘스도르프는 세계적인 프리재즈의 대가이다. 클라우스 돌딩어는 그룹 '패스포트'를 통해 록과 재즈의 연결을 추구하여 세계적인 명성을 얻고 있다. 쾰른의 그룹 밥(BAP)은 방언노래들로 두각을 나타낸다.

이와는 대조적으로 1950년대와 1960년대에 유행했던 독일 대중가요는 거의 존재하지 않는다. 반면에 베르트 켐페르트, 제임스 라스트, 막스 그레거, 파울 쿤 등의 무도 오케스트라들은 독일의 국경을 뛰어 넘어 국제적인 명성을 얻었다. 그밖에 명망 있는 가수들로는 페터 마타이, 마리우스 뮐러−베스터른하겐, 네나가 있다. 그룹 '전갈들'의 하드록은 미국에서도 성공을 거두었다. 또한 싱어송 작사작곡가들로 프란츠 요제프 데겐하르트, 볼프 비어만, 라인하르트 마이, 한네스 바더 등이 자신들의 독특한 스타일로 노래를 만든다.

(5) 만인을 위한 음악

30만 명 이상의 사람들이 작곡가, 해설가, 지도자, 음악관련 기관이나 업체에서의 종사원 등으로 음악을 통해 생계를 유지하고 있다.

재능 있는 젊은 음악가들을 육성하기 위한 많은 경연대회가 있다. 가장 유명한 경연대회는 '청소년 음악경연Jugend musiziert'이다. 음악은 학교에서도 대대적으로 활성화되고 있다. 음악을 가르치는 전문교육기관들로는 20여 개의 음악대학, 60여 개의 종합대학, 11개의 음악학교, 9개의 교회음악학교 및 4개의 교회음악대학, 50개의 특수교육기관, 40개의 계속교육아카데미가 있다. 공립 음악학교는 1천여 개에 이르며 수많은 개인 지도자들이 4만 개의 합창단과 2만5천 개의 아마추어 오케스트라단을 이끌고 있다.

악기제조는 독일에서 오랜 전통을 지니고 있다. 그 한 예로 미텐발트의 바이올린은 세계적으로 유명하다. 독일 청소년들의 1/4은 악기를 연주하거나 합창단에 속해 있는데, 음악학교에서는 피아노, 플루트, 기타가 가장 선호된다. 오늘날 젊은 세대는 TV를 시청하는 것보다 음악을 듣는 것을 훨씬 더 좋아한다. 음악의 영역은 점점 더 번성되어 간다. 독일에서는 매년 미국 다음으로 많은 2억4천 만장의 음반, 카셋트, CD가 판매된다.

7. 영화

독일의 영화는 과거 세계적인 명성을 얻었었다. 1920년대와 30년대 초에 훌륭한 영화들이 프리츠 랑, 에른스트 루비취, 프리이트리히 빌헬름 무르나우에 의해 제작 되었다. 당시에 세계의 절반이 마를레네 디이트리히와 ≪푸른 천사Blauer Engel≫를 열광적으로 좋아했다. 그러나 나치체제는 이 영광스런 영화의 발달에 종지부를 찍었다. 대부분의 위대한 감독들과 많은 배우들이 망명했으며, 전설적인 영화사 우파Ufa는 예술적인 활력을 상실하고 나치의 선전영화 제작소로 전락되었다. 전쟁이 끝난 후 독일의 영화계는 국제적인 수준에 도달하기 위해 힘겨운 노력을 기울였다. 오늘날 영화는 막강한 경쟁상대인 TV와 싸우는데, TV는 영화관의 관객들뿐만 아니라 감독들과 배우들 역시 빼앗아 간다. 값비싼 할리우드 영화들이 대부분의 영화관 프로그램들을 지배한다. 외국영화들은 독일에서 거의 예외 없이 동시 녹음되므로 외국의 제작사들은 이득을 많이 얻고 있다.

이러한 환경 속에서 독일의 영화산업은 어려움을 겪고 있다. 그러나 도리스 되리의 코미디영화 ≪남자들≫과 볼프강 페터젠의 전쟁영화 ≪보트≫는 예외적인 인기를 끌었다. 독일에서는 끊임없이 고도의 예술적 가치를 띤 영화들이 나오고 있는데, 이는 국가의 강력한 영화진흥책과 자주 영화들을 재정지원하는 TV방송에 힘입고 있다.

(1) 영화관과 관객

독일의 영화관들이 경제적인 번성기를 누린 때는 아직 TV가 초보단계에 있었던 1950년대였다. 당시에는 매년 모든 연령층에 걸쳐 8억 명 이상이 영화관을 찾았다. 오늘날에는 독일의 전체 3,500개 영화관에서 연간 겨우 1억 명 정도가 영화를 관람한다. 그 중 70%가 15세에서 30세 사이의 연령층이다. 그러나 안락성과 기술적 세련성에 대한 점증하는 요구에 부응하기 위해 전보다 더 많은 투자가 영화에 이루어지고 있다. 관객들은 웅대한 할리우드 영화들을 가장 즐겨 보는데, 최근 그것은 독일 영화시장에서 82%의 점유율을 나타내고 있다. 이에 반해 독일 영화의 점유율은 겨우 10% 정도에 머물고 있다.

독일의 3,500개 영화관들은 아직 치열한 경쟁시장 속에 처해 있다. 1980년대 후반기에만 450개의 독립된 영화관이 도산했다. 오락 분야에서의 경쟁은 끊임없이 치열해지고 있다. 점점 더 많은 영화들이 공영 및 사설 TV에서 방영되며 케이블, 위성, 비디오, 유료TV 등 매체들의 엄청난 확산은 영화관들에 심각한 타격을 주고 있다. 이 같은 경쟁상황 속에서 영화관들에게 안정된 입지를 확보해 주는 것이 국가의 영화진흥 목표들 중의 한 가지이다.

1990년 이후로 독일에서 '영화관의 르네상스'를 추구하는 매체회사들과 국제 영화단체들이 전면에 나서고 있다. 그들은 작은 스튜디오 식 영화관으로부터 과거의 거대한 영화궁전Kino-Palast으로 되돌아가고 있다. 레스토랑과 사무실, 상점 등이 한 지붕 아래에 있으면서 18개나 되는 스크린과 5천개 이상의 좌석을 갖춘 복합영화관이 이미 보훔, 에센, 하노버, 라이프치히, 베를린, 프랑크푸르트 암 마인, 드레스덴 등에서 문을 열었거나 건설 중에 있다.

(2) 젊은 영화제작자들

1960년대와 70년대에 서부독일의 영화계는 새로운 번성기를 체험했다. 당시 동독의 감독들은 국가의 압력 아래 사회주의적 일상을 미화해야 되었는데, 그럼에도 불구하고 일부 감독들은 흥미 있는 작품들도 만들어냈다. 서독의 젊은 영화제작자들은 좀 더 좋은 여건을 가졌다. 소극적인 코미디물들과 토속영화들에 식상한 그들은 '젊은 독일 영화'를 이끌었다. 그들은 연방내무부의 재정지원을 받아 폭넓은 변화를 띤 주목할 만한 일련의 영화들을 만들어냈다. 그리하여 알렉산더 클루게Alexander Kluge는 자신의 영화 《어제와의 작별》에서 허구적 요소들과 기록물적 요소들을 예리하게 혼합했다. 베르너 헤어초크Werner Herzog는 《스스로를 위한 만인, 만인에 반하는 신》에서 비밀에 쌓인 기아 카스파르 하우저의 삶과 고난을 감동적으로 영화화했다. 베른하르트 징켈과 알프 브루스텔린은 새로운 독일 영화들 가운데에서 최고의 코미디물로 평가될 수 있는 《리나 브라아케》를 만들었다. 라이너 베르너 파스빈더Rainer Werner Faßbinder는 《카첼마허》, 《마리아 브라운의 결혼》, 《베를린 알렉산더 광장》에서 독일사회의 인상적 모습들을 담았다. 1982년에 사망한 파스빈더는 불과 13년 동안에 1982년 베를린영화제에서 금곰상을 안겨준 《베로니카 포스의 열망》을 포함한 41편의 TV시리즈와 영화들을 만들었다. 특히 파스빈더의 영화들을 통해 뮌헨의 여배우 한나 쉬굴라는 세계적인 스타가 되었다. 파스빈더는 뉴욕에서 영화제를 가진 유일한 전후 독일 감독이다. 이 영화제는 그의 혁신적이며 과감한 70년대의 영화들에 기여했으며 그것들은 독일 영화계에 지속적인 자극을 주어 왔다. 울리히 에델의 영화 ≪크리스티아네 F. - 우리들 동물원역에서 온 아이들≫은 베를린에서의 삶의 자극적 탐구물로서 세계적인 인기를 얻었다.

젊은 독일영화의 상업적인 성공은 엄청난 작품들의 제작을 촉진했다. 빔 벤더스Wim Wenders는 ≪파리, 텍사스≫나 1982년 칸 영화제의 황금종려Goldene Palme상과 1983년 연방영화상을 수상한 ≪사물들의 상태≫와 같은 영화들에서 말이 없는 주인공들을 묘사했다. 그는 1988년에 베를린의 한 천사가 어느 여곡예사와 사랑에 빠지는 내용의 영화 ≪베를린의 하늘≫로 영화계를 놀라게 했다. 1988년 연방영화상과 칸 영화제 최고 감독상으로 두각을 나타낸 이 영화는 일본 등 해외에서도 성공을 거두었다.

여배우 마르가레테 폰 트롯타는 인상적인 여인 역으로 유명하다. ≪장밋빛 룩셈부르크≫는 그녀가 주연한 최고의 영화로 인정된다. 베르너 헤어초크는 독특한 주인공들, 주제들, 장소들을 지닌 자극적인 행동 영화들을 선보였다. 그는 1982년 칸 영화제에서 최고 감독상을 수상한 클라우스 킨스키 주연의 영화 ≪피츠카랄도≫에서 정글 속에 오페라하우스를 세우는 한 열광적인 오페라 팬을 그렸다.

(3) 문학의 영화화

독일의 감독들은 위대한 문학작품의 영화화에 특별히 야심적이며 또한 성공을 거두고 있다. 이 분야에서의 최고의 인물은 폴커 슐렌도르프 Volker Schlöndorff이다. 그는 로베르트 무질의 ≪어린 퇴를레스≫와 하인리히 뵐의 ≪카타리나 블룸의 잃어버린 명예≫를 영화화했으며, 귄터 그라스의 베스트셀러 ≪양철북≫을 영화화하여 1979년 칸 영화제에서 황금종려상을 수상했다. 1980년에는 ≪양철북≫에게 최고의 외국영화로서 오스카상이 주어졌다.

소설들은 오늘날에도 영화의 소재로서 중시되고 있다. 페터젠의 세계적인 성공작 ≪보트Das Boot≫는 로타르 귄터 부흐하임의 동명의 소설을 영화로 만든 것이다. 오늘날 가장 잘 알려진 독일의 여류감독 도리스 되리는 영화 ≪나와 그≫(1988)를 알베르토 모라비아의 소설을 바탕으로 제작했으며, 슐렌도르프는 아더 밀러의 ≪세일즈맨의 죽음≫(1985)과 마가렛 애트우드의 ≪어느 하녀의 이야기≫(1990)를 스크린에 옮겼다. 슐렌도르프는 막스 프리쉬의 소설을 영화화한 톰 셰파르트 주연의 ≪호모 화버≫로 특별한 성공을 거두었다. 이 영화로 그는 1991년 베를린에서 '은 영화띠Filmband in Silver'를 수상했다.

같은 해의 '금 영화띠'는 역시 문학작품을 영화화 한 베르너 슈뢰터 감독의 ≪말리나≫에 수여되었다. 프랑스 여우 이사벨 후페르트 주연의 이 영화는 자기파괴의 이야기로서 오스트리아의 여류작가 잉에보르크 바하만의 자서전을 바탕으로 이루어졌다. 새로운 사실주의적 토속영화의 표본은 요제프 빌스마이어 감독의 ≪가을 우유≫이다. 바이에른지방의 농부부인인 안나 빔슈나이더가 쓴 동명의 자서전적 베스트셀러를 바탕으로 만들어진 이 영화는 최근의 가장 성공적인 독일영화들 중 하나이다.

독일의 영화제작자들은 점차 코미디와 풍자와 같은 어려운 영화를 시도하고 있다. 독일의 가장 풍자적인 해학가인 로리오트는 영화 ≪오이디푸시≫와 ≪오고 있는 팝파≫에서 일상 상황들로부터 코미디를 이끌어낸다. 미햐엘 샤크 감독은 만화영화 ≪베르너 – 바인하르트≫에서 희극적 주인공을 부각시킨다. 오토 바알케스는 자신의 영화들 속에서 전율적인 코미디언으로서 나타난다. 그의 1992년도 작품 ≪오토 – 애정영화≫는 흥행 면에서 그해의 가장 큰 성공작이었으며, 히틀러의 일기들에 관한 코미디물인 헬무트 디이틀의 ≪슈통크≫가 그 뒤를 이었다.

젠케 보르트만은 1992년에 성공작 ≪오직 여자들 사이에서≫와 ≪작은 상어들≫을 만들었으며 많은 유망성을 보이고 있다. 크리스토프 슐링엔지프와 같은 무명인들도 리얼리즘을 통해 주목을 받고 있다. 1992년에 제작된 그의 ≪사슬톱 학살≫과 ≪테러 2000≫은 무정부주의적 의도를 지닌 듯하면서 독일통일의 모순들과 문제들을 탐구하고 있다.

(4) 재정적 지원

새로운 창조적 영화들은 연방 및 주정부들의 재정지원과 예술적 가치가 있는 최고의 영화에 시상하고 있는 '젊은 독일영화 후원회'의 지원의 결과로 이루어지고 있다. 이 후원회는 연방주들의 기관이며 매년 지원예산이 책정된다.

또한 영화사들과 TV방송국들 간에 공동협약이 맺어져 TV방송국이 영화의 공동제작을 위해 많은 재정을 지원하며, 공동제작 된 영화들은 제작 후 최소한 2년 이내에는 TV에서 방영되지 못하도록 되어 있다. 1968년에 마련된 영화진흥법은 영화제작을 위한 재정지원 뿐만이 아니라 특별히 예술적 가치가 있는 영화들을 상영하는 영화관들을 지원하는 것을 목표로 하고 있다. 지원기금은 모든 영화관과 비디오사에 부과되는 징수금으로 마련된다.

1951년부터 연방내무부는 매년 예술적 업적을 평가하여 '독일 영화상'을 수여해 오고 있다. 이 상은 최고상인 '금쟁반'상과 금영화띠 및 은영화띠 상으로 나누어진다. 내무부는 또한 독일 영화의 진흥을 위해 제작 및 배급 분야의 지원을 위한 상도 수여한다.

1951년 연방주들 간의 협약에 의해 설립된 영화평가원은 영화들을 '가치 있는' 것과 '특별히 가치 있는' 것으로 등급을 매겨 발표한다. 이러한 등급화 된 평가는 세금의 면제나 감면은 물론 영화진흥법에 의한 지원금의 지급과도 직결된다. 평가는 또한 관객들에게 영화에 대한 지침을 제공하기도 한다.

(5) 오늘의 영화

21세기가 시작되기 직전 독일의 영화계를 긴 겨울잠에서 깨운 불꽃과도 같은 작품이 있었는데, 그것은 톰 튀크베어 감독의 ≪롤라는 달린다≫(1998)였다. 붉은 머리 롤라의 운명과 사랑과 우연을 소재로 한 실험정신이 풍부한 이 희극영화는 1990년대 후반의 삶의 감각을 포착하고 있다. 베를린 시가지를 종횡무진 뛰어다니며 벌이는 롤라의 생명을 내던진 시간과의 싸움은 세상 사람들에게 시대의 불안정성에 대한 은유로 이해되었다. 톰 튀크베어 감독과 주연여배우 프란카 포텐테는 ≪롤라는 달린다≫로 국제무대에 진출하는 데 성공한다. 독일의 영화계에 도약의 시기가 시작된 것이다. 위대한 감독 라이너 베르너 파스빈더(1982년 별세)의 시대 이후 처음으로 국외의 관심이 다시 국제적인 영화상을 수상한 독일 영화들에 모아졌다. 오스카상 최우수 외국영화상에 빛난 ≪러브 인 아프리카≫(카롤리네 링크 감독, 2002)와 베를린 영화제 금곰상을 받은 ≪벽을 향하여≫(파이트 아킨 감독, 2004)가 그것이다. 이어 2007년에는 플로리안 헨켈 폰 돈너스마르크가 데뷔작 ≪타인의 삶≫으로 오스카상을, 같은 해 칸 영화제에서는 파티 아킨의 ≪천국의 가장자리≫가 각본상과 특별상을 수상했다. 그러나 파스빈더 시대와는 달리 사람들의 관심은 스스로 각본까지 쓰는 영화감독들의 특정 유파가 아닌 독자적인 개성을 지닌 다양한 감독들에게 쏠리고 있다. 빔 벤더스, 폴커 슐렌도르프, 베르너 헤르초크 등 오랜 대가들도 여전히 활동하고 있지만 지금은 다른 감독들이 더 많은 갈채를 받고 있다.

독일의 영화가 주목을 받는 것은 지금까지 그다지 정평이 나있지 않았던 장르인 희극영화의 덕분이다. 희비극영화인 ≪굿바이 레닌!≫(볼프강 베커 감독, 2003)은 사회주의의 붕괴를 다루고 있어 약 70개 나라에서 성공적으로 상영되었다. 한스 바인가르트너 감독의 희극영화 ≪살찐 시대는 지나갔다≫(2004)는 반세계화주의자들의 행태를 극단적인 형식으로 그리고 있다. 돈너스마르크 감독의 ≪타인의 삶≫(2007)은 비밀경찰(슈타지)의 감시를 받는 동독에서의 삶과 고통을 묘사했다. 독일의 희극영화들이 성공을 거두는 것은 그 소재가 국내의 이야기들인데도 세계적으로 보편적인 테마로 다루어지기 때문이다.

독일 영화는 자국의 역사를 쟁점으로 다룬 것이 보편적 주제가 될 수 있다는 점에서 성공을 거두고 있다. 따라서 영화감독들은 자기 나라의 발전과 변혁의 과정으로부터 역사적 소재를 걸러내어 사용하곤 한다. 터키 태생의 독일인 파티 아킨 감독은 독일에서의 터키인들의 삶을 숨이 막힐 정도로 격하게 서술한다. 베를린 영화제 황금곰상을 비롯한 다수의 상을 수상한 그의 작품 ≪벽을 향하여≫(2004)는 두 명의 터키계 독일인의 사랑과 두 문화 간의 고통을 감수성에 기대지 않고 잔혹할 정도로 명확하게 화면에 담았다. 또한 2007년 작 ≪천국의 가장자리≫에서는 운명적으로 얽힌 독일인과 터키인 6명의 삶에 대한 이야기를 들려준다. 이 영화는 독일 영화상에서 4개 부문의 상을 휩쓸었다. 아킨 감독은 2009년 코미디 작품인 ≪소울 키친≫으로 또 한 번 이름을 날렸다. 삶에 대한 순수성과 진정한 시각은 안드레아스 드레젠의 사회주의리얼리즘적인 환경묘사작품에서도 다루고 있다. 그의 영화작품들에서는 동독의 일상이 움직이는 핸디카메라와도 같은 영상수단에 의해 다루어지고 있다. 사회변혁에 대한 관심은 동시에 스스로의 역사의 충격적인 국면을 되씹게 한다. 올리버 히르쉬비겔 감독의 역사물 ≪몰락≫(2004)은 타부를 깨고 히틀러를 괴물이 아닌 인간으로 나타내고 있다. ≪조피 숄≫(2005)에서 주연을 한 율리아 옌취는 영웅적인 여성 저항운동가 역을 훌륭하게 해내어 독일영화상을 수상했다.

8. 조형미술

1947년 아우크스부르크에서 '극단적 미술'이라는 주제 아래 전후 첫 미술전람회가 열렸을 때 그것은 그다지 관심을 일으키지 않았다. 사람들은 추상미술에 익숙해 있지 않았던 것이다. 국가사회주의시대 동안 대부분의 현대미술의 유파들은 '타락한entartet' 것으로 비난받았다. 이 용어는 미술 속에 있는 지나치게 비판적이거나 추상적인 모든 것을 제거하기 위한 나치정권의 슬로건이었다. 추상미술과 함께 독일 표현주의도 그런 상황 아래에서 고통을 겪었다. 코코슈카Oskar Kokoschka(1886~1980), 벡크만Max Beckmann(1884~1950), 칸딘스키Wassily Kandinsky(1866~1944)와 같은 당시의 위대한 화가들이 금기시 되었다. 1937년에만도 독일의 박물관들로부터 1,052점의 작품이 몰수되었다. 그 결과 독일의 미술가들은 국제적인 조류와의 접촉기회를 상실했다.

(1) 1945년 이후의 발달

2차 세계대전 후 공백은 놀랄 만큼 빠르게 메워졌다. 1945년 이후의 미술은 이전의 방식들을 계속 이어 나갔으며, 특히 1차 세계대전 이전에 이미 추상미술을 지향했던 파울 클레Paul Klee(1879~1940)와 칸딘스키에 많이 의지했다. 나치시대의 이른바 '타락한 자들'이었던 코코슈카, 벡크만, 페히슈타인Max Pechstein(1881~1955), 놀데Emil Nolde(1876~1956), 헤켈Erich Heckel(1883~1970), 슈미트—로트루프Karl Schmidt-Rottluff(1884~1976) 등의 위대한 미술가들이 아직 살아 있었다. 그들의 과제는 이미 거의 역사화 된 듯 여겨지는 현대적인 미술을 되살리는 일이었다. 독일인 볼스 Wolfgang Schulze(1913~1951)와 하르퉁Hans Hartung(1904~1967)에 의해 프랑스에서 전개된 추상적인 표현주의가 확고한 지위를 확립했다. 표현주의의 대표자는 바우마이스터Willi Baumeister(1889~1955), 빌헬름 나이Ernst Wilhelm Nay(1902~1968), 빈터Fritz Winter(1905~1976)였다.

1960년대 초에는 뒤셀도르프의 그룹 '제로Zero'가 새로운 시작을 선언했다. 그것은 '옵아트Op-Art'*라는 이름으로 대표되는 미술조류로서 무엇보다도 바우하우스Bauhaus**의 실험적 전통에 그 근원을 두었다. 이 그룹에 속하는 가장 유명한 화가는 오토 피이네Otto Piene, 귄터 웱커 Günther Uecker, 하인츠 막Heinz Mack인데 이들은 미술을 더 이상 감동적인 인간성의 단면으로 이해하려 하지 않았으며 자연의 현상들인 빛―움직임―공간을 지향했다. 그들은 기술에 의해 변화된 현재의 환경과 그것의 인간에 있어서의 중요성에 대해 각성시키는 것을 목표로 삼았다. 그것은 피이네의 불과 연기 그림, 웱커의 못 그림, 막의 빛기둥과 빛발전기를 통해서 나타내 보였다. 광학적 환상을 포함한 시각적 지각의 특수한 일면은 옵아트에 있어서 핵심이 되고 있다.

대중미술인 팝아트Pop-Art는 독일에서 미국과 영국에서와 같은 반향

---

* 현대적인 환상적―장식적 미술유파로서 주로 직선과 원으로 이루어진 기하학적 추상물들에 의해 특징지어지며 그것들의 광학적으로 교체되는 현상은 관찰자의 위치 변화를 통해 체험되도록 하고 있다. 광학미술을 뜻하는 영어의 'optical art', 독일어의 'optische Kunst'의 줄임말로 볼 수 있다.

** 바우하우스(1919‐1933)는 세계적으로 유명한 고전적이면서 현대적인 미술, 디자인, 건축 관련 학교로 발터 그로피우스(1883‐1969)가 1919년 바이마르에 처음 세운 후 1925년에 데사우로 옮겼다. 1933년 나치에 의해 폐쇄되었다. 2차 세계대전 중 심하게 손상되었으나 70년만인 2014년 5월 완전히 복원되었다. 바우하우스 미술가들과 건축가들은 단순하고 깔끔하면서도 시대유행에 따른 새로운 기능주의적 형식을 창조해내어 오늘날까지도 영향을 주고 있다.

을 일으키지는 않았다. 반면에 미국의 암호미술과 하드에지미술Hard-Edge-Malerei*은 귄터 프루트룽크Günter Fruhtrunk(1923~1982), 게오르크 팔러Karl Georg Pfahler, 빈프레트 가울Winfred Gaul에 의해 수용되어 대단한 인기를 모았다.

구서독의 미술가들이 기존의 전통들을 따르면서 서유럽과 미국의 새로운 조류들을 받아들여 활용할 수 있었던 데 반해 구동독의 미술가들은 그들에게 인정된 유일한 표현양식인 '사회주의 리얼리즘'만을 고수했다. 구동독의 미술가들은 사회주의 사회의 긍정적 모습과 그 사회에 의해 선전되는 인간형을 표현했다. 구동독에서는 60년대 말까지 SED 당국에 의해 강요된 사회주의적 노동활동의 묘사가 미술창작을 지배했다.

사회주의 리얼리즘 미술에서의 새로운 조류는 무엇보다도 라이프치히 미술대학으로부터 나왔다. 가장 잘 알려진 대표적 인물은 베르너 튀프케Werner Tübke와 베른하르트 하이지히Wernhard Heisig인데 그들의 위대한 그림들은 아직 역사적 혹은 사회적 주제를 담고 있었지만 50년대와 60년대의 확고부동한 정체를 깨뜨렸다. 역시 라이프치히 미술대학의 일원인 볼프강 마토이어Wolfgang Mattheuer는 리얼리즘적 미술기법으로부터 벗어나기 위해 훨씬 더 지속적으로 많은 노력을 기울였다. 자유의 여신상으로서의 백설공주와 같은 그의 그림들은 사회주의 리얼리즘의 반영물이라기보다는 표현주의 이후의 신즉물주의와 마적 사실주의와의 합성물이다. 1980년에 동독을 떠나 서독에서 명성을 얻은 펭크A. R. Penck는 테마들로 석기시대의 우상들을 취급했다. 그의 작품들은 70년

---

* 분명한 기하학적 형태들과 대비성이 강한 색상들을 사용하여 선명한 윤곽을 특징으로 하는 현대 추상미술의 한 유형

대 후반에 서독 화랑가에서 많은 수요를 일으켰다.

(2) 오늘날의 미술가들

1950년대의 새로운 경향이었던 '엥포멜Informel'*은 오늘날까지 쇠퇴하지 않았다. 엥포멜은 시각미술을 행위로 전이시켰으며, 익숙지 않은 새로운 재료들을 이용했다. 색채는 두텁게 칠해졌고 이따금 화가들은 그림의 전통적인 직사각형 구도를 깨뜨렸다. 결과는 해프닝들, 비판적 사실주의가 되었고 신표현주의 속에서 존속한 '새로운 조악물들neue Wilden'이 되었다. 여기에 가벼운 발레, 회전 구조물들, 콜라쥬와 무엇보다도 보통 화실 밖에서 열리는 행위미술이 곁들여졌다.

요제프 보이스Joseph Beuys(1921~1986)는 여기서 결정적인 유행을 창출했다. 그는 더 이상 '불후의unvergänglich' 작품들에 가치를 두지 않았고 행위로서의 미술을 연출했다. 그리하여 그는 실례로 카누를 타고 라인강을 건넜다. '사회 속으로의 미술'을 실현하기 위해 그는 어떤 비용도 아끼지 않았다. 쾰른 출신의 행위미술가 하 슐트HA Schult 역시 장엄한 행위미술을 사랑했다. 그는 《주물 자동차》라는 주제의 행위들로 대중의 감흥을 일으켰다. 한 예로 그는 쾰른에서 중세의 탑 위에 그의 자동차 기념물을 올려놓았다. 그러한 행위들은 미국인 조나단 보로프스키Jonathan Borofsky도 선호했는데, 그는 독일에서 움직이는 물체들로 예술공간으로서의 도시를 장식했다. 그의 작품들 중 한 가지는 프랑크푸르트의 연시 지구 앞에 위치하여 천천히 돌아가면서 망치질을 하고 있는 검은 거인인

---

* 모든 규칙들로부터 벗어나 천조각, 나무, 쓰레기 등을 이용하여 대담하고 환상적인 영상에 이르는 1950년대의 미술 유파

《망치질하는 남자》이다. 1992년 카셀에서의 '도쿠멘타 1992'에서 보로
프스키는 또 다른 자극적인 작품인 《거인》을 그 도시 공간에 세웠다.

　오늘날에는 양식의 다양성 속에서도 거대한 물체로의 경향이 나타나
고 있다. 안젤름 키퍼Anselm Kiefer는 큰 공장과도 같이 보이는 작업실에
서 거대한 미술작품들을 만들어내고 있다. 그것들은 대부분 납으로 만들
어지는데 그 가운데에는 실제 크기의 비행기들도 있다. 작품 《두 강의
나라Zweistromland》는 무게가 32톤이나 되는 조각품으로 여기에서는 납
으로 된 200권의 책들이 길이 8m의 긴 책꽂이에 놓여 있다. 그의 자주
신화로부터 영감을 받은 그림들을 그는 '그림몸체Bildkörper'라 부르는데,
왜냐하면 그가 그 그림들 위에 먼지, 꽃잎, 재, 뿌리 등과 같은 다양한 재
료들을 붙이기 때문이다. 자주 독일의 최근 과거의 고난을 주제로 취해
온 키퍼는 거대한 작품들을 통해 문명세계의 장엄함과 비참함을 나타내
고 있다.

　행위미술, 도시공간의 거대형상물, 키퍼의 납 작품들 외에도 독일에
는 형식과 소재에 구애받지 않는 수많은 유형의 실험미술들이 존재한다.
아르뜨 포베라arte povera는 사실주의적, 초현실주의적, 혹은 표현주의적
요소들과 같은 다양한 것들을 대표한다. 레베카 호른Rebecca Horn은 조
각품들을 퍼포먼스들로 나타내어 자신의 영화에서도 활용하고 있다. 게
르하르트 리히터Gerhard Richter는 구상미술과 비구상미술 사이에 위치
한 다의성의 대가이다. 게오르크 바젤리츠Georg Baselitz는 세계적인 명성
을 얻고 많은 상을 수상했는데, 머리 위에 세운 그림들 속에서 인간이라
는 피조물의 고난을 표현한다. 그에게 중시되는 것은 무엇이 그려지는가
가 아니라 실제적인 행동과 미술의 자유이다. 마르쿠스 뤼페르츠Markus

Lüpertz는 열광적 그림으로 도취적이며 황홀한 삶의 감정을 나타낸다. 그는 비록 항상 거친 몸짓과 과장된 색채를 거부하지만 서부독일에서의 새로운 유물론적 미술의 대부이다. 지크마르 폴케Sigmar Polke는 신비적 경향을 대표하고 있지만 현실적인 익살도 즐긴다. '뒤러가 곧 올 것이다'는 그의 익살스런 작품제목 중의 하나이다. 그는 광화학적 도움으로 작품들을 끊임없이 변화시킨다. 펭크A. R. Penck는 자신의 그림들을 통하여 모두가 직접적으로 이해할 수 있는 세계언어를 창조하고자 한다. 울리히 뤽크림Ulrich Rückriem은 거대한 석상들과 본에 있는 하인리히 하이네 기념상을 조각했다. 예르크 임멘도르프Jörg Immendorf는 현대적인 역사화가이다. 그의 그림 ≪카페 독일Café Deutschland≫에서는 역사의 흐름이 베를린장벽을 날려 보내고 있다.

비디오, 컴퓨터, 통신들도 미술에 활용되고 있다. 1992년에 문을 연 칼스루에의 '미술과 매체 기술센터'와 프랑크푸르트 슈테델학교의 '신매체 연구소'는 전자매체를 전통적인 그림과 조각을 보완하는 표현형태로 파악하고 있다. 여기에서는 비디오미술과 컴퓨터와 관객과의 상호작용을 핵심으로 하고 있다.

(3) 화랑과 전시회

대부분의 미술작품들은 박물관과 대도시의 미술관들에 있는 전시장들에서 볼 수 있다. 막스 에른스트, 오토 딕스, 마르크 샤갈, 피카소, 달리 등의 화가들과 그 밖의 고전주의자들은 아직도 여전히 수천의 관람객들을 전시회로 유혹한다. 아방가르드 작품들은 특히 실험미술에 관심을 가진 미술가들이 모여 있는 쾰른과 뒤셀도르프에서 전시된다. 베를린의 그리제바하 경매소는 런던의 소더비와 마찬가지로 유명해지고 있다. 가장 웅장한 전시회는 5년마다 카셀에서 열리는 '도쿠멘타'이다. 이 현대미술의 국제적 전시회에서는 아방가르드가 1백일 동안 관람객을 사로잡는다. 2012년 전시회에서는 관람객 수 86만 명을 기록했다.

(4) 미술진흥

오늘날 그림과 조각품을 팔아서만 살아가는 화가와 조각가는 극소수이다. 그들은 국가의 지원과 사설 기업들의 도움을 받는다. 1980년에 설립된 미술기금협회는 인정된 미술가들의 야심찬 작품활동을 재정적으로 지원한다. 기금은 연방정부와 현대미술 분야의 출판활동에 의해 충당된다.

유명한 미술활동 지역으로는 북부독일의 보르프스베데와 이탈리아의 빌라 마시모, 빌라 로마나에 있는 미술가촌이다. 이곳에서는 장학금을 받고 경제적 압박에서 벗어나 안심하고 공부할 수 있다. 산업 또한 미술을 진흥시킨다. 한 예로 40여 년 전부터 독일산업연맹의 미술부서는 화가와 조각가들에게 상을 수여하며 지원해 오고 있다.

'건축에서의 미술' 또한 촉진되고 있다. 새로운 건물의 신축 시 건축회사가 건축비의 1%를 건물의 미술적 치장을 위해 남겨 두는 것은 보편화된 지 오래다. 그리하여 화가들은 은행 등 고층의 거대빌딩 복도들을 그림으로 장식하고 행위미술가들은 행정관청이나 기업체건물 앞에 자신들의 작품들을 설치한다.

(5) 현대미술의 경향

독일의 회화와 사진은 1990년대 이후 국제적으로 높은 평가를 받아오고 있다. 새롭게 등장한 독일의 예술가들은 해외에서 '젊은 독일 예술가들Young German Artists'이라는 이름으로 잘 알려져 있다. 이들의 출신지는 라이프치히, 베를린, 드레스덴 등이다. 네오 라우흐는 '신 라이프치히 학파'를 대표하는 가장 뛰어난 예술가이다. 그의 양식은 구동독의 옛 '라이프치히 학파'에서 발전한, 이데올로기와는 거리를 둔 새로운 리얼리즘에 의해 특징지어진다. 그의 그림들에는 대부분 막연히 무언가를 기다리는 듯이 보이는 새파랗게 질린 사람들이 등장하는데, 이것은 새 천년이 시작된 직후의 독일의 상황을 반영하고 있는 것으로 해석되고 있다. 토마스 샤이비츠 등에 의한 이른바 '드레스덴 팝'은 광고와 TV 및 비디오기법을 수용하여 현재의 시간과 공간에 대한 자아확인의 미학을 행하고 있다.

한스 하아케, 안젤름 키퍼, 요제프 보이스 등의 작품에서 나타나는 국가사회주의와의 대치는 대부분의 젊은 예술가들에게는 과거의 일일 뿐이다. 현재의 미술계에서는 '새로운 내면성'이 두드러지게 나타나며, 서로 충돌하는 체험세계들이 다루어지고 있다. 요나탄 메제와 안드레 부처의 작품에서는 우울과 강박현상이 반영되고 있는데, 이들은 '노이로제 리얼리즘'의 대표작가들로 인정되고 있다. 프란츠 아커만은 '정신 지도地圖'에서 세계를 지구촌으로 테마화 하여 표면 뒤에 가려져 있는 파멸을 나타내고 있다. 퍼포먼스의 순간에만 존재할 뿐 그림으로 나타내지 않는 미술가 티노 제갈은 시장경제의 건너편에 있는 생산과 의사소통의 형태들을 모색하고 있다. 5년마다 카셀에서 열리는 세계 최대 규모의 현대미술 전람회인 도쿠멘타에서는 독일인들의 미술에 대한 관심을 엿볼 수 있다.

수많은 사설 미술관들의 건립에 의해 중요성을 인정받고 있는 조형미술과는 대조적으로 사진은 독일에서 하나의 독자적인 예술형태로서 인정받기까지 오랜 동안 고전을 해왔다. 자신의 자화상 속에서 개인과 사회의 경계를 찾는 여류사진작가 카타리나 지버딩은 1970년대의 개척자로 인정되고 있다.

1990년대에 뒤셀도르프 미술대학의 사진작가 부부인 베른트 베혀와 힐라 베혀의 제자 3인의 성공으로 전환기가 찾아들었다. 토마스 슈트루트, 안드레아스 구르스키, 토마스 루프는 자신들의 사진 속에서 이중적 토대를 지닌 번쩍이는 현실을 연출하여 하나의 양식을 이룰 정도의 영향력을 나타냈다. 그리하여 이들은 전 세계적으로 서로의 이름을 결합한 '슈트루프스키'라는 명칭으로 불리고 있다.

9. 건축

20세기에 독일의 건축은 선도적 역할을 해 왔다. 가장 강한 영향들은 바이마르와 데사우로부터 나왔는데, 그곳에는 1920년대에 건축학교인 바우하우스Bauhaus가 설립되어 그 이름을 딴 양식이 발달했다. 이 바우하우스 양식은 특히 양대 주도자인 발터 그로피우스Walter Gropius (1883~1969)와 루트비히 미이스 판 데어 로에Ludwig Mies van der Rohe (1886~1969)에 의해 전 세계적으로 기능주의양식으로서 확산되었다. 이러한 예술과 기술의 결합체로서의 대작들은 오늘날 세계 도처에서 발견된다.

1945년 이후 오랫동안 독일의 건축은 커다란 곤경 속에 처해 있었다. 파괴된 도시들은 빨리 재건되어야 했고 수백만의 국민들이 값싼 주거공간을 필요로 했다. 따라서 건축 상의 질은 크게 중시되지 않았다. 나중에

데사우에 위치한 바우하우스

서야 백화점이나 사무용 빌딩들의 일률적인 전면에서 나타나듯이 엉성한 도심 건축물들과 단조로운 위성도시들에 대한 비난이 쌓여갔다. 이러한 단조로운 건축상태는 특히 구 동독지역에서 더욱 심했다. 가치 있는 오래된 건축물들은 파괴되었으며 모든 주택건축 수단은 획일적인 단조로운 방식에 의해 건립되는 거대한 집단주택의 건축에 이용되었다.

오늘날에는 건축이 점점 더 실험적이 되어가고 있지만 동시에 인간위주의 건축물들이 늘어가고 있다. 많은 성공적인 건축물들은 여전히 바우하우스의 양식과 이념에 힘입고 있다. 그러나 포스트모던과 같은 새로운 경향들 역시 주목할 만한 건축물들을 낳고 있다. 외국에서도 독일의 건축가들은 명성을 얻고 있는데, 한 예로 헬무트 얀Helmut Jahn은 현대적인 고층건물의 중심지인 미국의 시카고에서 활동하고 있다. 그는 프랑크푸르트 박람회장에 유럽에서 가장 높은 256m 높이의 전망탑을 세웠다.

(1) 특별한 건축물들

독일에는 몇몇 특별히 뛰어난 대표적 건물들이 있다. 미이스 판 데어 로에에 의한 뉴욕의 시그램 빌딩과 같은 전면유리로 된 고층건물 형태가 흥미롭게 변형된 것이 뒤셀도르프의 3면유리로 된 고층건물인 튀센하우스(1960년, 헬무트 헨트리히)와 함부르크의 전력공사 빌딩(1969년, 아르네 야콥젠과 오토 봐이틀링)이다.

비전통적인, 역동적 건물의 예는 뮌헨에 있는 실린더 모양의 BMW 자동차회사의 본사 사옥(1972년, 카알 슈반처)과 서로 맞물린 입방형태들로 된 하노버의 발젠빌딩(1974년, 디터 바알로, 예른 퀸케, 클라우스 슈토스베르크)이다.

슈투트가르트에 높이 솟은 식당과 전망대를 갖춘 TV송신탑(1956년, 프리츠 레온하르트)은 또 다른 특징적 건축물이다. 텐트지붕 구조의 1972년 뮌헨 올림픽경기장(1972년, 귄터 베니쉬)은 세계적으로 알려져 있다. 이 경기장은 공원 안에 있어 올림픽 이후에도 여가휴식공간으로서의 가치를 유지하고 있다.

환상적인 건축기법은 연주홀, 오페라극장, 연극관, 박물관 등 예술분야의 건축물들에서도 나타난다. 오케스트라를 에워싸고 포도원과 같은 형태로 배치된 청중석을 지닌 베를린의 신 필하모니(1964년, 한스 샤로운)는 세계적으로 유명하다. 뮌스터의 시립극장은 고전적 폐허를 건물 속에 혼합시켜 대조를 이루고 있다. 슈투트가르트의 음악홀과 만하임의 헤르초겐리트파르크에 있는 다목적 홀은 종합적인 회합공간의 좋은 예이다. 주변지역과 조화를 이룬 박물관들로는 한스 홀라인에 의한 뮌히글라트바하 박물관(1982)과 고트프리트 하버러에 의한 쾰른의 발라프−리햐르츠 박물관 겸 루트비히 박물관(1986)을 들 수 있다. 슈투트가르트에 있는 제임스 스티어링에 의한 신 주립화랑(1983) 또한 많은 인정을 받고 있다.

또 다른 걸작 건축물은 1985년 리햐르트 마이어에 의해 설계된 프랑크푸르트에 있는 새로운 수공예박물관이다. 본의 연방미술관은 빈의 건축가 구스타프 파이힐에 의해 설계되어 1992년에 완성되었다. 대학교 건물들 역시 가치 있는 건축기법을 보이고 있는데, 한 예는 콘스탄츠대학으로 여기에서는 건물들이 지형에 맞춰 불균형적으로 지어져 있다. 슈투트가르트 인근의 필더슈타트에 있는 필더병원은 지역풍경과 독특하게 융화되어 지어진 표본적인 건물이다. 1993년에 새로 건축된 뮌스터 시립도서관은 배를 연상시키는 이중건물의 형태를 하고 있어 건축계에서 주목을 끌었다.

2차 대전 이후 독일에는 많은 교회들이 지어졌다. 건축가들은 여기에서 풍부한 실험적 취향을 발휘했다. 베를린의 빌헬름 기념교회는 전쟁 중에 파괴되었는데 에곤 아이어만은 폐허와 거대한 유리벽면을 지닌 새로운 철 구조물을 융합하여 그것을 재건했다(1963). 또 다른 교회건물은 고트프리트 뵈엠에 의한 네비게스에 있는 요새처럼 견고하게 지어진 순례교회(1967)와 볼프강 그장어에 의해 지어진 포르히하임의 호펜슈탕엔교회이다.

(2) 도시계획

오늘날의 건축은 도시계획의 문제들을 염두에 두어야만 한다. 전후 재건기 동안에 독일에서는 많은 역사적 건축물들이 사라졌다. 19세기 말에 이루어진 주거건물들이 보존가치가 없는 것으로 인정되었던 것이다. 그러나 그동안 사람들의 입장은 변화되었다. 이제는 건물의 역사적 가치가 중시되고 있다. 신축건물들은 가능한 한 최대로 기존의 주변환경과 조화를 이루며, 50년대와 60년대의 장식 없는 기능주의적인 백화점식 건물들은 이제 더 이상 선호되지 않는다.

자연적인 도심의 성장에 따른 좀 더 예리한 감각은 예를 들어 프라이부르크의 슈나이더백화점(1976, 하인츠 몰)이나 알렉산더 브랑카에 의한 뷔르츠부르크백화점에 나타나 있다. 프랑크푸르트 암 마인의 구 오페라극장Alte Oper은 19세기말 빌헬름시대의 호화건물이다. 이 건물의 외부는 1981년에 완전히 재건축되었으며 그 내부에는 초현대식 연주홀과 회의실이 설치되었다.

점점 더 많은 단독주택들과 오래되거나 역사적인 건물들은 물론 모든 도로들 역시 보호되어야 할 대상이 되고 있다. 여기에는 벤도르프의 주물공장이나 보훔의 독일광산박물관에 있는 채굴탑과 같은 공업 분야 건축물도 해당된다. 도심의 주거지역에서는 재개발이 이루어져 왔다. 재개발은 더 많은 주거공간을 마련하고 이에 따라 교외나 주변지역으로부터 많은 사람들을 다시 시내로 돌아오도록 유혹한다.

도심의 재개발은 오랜 세월 계속되어야 할 사업인데 특히 보존가치가 있는 오래된 도시들이 많은 구동독에서 그러하다. 이 동부 지역의 대부분의 집단 거주지들은 1950년대와 60년대에 건축된 낡은 주택들로 되어 있다.

(3) 통일 이후의 건축

독일에는 각 지역별로 건축의 중심지들이 있지만 통일 이후에는 베를린 또한 확고한 중심지가 되고 있다. 수도 베를린에서는 좁은 공간 속에 세계적 건축이 아우러져 있다. 과거 제국의사당을 독일의 새로운 국회의사당으로 개축한 노먼 포스터 경이나 렌초 피아노, 다니엘 리베스킨트, I. M. 파이, 렘 콜하스 등 베를린의 새로운 면모를 꾸미고 있는 국제적인 건축가들은 수없이 많다. 또한 헬무트 얀, 폰 게르칸 마르크와 동료들, 한스 콜호프, 요제프 파울 클라이휘스와 같은 독일의 엘리트 건축가들도 새로운 수도의 모습을 만드는 데 기여했다. 함부르크와 뒤셀도르프의 옛 항구들에서는 새로운 형태가 실험되고 있으며, 많은 도시들에서는 특징적인 새로운 박물관들이 지어지고 있다. 그리하여 뮌헨에는 슈테판 브라운펠스의 신 피나코텍이, 헤르포르트에는 프랑크 게리의 마르타 박물관이, 노이스 근교에는 타다오 안도의 랑엔 미술관이, 라이프치히에는 베를린의 건축가 후프나겔 퓌츠 라파엘리안의 조형미술박물관이 있다.

건축가로서 통일 독일을 상징하는 대표적 건축물 건축에 참여했던 렌초 피아노는 베를린의 포츠담 광장에서 "도시 하나를 건설하는 데에는 500년이 걸린다. 그러나 베를린은 우리에게 단지 5년이라는 기간만을 주었다. 이것은 마치 태아를 임신 2개월 만에 출산하려는 것과 같다"고 말했다. 1989년은 정치적으로 뿐만 아니라 건축학 상으로도 단절기로 말해지는데, 갑작스럽게 찾아온 통일로 어떤 모습이 새로운 독일을 가장 잘 나타내줄 것인지에 대한 문제가 제기되었기 때문이다. 이 문제에 대해 가장 모순적이면서도 가장 독창적으로 답해준 도시가 베를린이다. 베를린에는 악셀 슐테스, 샬롯테 프랑크, 헬무트 얀, 한스 콜호프, O. M. 웅어스, 마인하르트 폰 게르칸, 다비드 치퍼필드, 렘 콜하스, I. M. 파이, 프랑크 게리, 다니엘 리베스킨트 등 다른 어느 곳에서보다 대가들이 많이 몰려있었으며, 그 어느 곳보다 더 웅장한 건물들이 많았던 것이다. 베를린은 슈프레강의 만곡지역, 관청구역, 운터 덴 린덴과 무엇보다도 포츠담 광장에 새로운 입지를 확고하게 정했다. 아울러 베를린은 유서 깊은 위대한 건물들(박물관섬)을 유지했고, 과거 독일의 범죄를 나타내는 기념물들(유대박물관, 홀로코스트 기념관)도 배척하지 않았다. 베를린에서는 옛 항구가 새로운 실험적 형태와 함께하고 있는 함부르크나 뒤셀도르프에서와 같이 새로운 것과 옛 것이 예컨대 쾰른에서보다 더 쉽게 결합되고 있다. 그런가 하면 역사적 건물들의 재건축의 문제가 어려운 논쟁거리가 되었는데, 이것은 베를린 시 궁성을 구동독의 호네커 궁전 자리에 다시 세워야하는지의 여부로 촉발되었다. 베를린에서도 프라우엔교회의 재건축을 결정지은 드레스덴에서와 마찬가지로 건축학 상의 논쟁 속에 과거정치의 문제가 섞여있다.

10. 박물관과 소장소

다양한 분야의 많은 박물관들은 국가의 사회적 및 문화적 발달을 나타낸다. 독일에는 주립박물관, 시립박물관, 협회박물관, 향토박물관, 개인박물관, 교회박물관, 돔박물관, 성곽박물관, 궁전박물관, 야외박물관 등다양한 종류의 박물관들이 3천여 개나 있다. 박물관들은 수 세기가 흐르는 동안 군주와 교회의, 그리고 후일 일반시민의 소장물들에 의해 형성되었다.

군주들의 소장물들은 물론 보편성을 띠지 않았다. 군주들은 자신들이소장하고 있는 값진 물건들로 방문객들을 경탄시키고자 했다. 예를 들어이미 16세기에 세계적인 예술중심지가 된 뮌헨에서는 바이에른의 군주들이 예술품들만 수집한 것이 아니라 기계들, 공작기구들, 악기들, 암석들, 먼 나라들로부터의 이국적인 물건들도 모았다. 드레스덴에 있는 작센군주의 '녹색 돔Grünes Gewölbe'은 17세기에 유럽에서 가장 큰 보물소장소였다. 그것이 점차 발전하여 화랑도 되고 수학 및 물리학박물관과광물학박물관이 되었다.

군주들뿐만 아니라 많은 부유한 시민들 또한 개인적인 소장소들을 가지고 있었다. 그 결과 독일에는 모든 분야의 예술과 모든 유형의 인간활동에 관한 박물관이 등장했다. 모든 큰 박물관들은 가능한 한 많은 것을전시하고자 노력하며 자주 박물관들 사이에 선의의 생산적인 경쟁이 벌어진다. 박물관들에서는 거의 모든 것이 전시되어 렘브란트와 피카소로부터 태피스트리까지(카셀), 포도주 제조기구들(코블렌츠)로부터 운석들

(마르부르크)에까지, 습지의 미이라들(슐레스비히)로부터 광학기구들(오버코 헨)이나 세계에서 가장 오래 된 배의 본래모형(브레머하펜)에 이르기까지 모든 것을 볼 수 있다.

(1) 예술애호가와 예술진흥자

전통박물관이든 현대박물관이든 간에 오늘날 독일의 모든 박물관들은 모든 영역에서 대중의 호감을 사기 위해 노력하고 있다. 많은 박물관들의 과거의 특징이었던 엄격한 형식을 벗어나 오늘날의 박물관들은 비디오장치, 카페테리아, 밝은 방을 갖춘 살아있는 체험공간을 제공한다. 박물관은 만남과 토론의 장소가 되며 전시물들도 현재와 연관되고 있다. 그 결과 오늘날 독일인들은 영화관에 가듯 가벼운 마음으로 박물관을 찾는다. 매년 1억이 넘는 사람들이 박물관을 관람하는데 몇몇 대도시들의 박물관들은 도시 전체를 사로잡고 있다. 그 예들은 마인강변의 프랑크푸르트박물관이나 1951년에 설립된 프로이센 문화재재단이 프로이센시대의 소장물들로 전체를 메우고 있는 베를린박물관이다.

과거와 마찬가지로 부유한 시민들은 후원자들로서 박물관을 발전시키는 데 기여하고 있다. 라인란트의 사업가 페터 루트비히는 이 같은 면에서 가장 잘 알려진 사람이다. 그는 주로 현대미술에 역점을 두고 전국 도처의 현대미술박물관들을 후원하고 있다. 그의 최근의 박물관은 과거의 우산공장이었던 아헨의 '루트비히 포룸'인데 여기에서는 구동독의 미술품들도 전시되고 있다. 본의 '독일연방공화국 역사의 집'은 1992년에 문을 열었다. 베를린에서는 '독일 역사박물관'이 오늘날까지의 독일의 전체 역사를 보여주고 있다.

박물관들 중 문화사 및 민족박물관들은 광범위한 전시물로 인하여 특별한 주목을 받는다. 예를 들면 뮌헨의 독일박물관은 원형들과 모형들을 통해 기술과 자연과학의 발달과정을 보여주며, 뉘른베르크의 게르만 민족박물관은 기원전부터 20세기에 이르기까지의 독일 예술과 문화의 역사에 관한 가장 많은 소장물을 보유하고 있다. 이 점에 있어서는 베를린의 박물관들과 함께 슈투트가르트의 린덴박물관도 특별한 주목을 받고 있다.

특별전시회들에 대한 선호는 점점 더 커져가고 있다. 이 전시회들이 열릴 경우 박물관들과 화랑들은 최대의 호황을 누린다. 중세 슈타우프 왕가를 기념하기 위해 1977년 슈투트가르트에서 열린 '슈타우프가의 세계', 1981년 베를린에서 열린 '프로이센 – 결산의 시도', 1991년 베를린의 '유대인의 삶의 세계' 등이 큰 관심을 불러일으킨 역사적인 전시회들이었다. 1976년에 열린 다름슈타트의 유겐트양식전시회인 '독일 미술의 기록'과 같은 광범위한 회고전 또한 대성황을 이루었다.

중요한 국제적인 순회전시회들이 독일에 유치되기도 하는데, 투탄카문 전시회Tutanchamun-Ausstellung나 '베니스의 산마리노 유물' 전람회가 그 예이다. 또한 1993년 튀빙엔미술관에서 열린 사상 최대의 세잔느 전시회도 대성공을 거두었다. 비유럽국가들의 예술은 독일에서 엄청난 관심을 일으킨다. 쾰른에서의 '고대 이집트 여인' 전시회는 25만 명의 관람객을 끌어들였으며 아헨에서는 '인더스 강가의 잊혀진 도시들'을 내보였고 뮌헨에서는 몽고문화의 사실적 모습들을 소개한 바 있다. '고대 중국의 인간과 신'을 주제로 한 전시회는 1994년 6월부터 11월까지 에센에서, 1995년 12월부터 1996년 3월까지 뮌헨에서 연달아 열려 호평을 샀다.

세계에서 가장 큰 현대예술 전시회는 5년마다 카셀에서 열리는 '도쿠멘타'인데 2012년에는 86만 명의 관람객을 기록했다.

(2) 다양한 형태의 박물관

독일의 박물관들은 지역별로 광범위하게 분포되어 있어 많은 수의 시민들이 쉽게 접할 수 있다. 박물관정책을 총괄하는 중앙행정기관은 없지만 박물관들은 복원과 보호, 자료조사, 연구 등 많은 분야에서 상호 협력한다. 이러한 공동작업은 1917년에 결성된 독일박물관연맹에 의해 뒷받침된다. 베를린에 있는 국립 프로이센문화재박물관의 박물관학연구소도 이와 비슷한 역할을 수행한다.

박물관 건축형태들 또한 19세기의 박물관사원들로부터 오늘날의 새로운 건물들에 이르기까지 다양한데, 오늘날에는 자주 슈투트가르트의 새로운 국립 미술관이나 프랑크푸르트의 건축박물관 같은 건축기법적인 초현대적 박물관 건물들이 등장한다. 많은 박물관들이 2차 대전 중에 파괴되었지만 그 소장품들은 안전한 장소에서 보호될 수 있었다. 그러나 아직도 전쟁에 의한 손상흔적은 남아 있다. 뮌헨의 신 피나코텍을 재건하는 데는 30년이 넘게 걸렸다. 서부지역의 박물관들은 다시 동부지역의 박물관들과 손을 잡고 일하고 있다. 그 한 예로 1993년 3월에는 2차 대전 중 빼앗겼던 뒤러, 로트렉, 마네 등의 그림들을 포함한 150여 점의 미술품이 브레멘의 미술관으로 되돌아 왔다.

(3) 주요 박물관들

1) 미술박물관

- 아헨: 돔유물실Domschatzkammer, 신미술관Neue Galerie
- 베를린: 국립 프로이센문화재 박물관(회화미술관과 민족미술관 포함)
- 본: 시립 예술품소장소Städtische Kunstsammlungen
- 브라운슈바이크: 헤르초크–안톤–울리히 박물관
- 데사우: 바우하우스 자료관Bauhaus-Archiv
- 드레스덴: 고대 및 현대 대가들의 미술관, 녹색 돔
- 에센: 폴크방 박물관Museum Folkwang
- 프랑크푸르트: 슈테델 미술관, 현대미술 박물관
- 함부르크: 미술관Kunsthalle
- 하노버: 니더작센 주립 박물관, 케스트너 박물관
- 힐데스하임: 뢰머–펠리체우스 박물관
- 칼스루에: 국립 미술품소장소Staatliche Kunstsammlungen
- 카셀: 국립 미술품소장소
- 쾰른: 발라프–리햐르츠 박물관/루트비히 박물관
- 라이프치히: 조형예술 박물관Museum der Bildenden Künste
- 뮌헨: 구 피나코텍Alte Pinakothek, 신 피나코텍Neue Pinakothek) •

레겐스부르크: 동부독일 미술박물관Museum Ostdeutsche Galerie

- 슈투트가르트: 국립미술관Staatsgalerie

2) 문화사박물관

- 본: 라인 주립박물관Rheinisches Landesmuseum
- 쾰른: 로마–게르만 박물관Römisch-Germanisches Museum

- 마인츠: 구텐베르크 박물관, 로마–게르만 중앙박물관
- 뮌헨: 바이에른 민족박물관Bayerisches Nationalmuseum
- 뉘른베르크: 게르만 민족박물관Germanisches Nationalmuseum
- 뷔르츠부르크: 마인프랑크 박물관Mainfränkisches Museum

3) 자연과학 및 기술박물관

- 베를린: 기술 및 교통박물관Museum für Technik und Verkehr
- 보훔: 독일 광산업박물관Deutsches Bergbau-Museum
- 본: 동물연구소 및 알렉산더 쾨니히 박물관
- 브리운슈바이크: 국립 자연사박물관Staatliches Naturhistorisches Museum
- 브레머하펜: 독일 선박박물관Deutsches Schiffahrtsmuseum
- 도르트문트: 자연과학 박물관Museum für Naturkunde
- 프랑크푸르트: 자연박물관 및 젱켄베르크 연구소
- 만하임: 기술 및 노동박물관Museum für Technik und Arbeit
- 뮌헨: 독일 박물관Deutsches Museum
- 슈투트가르트: 국립 자연과학박물관

4) 민속학박물관

- 베를린, 프랑크푸르트, 괴팅엔, 함부르크, 키일, 쾰른, 뤼벡, 뮌헨, 슈투트가르트 등

11. 외국어로서의 독일어

독일어는 약 15개에 이르는 게르만어에 속하며 인도게르만어족의 일파이다. 독일어는 유럽연합(EU)에서 가장 많은 사람들이 모국어로 사용하며, 세계 10대 언어에 속한다. 전 세계 1억2천만 명이 독일어를 모국어로 사용한다. 독일어는 영어 다음으로 유럽의 학교 및 교육기관에서 제2위의 외국어가 되고 있다. 현재 전 세계에서 약 1천7백만 명이 학교나 기관에서 독일어를 외국어로 배우고 있다.

해외의 독일어 교육은 외무부의 지원을 받으며, 중간역할을 하는 기관들에 그 업무를 위임하고 있다. 독일문화원Goethe-Institut은 80여 국가의 127개 도시에서 독일어 어학코스를 제공하고 있다. 독일학술교류처(DAAD)에서는 440명의 DAAD 교수를 전 세계 102개국의 대학에 파견하고 있다. 해외학교관리처(ZfA)는 135개의 해외 독일학교 및 해외에 파견된 1,900명의 독일인 교사들을 관리한다. 독일 외무부는 '학교: 미래의 파트너'라는 프로젝트를 통해 해외에서 독일어가 외국어로서 보다 강하게 자리매김할 수 있도록 노력하고 있다. 이 프로젝트는 1,500개 파트너 학교들과 네트워크를 구축하는 것을 목표로 하고 있다.

12. 미디어

독일인들은 TV, 라디오, 인터넷, 신문 등 다양한 미디어들을 접하는 데 하루에 약 10시간을 소비한다.* 독일은 서적, 깊은 사고, 내용이 충실한 미디어의 나라로 인정받고 있다. 그런가하면 독일은 'DJ와 연속 드라마'의 나라가 되기도 했다. 다른 나라들에서와 같이 독일에서도 문학, 연극, 오페라와 같은 고급문화와 마찬가지로 음악, TV시리즈, 흥행영화, 대중신문잡지 등도 중요한 자리를 차지하고 있다.

물론 독일의 미디어에는 특색이 있다. 문화와 방송의 각 연방주별 독립이나 다른 나라들과 비교하여 두드러진 공영 미디어와 사설 미디어의 공존이 그것이다. 언론 및 의사표현의 자유에 있어서 독일은 세계 어느 나라보다도 앞서 있다. 의사의 다양성이 인정되고, 정보의 다양성이 존재한다. 언론은 정부나 정당의 손에 의해 움직이는 것이 아니라 민간 미디어기업들이 언론을 주도한다. 공영방송은 2차 세계대전 후 독일의 민주화 과정에서 영국의 방송(BBC)을 모델로 하여 도입되었다. 방송사들은 시청료로 재원을 마련하는 법인 혹은 공공기관으로 설립되었다. 1980년대에는 민영방송국이 설립되었다.

언론 및 표현의 자유는 독일에서 반세기 이상 전부터 헌법에 의해 보장되는 재산이 되어오고 있다. 언론의 자유는 기본법 제5조에 다음과 같이 명시되어 있다.

---

* 통계에 의하면 독일인은 하루 평균 TV에 173분, 라디오에 167분, 인터넷에 148분, 신문에 42분, 잡지에 30분, 책에 27분을 소비한다.

"모든 사람은 말과 글과 그림으로 자신의 의사를 표현하고 유포하며 보편적으로 접할 수 있는 정보원들로부터 방해받지 않고 정보를 얻을 권리를 가진다. (…) 검열은 행해지지 않는다."

일반적으로 독일의 미디어 구조는 비교적 최근의 독일 역사를 배경으로 하는 특별한 조건으로부터 이루어졌음을 알 수 있다. 우선 과거 수 세기는 독일에 있어서 지극히 불안정한 시기였다. 사회변혁을 가져온 많은 충격적 사고들이 독일적 배경을 가지기도 했고 계몽주의, 공산주의, 근대화가 이루어지기도 했다. 독일은 20세기에 30년이 못되는 간격으로 대변혁을 겪어왔다. 즉 민주화, 제1차 세계대전, 바이마르공화국, '제3제국'과 제2차 세계대전, 동서갈등과 냉전, 대학생소요, 재통일이 이어져 왔다. 그리고 이러한 변혁들은 늘 미디어의 관점과 연결되어 있었으며, 19세기에 생겨난 매스미디어들이 없었다면 생각할 수 없는 것이었다. 사고의 자유와 평등은 책과 신문들에 의해 널리 확산되었다.

바이마르공화국에서는 이른바 후겐베르크 신문에 의해 신문독점이 이루어져 점차 국가주의적 사상의 선전이 확산되었다. 발행자의 이름을 딴 이 후겐베르크 신문의 폐해를 체험함으로써 마침내 2차 대전 후에는 서독에서 미디어의 집중을 방지하는 특별한 기본구조가 이루어졌다(방송에 있어서의 연방주들의 권한, 신문법, 카르텔방지 등). 2차 대전 이후의 서독은 전반적으로 연합국인 미국, 영국, 프랑스의 대대적인 지원을 받아 민주주의와 시장경제에 입각한 미디어구조 안에서 지속적으로 발전해나갔다. 동독은 소련의 미디어철학을 이어받았다.

흔히 오늘날의 미디어저널리즘에는 '3M'이 병존한다고들 말한다. 그 하나는 앵글로 색슨적 특징이 강한 'mere-facts(사실)'을 지향하는 스타일로서 이것은 정치적 및 사회적 사건의 최대한의 투명성을 강조하고, 미디어를 비판적인 '제4의 권력'으로 여긴다. 오늘날 독일의 거의 모든 뉴스미디어들은 이 규범을 수용하고 있음을 보여주고 있다. 'mission(사명)'을 지향하는 동독 미디어의 스타일은 동독 시민들을 공산주의와 사회주의 속에서 교화시키려는 것이었다. 오늘날 이 'mission'형의 관점은 분석이나 평가를 수반하는 메시지이므로 의견발표나 해설에만 국한되고 있다. 1980년대 이후에는 'Markt(시장)'지향적 관점이 점점 더 중시되고 있다. 많은 신문들이 존립위기에 몰려 있어 대중을 매료시키는 제목이나 테마에 초점을 맞추고 있다. 신문이나 잡지가 그 방향성을 결정할 때 가장 중요한 요소는 시장조사, 발행부수, 구독률이다. 오늘날에는 라디오와 TV도 마찬가지이며, 공영방송까지도 그러하다.

13. 신문과 잡지

서적과 함께 500년 이상의 역사를 지닌 신문과 잡지가 미디어로 존재해오고 있다. 이것들은 내용, 형식, 보급에 있어서는 시대에 따라 끊임없이 변모해왔지만 늘 새로운 미디어들이 생겨나는 가운데에서도 그 기본구조는 비교적 변함없이 유지되어왔다. 신문과 잡지는 예나 지금이나 심층분석과 배후보도, 문제제기와 평가를 주된 역할로 삼고 있다.

전통적으로 독일사회에 존재해온 좌익과 우익의 관점에 따른 확고한 이데올로기가 부분적으로 해체되면서 신문과 잡지의 일방적인 정치적 편향도 많이 사라졌다.

신문이나 잡지와 같은 인쇄매체의 경쟁자로서 최근에는 온라인서비스가 발전하고 있다. 이 분야에는 일부는 독립적이고 일부는 기존 신문이나 잡지와 제휴한 6백여 개의 업체가 있다. 그러나 아직 몇 개 업체를 제외하고는 채산성이 있는 사업모델이 실현되지 않고 있다. 그런데도 '네트차이퉁'이나 '슈피겔 온라인'은 폭넓은 이용자를 갖고 있다. 새로운 매스미디어로서 도약이 기대되는 것은 휴대전화와 컴퓨터게임이다. 이것들은 매스커뮤니케이션 사이에서 정보와 오락을 전해주는 새로운 형태를 제공한다. 아울러 정보통신기술 분야는 170만 명의 종사자들을 흡수하여 중요한 고용분야가 되었다.

(1) 신문들
독일 신문시장은 다양성과 지역적 세분화가 특징이다. 335개의 지역

일간지 외에 초지역적 고급 전국일간지 10개와 주로 가판되는 대중오락지 9개가 있다. 약 350개에 달하는 독일 일간지 전체의 총 발행부수는 2,500만 부에 이른다. 그러나 전통적 일간지들은 모두 재정적 압박에 시달리고 있다. 젊은 세대는 신문을 덜 읽고, 신문사의 중요한 재정 기반인 광고는 2008/2009년 글로벌 경제위기 이후 눈에 띄게 감소하고 있다. 또한 오늘날에는 모든 연령층이 주요 미디어가 되어버린 인터넷을 통해 대부분의 내용을 접한다. 그럼에도 불구하고 성인인 독일인의 거의 절반이 여전히 가두판매신문을 읽고 있으며, 정기구독자를 포함하면 독자 수는 더 많다. 몇몇 신문은 정치적으로나 문화적으로 영향력이 대단히 큰데, 수준 높은 고급 전국지로는 '프랑크푸르터 알게마이네 차이퉁', '쥐트도이체 차이퉁'과 오랜 전통을 지닌 주간신문 '디 차이트'가 있다.

일간신문은 지방지들이 압도적이다. 이들 작은 신문들 역시 독자들에게 국내와 국외의 정치, 경제, 문화, 스포츠 및 지역사건에 관한 소식들을 제공한다. 전체 신문의 2/3 이상이 정기구독 되고 나머지는 가판된다. 타블로이드판인 '빌트Bild'는 하루 320만부 발행으로 최대 발행부수를 기록하고 있는데 대부분 가판된다. 정기구독 신문들 중에서는 '베스트도이체 알게마이네 차이퉁Westdeutsche Allgemeine Zeitung'이 약 116만부 발행으로 수위를 차지하고 있다. 큰 전국지들은 발행부수는 적지만 정치 및 경제계의 지도자들에게 막강한 영향력을 미친다. 이러한 신문들로는 '프랑크푸르터 알게마이네 차이퉁Frankfurter Allgemeine Zeitung', '디 벨트Die Welt', '쥐트도이체 차이퉁Süddeutsche Zeitung', '프랑크푸르터 룬트샤우Frankfurter Rundschau' 등이 있다.

그밖에 중요한 전국적인 여론주도지들로는 주간신문인 '디 차이트Die

Zeit', '라이니셔 메르쿠어Rheinischer Merkur', '도이체스 알게마이네스 존탁스블라트Deutsches Allgemeines Sonntagsblatt'가 있다. 이 신문들은 배후정보들, 분석들과 르포들을 제공한다. 한편 '빌트 암 존탁Bild am Sonntag', '벨트 암 존탁Welt am Sonntag', '프랑크푸르터 알게마이네 존탁스차이퉁 Frankfurter Allgemeine Sonntagszeitung'과 같은 일요신문들도 있다. 최근에는 점점 더 많은 지방신문들이 일요판을 발행하고 있다. 독일에 살고 있는 외국인들을 위하여 많은 외국신문들은 특별히 독일판을 발행하고 있다.

(2) 정기간행물들

기존의 일반잡지들과 함께 특별한 관심분야의 잡지들이 점점 더 늘어나고 있다. 약 2만 종의 일반잡지의 발행부수는 총 2억 부를 넘어서고 있다. 독자수가 가장 많은 잡지는 '슈테른Stern', '포쿠스Focus', '슈피겔 Spiegel'이다. 이 잡지들은 사회적 여론형성에 적극적으로 참여하여 스스로가 중요한 논쟁의 대상이 되기도 했다. 특히 1백만 부가 넘게 발행되는 '슈피겔'은 오랫 동안 가장 큰 영향력을 미쳐온 시사주간지로서 중요한 위치를 지키고 있으며, 1993년에는 또 다른 시사주간지 '포쿠스'가 창간되었다.

일반잡지를 발행하는 가장 큰 출판사들로는 하인리히-바우어출판사, 악셀-슈프링어출판사, 부르다, 베르텔스만 산하의 그루너+야르 등이 있다. 슈프링어와 베르텔스만은 출판사일 뿐만 아니라 미디어기업이기도 하여 유수의 라디오 및 TV방송국과 온라인업체를 운영함으로써 수십억의 매출을 올리고 있다. 그리하여 이들 그룹은 미디어를 독점함으로써 초래하는 여론집중에 대한 논쟁을 일으켜왔다.

약 1,500개의 대중잡지들은 모두 1억1천7백만 부 이상을 발간한다. 이들 가운데에는 '슈테른Stern'과 '분테Bunte'와 같은 사진 위주의 잡지들도 있고 라디오 및 TV프로그램을 취급하는 특별한 분야의 정기간행물들도 있다. 특별한 관심분야의 간행물들 역시 점점 더 많은 인기를 얻고 있다. 그것들은 테니스, 요트, 컴퓨터, 전자기기와 같은 특수한 영역을 포괄적으로 다룬다.

종류는 많으나 발행부수는 적은 잡지군으로는 정치주간지, 종교잡지, 고객용 잡지, 광고잡지, 관공서의 관보들이 있다. 잡지시장의 1/3은 많은 단체들과 협회들의 발간물이 차지하고 있다. 독일자동차클럽 Allgemeiner Deutscher Automobilclub에서 발행하는 자동차잡지 '아닥 자동차세계ADAC-Motorwelt'는 독일에서 최고 부수인 9백만 부가 발간된다. 그밖에 대도시들의 신문판매대에는 외국의 신문과 잡지들도 있다.

14. 방송

　독일 미디어세계의 다양성은 라디오와 TV방송에 의해서도 이루어지고 있다. 1920년대에 시작된 라디오방송과 1950년대에 시작된 TV방송은 모두 공영방송이었으나 1980년대 말부터는 공영방송과 민영방송의 이원적 시스템으로 선택의 폭이 다양화되었다. 오늘날 약 430개의 라디오방송국이 서로 경쟁을 벌이고 있는데, 대부분 지역별로 존재하는 계열사들이다.

　TV방송의 경우 공영과 민영, 전국방송과 지역방송, 일반프로그램과 전문프로그램으로 구분된다. 독일은 유럽과 전 세계를 통틀어 최대 규모인 공영 TV방송(ARD, ZDF)과 민영 TV방송(RTL, SAT.1, ProSieben), 그리고 유료 TV방송(sky)을 보유하고 있다. 일반 방송은 뉴스, 영화, 시리즈물, 쇼, 스포츠 등 모든 장르를 통틀어 프로그램을 제공한다. 이에 반해 전문 방송 프로그램의 경우에는 뉴스채널(n-tv, N24), 음악채널(VIVA, MTV) 및 스포츠채널(DSF) 등으로 세분화되어 있다.

　기술방식 및 수신방식(아날로그 또는 디지털)에 따라 CNN, BBC, TV5 등과 같은 수백 여 독일어 및 국제 방송을 수신할 수 있으며, 20개 이상의 공영방송프로그램 수신이 가능하다. 주요채널인 ARD와 ZDF 외에도 지역에서 제작되지만 전국적으로 방송되는 WDR, MDR, BR 등의 방송, 주로 정치적 다큐멘터리를 다루는 Phoenix, 어린이방송 KIKA 등과 같은 전문방송채널이 있다. 그밖에도 독일의 해외방송인 Deutsche Welle, 독일–프랑스 방송 arte와 독일–오스트리아–스위스 문화방송 3sat와 같은 3개의 해외채널이 있다.

방송매체, 즉 라디오와 TV의 양대 영역은 독일에서 국가의 통제를 받지 않는다. 방송체계와 방송의 자유는 법에 의해 조정되고 보장된다. 우편 및 통신의 기술적 측면에 관한 입법권은 연방의회에 속해 있다. 반면에 방송국의 설립에 관한 입법은 주들의 소관이다. 독일의 방송계에 있어서 특징적인 것은 '이원적 방송체계'이다. 이는 공영방송과 민간방송이 병존하고 있음을 뜻한다. 이러한 이원적 체계는 무엇보다도 공영방송은 국민의 기본적 방송욕구에 기여하고 민간방송은 보완적 역할을 해야 한다는 1986년의 연방헌법재판소 판결을 토대로 하고 있다. 독일에서는 1984년 초 민간 TV 및 라디오방송 설립이 처음으로 허용될 때까지 오랫동안 공영방송만이 존재했다.

공영방송이 가지고 있는 중요한 임무는 기본적인 대국민 프로그램 제공 및 법적으로 규정된 프로그램의 제공 외에도 정치적 및 경제적 독립성이다. 또한 이들 방송이 프로그램 방송과 병행하여 제공하는 인터넷 서비스는 주목할 만하다. 물론 민영방송국들은 '지원을 받는' 공영방송의 시장장악으로 인한 경쟁 왜곡을 우려하기 때문에 언제나 공영방송과 민영방송 간의 갈등 위험이 존재한다. 또한 젊은 세대의 공영방송 시청률이 줄어드는 것도 공영방송에 압박이 되고 있다. 인터넷과 모바일 커뮤니케이션으로 인해 이용자들의 행태가 부분적으로 큰 변화를 겪고 있기는 하지만 독일은 여전히 매우 다양하고 다채로운 전통적 미디어의 특성을 유지하고 있다.

(1) 공영방송국들

1991년에 독일은 11개 지역방송국과 2개의 연방법률에 따른 방송국 및 모든 연방주들 간의 합의를 토대로 한 독일 제2TV방송(ZDF)을 갖게 되었다. 최대의 방송국은 직원 4,400명의 서부독일방송(쾰른)이며 가장 작은 방송국은 650명의 직원을 지닌 라디오브레멘이다.

그밖의 방송국들로는 바이에른방송(뮌헨), 헤센방송(프랑크푸르트 암 마인), 북독일방송(함부르크), 자아르란트방송(자르브뤼켄), 자유베를린방송(베를린), 남독일방송(슈투트가르트), 남서방송(바덴-바덴), 동독일방송(포츠담), 중독일방송(라이프치히)이 있다. 일부 방송들은 소재지 주를 방송권역으로 하지만 일부 방송들은 여러 개의 주들을 대상으로 하기도 한다. 모든 지역방송들은 많은 방송프로들을 독일공영방송단(ARD)과 제휴하여 내보내고 있다. 지역방송들은 공식적인 명칭이 '독일 TV'이지만 보통 '제1채널'로 지칭되는 TV채널에 모든 프로그램을 보내 전국적인 공동채널을 형성한다. 그 밖에 지역방송들은 지역별로 TV를 위한 '제3채널'을 제작하고 있다. 마인츠에 위치한 독일 제2TV(ZDF)는 전국적으로 '제2채널'을 내보낸다. ZDF는 현재 유럽 최대의 TV방송국이다.

특별한 기능을 띤 라디오방송은 쾰른의 독일방송DLF=Deutschlandfunk과 독일의 소리DW=Deutsche Welle이다. 독일방송은 연방정부와 지역방송국들에 의해 재정지원을 받는 반면 독일의 소리는 전적으로 연방정부로부터 재정이 지원된다. 두 방송은 독일이 통일될 때까지 방송을 통해 국내외에 독일의 이미지를 폭넓게 전하는 역할을 했다. 두 방송은 독일어와 많은 외국어들로 방송을 한다. DW는 DLF의 외국어방송 부문과 RIAS TV방송을 인수하여 앞으로도 같은 역할을 계속해 나갈 것이다.

RIAS는 베를린의 미국 점령지역의 라디오방송으로서 존속해 왔다. 편성
권은 미국공보처에 소속되어 있었으나 독일인 관리자가 RIAS를 이끌어
왔다. RIAS와 DLF 및 구동독의 예술전문 라디오방송인 DS는 1994년 1
월 1일자로 합병되어 ARD와 ZDF의 계열사로서 베를린과 쾰른에서 일
반정보 방송을 하고 있다.

(2) 자율운영과 방송자유

공영 라디오 및 TV방송국들은 일반적으로 3개 조직, 즉 라디오 및 TV
방송협의회, 운영협의회, 사장에 의해 감독 통제된다.

방송협의회의 구성원은 주요 정치 및 사회단체의 대표들이다. 그들은
주의회에 의해 선출되거나 정당, 종교단체, 경제 및 문화단체들로부터
직접 지명된다. 방송협의회는 사장에게 프로그램 제작상의 조언을 하고
프로그램의 기본원칙들이 지켜지는지 감독한다. 운영협의회는 방송사
의 예산안을 입안하고 매일 매일의 운영상황을 감독하며 기술적인 측면
에 간여한다. 그것의 구성원들은 방송협의회에 의해 선출되는데 그들은
방송협의회의 인준을 받아 사장을 선출한다. 사장은 방송협의회와 운영
협의회의 결정들에 따라 방송국을 이끌어 나간다. 그는 또한 프로그램에
책임을 지며 대외적으로 방송국을 대표한다.

이러한 체제는 방송사의 국가로부터의 독립성을 보장한다. 그러나 실
제에 있어서는 정치적인 영향이 완전히 배제되지는 않는다. 비록 정당대
표들이 방송조직들에 있어서 다수를 점하고 있지는 않을지라도 많은 방
송국들에서는 일종의 파당별 비례배분제가 행해져 왔다. 그러한 현상은
특히 조직의 장을 임명할 경우 두드러지게 나타나 많은 시민의 비판을

일으키고 있다.

공영방송국들은 프로그램에 있어서 어떠한 정치적 노선도 우선시하지 않으며 내용상의 균형을 유지해야 할 의무를 지닌다. 그렇다고 하여 '내적인 방송자유', 즉 방송사의 확정된 입장을 표명할 권리가 침해되는 것은 아니다. 또한 방송국들은 모든 사람에게 동등한 의사표현의 기회를 부여하도록 법에 의해 규정되어 있다.

(3) 라디오와 TV 채널들

모든 지역방송국은 5개까지의 라디오 채널들을 제작한다. 이 채널들은 뉴스, 정치, 지역보도, 오락, 음악, 스포츠, 방송극 등 다양한 분야의 방송들을 내보낸다. 대부분의 방송 네트워크들은 학술 및 문학 시리즈를 내보내고, 외국인 근로자들을 위하여 그들 나라 언어로 된 특별 프로그램을 제공하기도 한다. 오케스트라, 합창, 발레 등의 방송은 많은 도시들의 문화적 삶을 풍요롭게 한다.

국영 ARD와 ZDF TV에서는 정치보도, 국내외 사건 기록물, TV 드라마, 영화 및 오락 등의 프로그램들이 대부분을 차지한다. 독일 TV 네트워크는 오래전부터 많은 프로그램들을 해외로 내보내거나 해외에서 도입해 오고 있다. 해외보도를 위해 ARD와 ZDF는 광범위한 특파원망을 활용하며 많은 나라들에 독자적인 스튜디오를 갖추고 있다.

ARD와 ZDF는 서유럽TV방송망의 국제교류에 협력하여 대부분 스포츠물들을 교류한다. 두 방송은 또한 유럽방송연맹의 뉴스 풀제에도 기여하고 있다. ZDF와 6개의 유럽 네트워크는 유럽영화제작단에 영화들을 의뢰한다.

ARD와 ZDF는 또한 불—독 TV 문화채널인 'ARTE'와 오스트리아, 독일, 스위스에 의한 협력네트워크인 '3Sat'에도 참여하고 있다.

채널3 TV는 ARD에 의해 지역별로 방송되며 이에 따라 지역정치로부터 문화에 이르기까지의 지역적 사안들을 주로 방영한다. 이 채널의 특별한 의미는 교양과 교육 프로그램에 있는데 정기적인 학교교육 프로그램을 방영하고 다양한 계층의 성인교양과정들을 내보낸다.

PAL방식인 독일의 TV는 1967년부터 칼라방송을 하고 있다.

(4) 공영방송의 재정

공영방송사들은 재원의 대부분을 시청료로부터 확보한다. TV 시청료는 ARD와 ZDF에 70:30 비율로 배분된다. 양 방송사는 상업광고 수입에도 의존한다. 공영방송사들에 있어서 광고시간은 사설방송사들에 있어서보다 훨씬 더 엄격하게 제한된다. TV중계방송권료는 특히 축구나 테니스 같은 주요 스포츠경기의 경우 매우 비싸졌다. 이에 반해 시청료 인상을 관철시키기는 쉽지 않은데, 왜냐하면 항상 의회의 승인을 받아야만 가능하기 때문이다.

(5) 사설방송

공영방송은 1985년 마인츠에서 'SAT.1'가 독일의 첫 사설 TV방송으로서 출범하면서 첫 경쟁상대를 맞았다. 이어서 1986년에는 쾰른에서 'RTL'이 탄생했다. 양 방송은 그동안 매우 광범위한 시청자를 확보했다. 1991년 초 'RTL'은 전 가구의 2/3, 'SAT.1'는 62%의 시청률을 기록했다. 그밖의 사설방송으로는 'Pro 7'과 '독일스포츠TV(DSF)'가 있다. 'RTL'과

'SAT.1'는 주로 스포츠, 오락, 특선영화에 치중하면서 좋은 정치 프로그램들도 제공한다. 'Pro 7'은 주로 영화에 중점을 두는 반면 'DSF'는 스포츠 분야를 전문으로 하고 있다.

사설방송국들의 방송은 케이블과 위성을 통해 내보내지며 또한 지상파를 통해 수신될 수 있다. 위성을 통해 전국적으로 외국의 TV 프로그램들도 수신 방송된다. 사설방송사들은 방송사들이 집약되어 이루어진 조합에 의해 운영된다. 공영방송과 달리 사설방송들은 전적으로 재원을 광고수입에 의존한다.

라디오방송 분야에 있어서 1991년 현재 이미 약 1백 개의 사설방송사가 있었는데 그중에서 전국을 대상으로 완벽한 방송을 내보낼 수 있는 방송사는 단지 소수에 불과했다. 근래에 사설방송사의 수는 200개를 넘어서고 있다. 법률은 지방 라디오방송사들이 대중의 다양한 취향에 부응하도록 요구하고 있다. 연방헌법재판소는 사설방송사들은 공영방송국들과 마찬가지로 여론형성에 일방적으로 영향을 주어서는 아니 된다고 규정하고 있다. 프로그램에서는 다양한 의사의 균형이 보장되어야 한다.

(6) 방송혁명

새로운 기술은 독일에서의 방송풍토를 획기적으로 변화시켰다. 1992년에는 약 1천9백만 가구가 1982년부터 체신부에 의해 건설되어 온 광역통신망에 가입되었다. 이 가구들 중 절반 정도가 케이블로 중계되는 라디오와 TV 채널을 수신한다. 90년대 말까지 전체 3천만 가구의 80%가 케이블채널을 활용할 수 있게 되었다.

직접적인 위성방송은 케이블방송의 심각한 적수가 되었다. 그것은 아직 케이블망에 가입하지 않은 가구들뿐만 아니라 모두에게 있어서 경제적으로 유망한 선택대상이다. 위성채널들은 누구나가 파라볼안테나의 설치에 의해 수신할 수 있다.

직접적인 위성방송은 영역침범의 문제를 일으키고 있다. 그리하여 국가채널, 유럽채널, 세계채널 개념 중 어느 것을 관철시킬 것인지가 문제되고 있다. 현재 초국가적인 2개의 공영기구와 한 개의 사설기구가 유럽에 약 70개의 라디오 및 텔레비전 채널을 제공하는 15개 위성의 대부분을 가동하고 있다. 위성채널에는 ZDF와 오스트리아방송과 스위스 라디오 및 TV방송사와의 공동채널인 '3Sat'도 속하고 있다. 또한 '1Plus', 'ARTE', 'VOX', 'Kabelkanal'도 위성채널이다.

독일의 시청자와 청취자들은 이제 전에 없이 폭넓은 채널 선택을 할 수 있게 되었다. TV수상기를 통해 활용할 수 있는 새로운 매체들 중에서 우체국의 화상정보시스템인 Btx가 있다. Btx로 사람들은 전화선을 통하여 많은 정보제공자들과 대화를 나눌 수 있다. 이것은 증권거래로부터 은행 계좌이체에 이르기까지를 가능케 한다. 공영방송국들은 통상의 TV신호를 사용하는 '비디오텍스'를 제공한다. 이것은 가입자의 요구에 따라 화면에 뉴스, 기상예보, 소비자정보, 기타 많은 정보들을 문자로 나타내준다.

15. 인터넷

웹을 통해 다양한 미디어형태들 사이의 경계, 제도화된 커뮤니케이션과 비공식적인 커뮤니케이션 사이의 경계가 허물어지고 있다. 이와 더불어 개개인을 대상으로 한 커뮤니케이션과 모든 대중을 대상으로 한 커뮤니케이션 사이의 경계도 모호해지고 있다. 이와 함께 인쇄물들에서처럼 직업 저널리스트의 기고문과 함께 아마추어들의 글이 등장하고 있다. '독자 리포터'의 기고문, 디지털 카메라나 휴대폰에서 가져 온 다양한 영상물들 및 관심 있는 이용자들의 의견 등이 그 예이다. 따라서 오늘날의 저널리즘은 다양한 관점에서 상호작용적이고 상호행동적인 경향을 보인다.

물론 전통적인 전문 언론 및 방송 제작물들이 미디어 콘텐츠의 새로워진 형태 속에서도 여전히 핵심적인 역할을 하고 있기는 하다. 그러나 특히 젊은 세대에게는 '커뮤니티' 같은 사회적 소통네트가 더 많은 신뢰와 인기를 얻고 있다. 가장 큰 성공을 거두고 있는 커뮤니티는 Facebook, MySpace, StudiVZ, SchülerVZ 등이다. 이들 사이트는 블로그 및 트위터와 같은 마이크로블로그와 함께 디지털 세상의 여론형성 광장이 되었으며, 빠르게 성장하면서 공공의 여론형성에 큰 영향을 미치고 있다.

X. 오늘날의 삶

일상의 삶을 값지게 하는 것은 무엇일까? 그것은 맛있는 요리와 부드러운 포도주, 자연 속에서의 휴식, 축제와 파티, 휴가여행, 디자인과 유행모드, 감명 깊은 건축물 등일 것이다. 독일은 이런 모든 것들을 충분히 갖추고 있어 가죽반바지와 송아지족발 요리로 특징지어지는 틀에 박힌 이미지와는 거리를 두고 있다. 점차 독일을 휴가를 보내기에 안성맞춤인 나라로 인식하게 된 많은 외국인 휴가여행자들도 이러한 사실을 잘 알고 있다. 독일에는 역사적인 많은 문화적 관광명소가 있을 뿐만 아니라 지역별로 다채로운 음식과 변화무쌍한 풍경이 존재하기 때문이다. 예나 지금이나 여행의 세계챔피언인 독일인들 역시 북해와 알프스 사이의 독일 땅에서 휴가를 보내는 것을 가장 좋아하고 있다.

1. 일상의 문화와 생활양식

2005년 여름 미국의 Pew 연구센터가 16개 나라 1만 7천명을 대상으로 설문조사를 한 결과 독일은 '매력 있는' 나라로 평가를 받았다. 이에 따르면 독일은 프랑스와 함께 외국에서 가장 이미지가 좋은 나라에 속한다. 또 호주의 여행서 전문 출판사 'Lonely Planet'은 특별호 〈Best in Travel 2010〉에서 독일을 가장 널리 알려진 여행국가 2위에 올려놓았다. 이런 좋은 이미지를 얻게 된 이유들은 충분히 존재한다. 다양함과 변화무쌍함, 그리고 무엇보다 베를린과 같이 역사의 흔적을 피부로 느낄 수 있게 하는 도시들이 있는 것이다. 그밖에 독일이라는 나라의 현대적인 특성, 개방성, 높은 삶의 질, 다국적인 다양성, 자국의 문화적 정체성을 새롭게 바꿔나가면서도 유지할 것은 유지해 나가는 창조성 등이 외국인들의 발길을 이끈다. 오늘날 독일인의 삶은 거의 모든 분야에서 유연한 감각과 세계에 대한 개방적인 호기심을 내보이고 있다.

예를 들어 음식에 있어서도 그러하다. 물론 풍성한 지역요리들이 있어 각각의 지역적 특성들을 단호하게 지켜나가고 있다. 경단을 곁들인 바이에른의 돼지고기구이(슈바이네브라텐)나 식초절임배추(자우어크라우트)를 곁들인 헤센의 돼지갈비가 그것이다. 그러나 동시에 독일의 요리는 많은 새로운 자극과 영향을 받기도 한다. 독일의 요리는 더 다양해지고 더 건강을 지향하게 되었으며, 가볍고 재치가 넘치게 되었다. 레스토랑 안내서인 〈고 미요〉 2005년판은 바덴-바덴 근처의 고성호텔 '빌러회에' 있는 레스토랑 '임페리얼'의 크리스티안 샤러를 '올해의 요리사'로 선정했다. 그는 매운 망고-셔트니를 곁들인 바다가재 요리로 뛰어난 솜씨를 발휘하고 있다. 이 요리 역시 오늘날 전형적인 독일 요리가 되고 있다. <고 미요>는 또 '2010년 올해의 요리사'로 함부르크 소재 '피망'의 주방장 와하비 누리를 선정했다. 그는 마로코 태생으로 독일에서 자랐으며, 아로마의 대가로 불린다. 그의 음식은 찾는 손님들에게 완전히 새로운 맛의 세계를 열어주면서 독일인의 입맛에 맞아 떨어진다. 이렇게 독일요리는 점점 더 세계인의 미각과 닮아가고 있다.

독일인은 유럽에서 가장 국제적인 감각을 지닌 식객에 속하고 있다. 알렌스바하 연구소의 조사에 따르면 절반 이상의 독일인이 레스토랑에서 식사를 할 때 외국 음식을 선호한다. 특히 인기가 있는 것은 이탈리아, 중국, 그리스 음식이다. 오늘날 독일의 대도시에서는 세계 각국의 식료품점을 흔하게 접할 수 있으며, 사람들은 익숙한 자기 나라의 식재료를 손쉽게 구입할 수 있다.

또 하나의 경향은 웰빙음식이다. 2008년의 경우 독일에서 유기농 식품의 매출액은 58억 유로에 달했다. 대도시에서는 곳곳에 바이오 슈퍼마켓이 문을 열었다. 바이오 슈퍼마켓들은 독일인들이 점점 더 중요시하고 있는 음식을 향유하는 것과 자연에 대한 책임, 라이프스타일과 양심을 융합시키고 있다. 그리하여 바이오 슈퍼마켓은 매년 뚜렷한 매출증대를 이루고 있다. 그밖에 일반 슈퍼마켓, 주간 장터, 소매식료품점 등에서도 유기농 식품을 다수 제공하고 있다.

2. 음료

독일을 대표하는 음료로 맥주를 빼놓을 수 없다. 독일산 맥주는 유럽의회에 의해 '전통식품'으로 인정되고 있는데, 이러한 호칭은 극소수의 식품에만 부여되고 있다. 이러한 호칭을 받게 된 것은 맥주 제조에 적용되는 유명한 '순수법령 Reinheitsgebot'* 덕분인데, 이 법령은 맥주제조에서 천연적인 특정한 원료만을 허용하고 있다. 그리하여 오늘날까지 호프, 보리, 물, 효모만

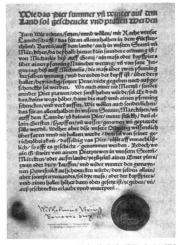

1516년 제정된 맥주 순수법령

이 모든 독일 맥주의 원료로 사용되고 있다. 대규모 양조장들과 함께 지방의 전통적인 소규모 양조장들도 맥주 애호가들의 호평을 받고 있다. 독일 성인의 80%가 맥주 애호가들이다. 이들은 1,270개의 양조장에서 생산되는 세계적인 기록을 세우고 있는 5천 종류의 다양한 맥주를 즐긴다. 가장 즐겨 마시는 맥주는 필스Pils이며, 그밖에 각 지역에서 생산되는

---

*   1516년 4월 바이에른공국의 잉골슈타트에서 공작 빌헬름 4세를 의장으로 한 귀족회의에서 마련한 맥주제조 관련 법령으로 맥주를 제조할 때 다른 첨가물 없이 오직 보리, 호프, 물만을 사용해야 한다는 규정이다. 이 맥주순수법령은 오늘날까지 500년 이상 변함없이 이어져 내려와 세계에서 가장 오래된 식품관련 법령이 되고 있다. 오늘날에도 독일산 맥주는 인공적인 향료나 화학적 첨가물이 가미되지 않고 오로지 맥아, 호프, 효모, 물로만 제조되고 있다.

헬레스Helles, 쾰쉬Kölsch, 알트비어Altbier, 바이스비어Weißbier 등이 있다. 맥주와 레몬수를 혼합한 음료로는 남부지방의 라틀러Radler나 게슈프리츠테스Gespritztes, 북부지방의 알스터바서Alsterwasser가 있다. 또 드레크작Drecksack, 슈무츠Schmutz, 디젤Diesel, 크레펠더Krefelder 등 맥주와 콜라의 혼합음료도 있다.

오늘날 독일에서 맥주 소비는 지속적으로 줄어들고 있는 대신 웰빙 바람에 따라 무엇보다도 광천수 붐이 일어나고 있다. 지난 30년 동안 광천수의 음용량은 10배로 늘었고, 오늘날 광천수는 연간 1인당 130 리터가 소비되어 세계 최상위를 기록하고 있다. 광천수는 239개 원천에서 500여 종류가 솟아나고 있다.

2세기 무렵 로마인들이 모젤강변에서 포도를 재배하면서 탄생한 포도주도 독일에서 즐겨 애용되는 음료이다. 독일의 포도주는 주로 라인, 도나우, 마인, 모젤, 자알레강변과 엘베강 상류에서 생산된다. 가장 유명한 포도주로는 리슬링Riesling, 뮐러−투르가우Müller-Thurgau, 질바너Silvaner 등이 꼽힌다. 탄산수와 혼합된 포도주인 바인−쇼를레Wein-Schorle도 있다.

사과주 같은 여러 가지 과일주들도 점점 더 많이 마시는 음료가 되고 있다. 포도주 못지않은 긴 역사를 지니고 있는 과일주는 주로 헤센, 라인라트−팔츠, 자르란트, 바덴−뷔르템베르크 등 과수원이 많은 주들에서 생산된다.

그밖에 독일인들은 커피를 아침식탁에서뿐만 아니라 오후에도 케이크와 함께 즐겨 마신다. 알콜이 들어있지 않은 신선음료로는 탄산이 함유된 광천수, 과일주스, 광천수와 주스가 혼합된 쇼를레Schorle, 콜라, 레몬수 등이 즐겨 음용되고 있다.

3. 리슬링 포도주의 기적

21세기가 시작된 이후 독일의 리슬링 포도주는 부흥기를 맞이했다. 그것도 세계적인 것이어서 리슬링 포도주는 어느 새 전 세계의 수많은 고급 레스토랑에서 표준적인 와인으로 자리 잡았다. 미국에서만 리슬링의 수입은 불과 4년 동안에 100% 증가했다. 세계적인 와인 전문가들 사이에서 '독일 포도주의 기적'에 대해 감탄이 이는 것은 리슬링의 섬세하고도 자극적인 맛 때문인데, 이는 특별한 기후 및 토양조건 덕분이다. 독일의 포도재배지는 세계에서 가장 북쪽에 속해 있다. 포도의 생육기간이 길고 여름의 더위가 비교적 심하지 않음으로써 독일산 포도주는 맛이 부드럽고 알콜량이 지나치지 않다. 다양한 토질과 리슬링, 뮐러-투르가우, 질바너 등 거의 140종에 이르는 많은 포도품종들의 재배에 의해 독일의 포도주들은 다양한 특성을 띤다. 그러나 시장에서 크게 인정받는 포도주는 24종에 불과하다.

새로운 세대의 포도주 생산자들 또한 독일 포도주의 성공에 한몫을 하고 있다. 이들은 13개 지역*의 포도재배지에서 포도주를 만드는데, 많은 양 보다는 높은 질을 고집하고 있다. 200개의 포도농원은 독일포도농원협회로 결속되어 있다. 이 협회는 독일 최고명성의 포도농원에서 제조된 포도주에 대해 '트라우벤아들러Traubenadler'라는 품질인증마크를 부여한다.

---

* 13개 포도 재배지역은 아르, 바덴, 프랑켄, 헤센의 베르크슈트라세, 중부라인, 모젤-자르-루베어, 나에, 팔츠, 라인가우, 라인헤센, 잘레-운슈트루트, 작센, 뷔르템베르크 등이다.

전통적으로 백포도주의 나라인 독일은 지금 점점 더 적포도주의 가치를 인식하고 있다. 주로 슈페터부르군더라는 품종을 재배하는 적포도 재배면적은 이미 3배로 늘어났다. 앞으로는 이곳에서 새로운 기적이 일어날지도 모를 일이다.

4. 관광국으로서의 독일

독일은 관광국으로서 점점 더 많은 인기를 끌고 있다. 2004년에는 처음으로 외국인 숙박여행자의 수가 4천 5백만을 넘어섰고, 5년 후인 2009년에는 5천 5백만에 육박했다. 독일관광센터(DZT)의 발표대로 이러한 여행객수는 증가하는 추세에 있다. 외국 관광객들이 가장 선호하는 도시는 베를린, 뮌헨, 프랑크푸르트 암 마인, 쾰른이다. 외국 관광객들의 대부분은 유럽국가들, 미국, 아시아 출신이다. 외국 관광객들이 변함없이 가장 즐겨 찾는 주는 바이에른, 노르트라인-베스트팔렌, 바덴-뷔르템베르크이다.

사람들을 독일에서 휴가를 보내도록 이끄는 것은 유서 깊은 관광명소들과 함께 수준 높은 일련의 음악회, 미술전시회, 연극공연, 국제 수준의 대규모 스포츠이벤트, 거리축제, 분위기 있는 크리스마스시장 등이다. 독일에서는 많은 축제들이 즐겨 열린다. 뮌헨의 10월축제(2010년 200주년을 맞음)나 쾰른의 크리스토퍼 스트리트 데이, 베를린의 문화 카니발, 마인츠의 사육제카니발, 쾰른의 카니발 등 민속축제는 오래 전부터 세계화된 흥겨운 분위기의 축제가 되고 있다.

외국인 관광객들이 주로 대도시를 찾는 반면 독일 국내 여행객들은 작은 마을이나 시골지역을 여행하는 것을 더 좋아한다. 내국인들에게는 북해와 동해 해변, 슈바르츠발트, 보덴호수가 가장 선호되는 휴가여행지에 속한다. 독일에서는 북쪽의 모래톱바다로부터 남쪽의 알프스에 이르기까지 14개의 국립공원*, 101개의 자연공원, 15개의 자연보호구역이 있어 자연이 특별히 보호되고 있다. 또 일종의 오픈에어 피트니스센터로서 해안, 호수, 중산 및 고산지역이 중요한 역할을 하고 있다. 유럽의 9개 장거리 트레킹코스 중 9,700 킬로미터가 독일을 통과하고 있는 등 독일 내의 트레킹코스는 모두 19만 킬로미터에 이른다. 또 총연장 5만 킬로미터에 이르는 특별한 장거리 자전거도로를 통해 독일을 돌아볼 수도 있다.

---

* 독일의 14개 국립공원은 대부분 북부에 위치해 있는데, 희귀한 자연과 경관으로 눈길을 끌며, 자연 그대로의 다양한 동식물을 보존하는 기능을 한다. 가장 넓은 국립공원은 슐레스비히-홀슈타인의 바텐메어로 면적이 441,000 헥타르에 이른다. 백악암들로 유명한 뤼겐 섬의 야스문트 국립공원은 3,003 헥타로 가장 작은 국립공원에 속한다.

5. 패션과 디자인

독일의 첨단패션은 국제적인 무대에서도 유명하다. 세계적인 패션가들 속에는 20여 년 전부터 함부르크 출신의 카알 라거펠트Karl Lagerfeld와 볼프강 요프Wolfgang Joop가 올라 있다. 카알 라거펠트는 프랑스의 명품브랜드 샤넬의 창의적 브레인으로 활동하고 있으며, 볼프강 요프는 최근에 새로운 컬렉션 '분더킨트Wunderkind'로 성공을 거두고 있다. 젊은 세대 디자이너로는 베른하르트 빌헬름, 마르쿠스 루퍼, 슈테판 슈나이더, 다니엘라와 안네테 펠더 자매 등이 파리, 런던, 안트워프, 뉴욕 등에서 성공을 거두고 있다.

베를린, 프랑크푸르트, 뮌헨의 의상쇼나 무도회는 자주 독일 패션디자이너들의 패션쇼와 같은 역할을 하곤 한다. 여기에서 사람들은 에스카다, 운라트 & 슈트라노, 탈보트 룬호프, 안나 폰 그리스하임과 같은 독일 패션의 탁월함을 보여주는 유명한 디자이너들의 옷을 내보인다. 여기에서는 신선하고 위트가 있으며, 엘레강스하고 순수하며, 컬러의 즐거움과 시적인 느낌을 주는 디자인에 이르기까지 변화무쌍한 모습을 보여준다. 반면에 독일인들은 일상생활에서는 현실적인 의상을 중시한다. 그리하여 실무적인 비즈니스 복장이나 캐주얼한 스포츠웨어를 선호하여 보스나 슈트레네세의 제품을 많이 입는다. 이 두 브랜드는 남부독일에 본거지를 두고 있지만 오래 전부터 세계시장에서도 이름을 떨치고 있다. 커다란 가치는 창의성과 개성에 두며, 이 두 가지 요소는 독일의 패션전문가들에게 신분상징 이상의 중요한 의미를 갖는 가치이다.

특히 대도시들에서는 실험적인 모드에도 충분한 기회가 주어지고 있다. 이곳에서는 많은 독창적인 패션디자이너들이 재치와 기발한 발상으로 유행중심지인 런던이나 파리와 경쟁을 벌이고 있다. 특히 베를린은 패션계 트렌드의 무대로 부상했다. 패션업계 대표자들은 1년에 2회 베를린 패션 주간과 'Bread & Butter' 패션 박람회에서 함께 만난다. 약 700여 개에 달하는 패션 브랜드는 런던 및 파리와 경쟁한다.

독일패션협회는 독일을 세계에서 두 번째의 패션수출국으로 칭한다. 친퀘, 위, 마크 케인, 르네 레자르, 원저와 같은 많은 브랜드들이 독일 회사로 인식되지 못하고 있는데, 그것은 브랜드명이 독일어가 아닌 국제적 명칭을 차용했기 때문이다. 독일의 패션기업들은 세계 최초로 '그린 패션'의 중요성을 인식하고, 지속가능성과 공정한 무역에 가치를 두어왔다.

독일인들은 오래 전부터 새로운 독일적 패션 아방가르드를 이루어왔는데, 여기에 속하는 이들로는 베를린의 타처스, 코라치온, 사보타제, 코스타스 무르쿠디스, 아이스딜러, 슈투트가르트의 블루트게슈비스터, 마인츠의 안야 곡켈, 뮌헨의 주잔네 봄머 등이 있다. 런던, 파리, 패션의 도시 안트베르펜마저도 마르쿠스 루퍼, 베른하르트 빌헬름, 디르크 센베르거와 같은 독일의 창조적 디자이너들에 의해 시장이 정복되고 있다. 그러나 해외에서 가장 유명한 독일의 패션디자이너는 함부르크 태생의 카알 라거펠트이다. 그는 전설적인 프랑스 코튀르 가문으로 샤넬의 톱 디자이너이다.

한편 독일의 상품디자인은 분명하고 기능적인 제품을 만들어낸다는 이미지를 지니고 있다. 메이드 인 저머니의 디자인은 불트하우프의 주방 시스템으로부터 브라운의 면도기에 이르기까지 세계적으로 높은 명성을

얻고 있다. 가구제조의 빌크한이나 비트라, 필기구의 라미, 조명기구의
에르코와 같은 기업들은 예나 지금이나 변함없는 명성을 유지하고 있다.
1920년대의 바우하우스와 1950년대 울름대학의 전통은 아직도 여전히
그 위상을 지키고 있다. 이와 함께 새로운 세대도 이름을 떨치고 있는데,
1965년생으로 젊은 디자이너들 중 가장 혁신적인 사람으로 꼽히는 콘스
탄틴 그르칙이 그 예이다. 뮌헨 태생인 그르칙은 아주 평범한 일상의 대
상에 독특한 시적 감흥을 부여한다. 할레의 '스튜디오 페르티예트'의 신
인 슈테펜 크롤과 키르스텐 호페르트도 디자인이 가지는 유희적인 요소
와 분석적인 요소를 잘 결합하고 있다. 2010년 최초로 수여된 독일 디자
인상의 차세대 디자이너상은 직물디자이너인 엘리자 슈트로치크가 수상
했다.

6. 표현이 있는 건축

독일의 건축 중심지는 여러 지역에 분포되어 있지만 통일 이후에는 베를린이 확고한 중심이 되고 있다. 수도 베를린에서는 좁은 공간 속에서 세계의 건축을 경험할 수 있다. 옛 제국의회를 새로운 독일 의회로 탈바꿈시킨 로드 노만 포스터를 비롯하여 렌조 피아노, 다니엘 리베스킨트, 아이엠 페이, 렘 콜하스 등 21세기 베를린의 새로운 얼굴을 만들어준 세계적인 건축가들은 수없이 많다. 게르칸, 마르크 & 파트너, 알베르트 슈페르 & 파트너 등과 같은 독일의 건축사무소는 국제적인 성공을 거두고 있다. 내구력 있는 건축, 즉 에너지를 거의 소모하지 않는 건축의 중요성이 점점 더 커지고 있다. 이 분야는 슈테판 베니쉬, 크리스토프 잉겐호벤, 베르너 조베크, 듀오 루이자 후톤, 마티아스 자우어브르흐 등의 독일 건축가들을 일찍이 사로잡은 주제이며, 이를 통해 전 세계적으로 요청이 쇄도하는 전문지식을 습득하게 되었다. 베를린의 그라프트社도 아방가르드적 요소와 생태적 요소를 결합시킨 건축기법으로 국제적인 명성을 얻게 된 건축회사인데, 말레이시아에 세워진 미래 지향적인 프로젝트 '버드 아일랜드'에서 이를 관찰해 볼 수 있다.

7. 축제

독일의 큰 도시들은 고유의 축제를 열고 있는데, 축제들은 도시들뿐만 아니라 독특한 로코코식 극장을 지닌 슈베칭엔과 같은 특별한 분위기를 띤 매력적인 작은 마을들에서도 열린다.

음악축제만도 1백여 개에 이른다. 본은 3년마다 9월에 국제 베토벤축제를 열며, 아우크스부르크에서는 8월과 9월에 로코코적 분위기 속에서 음악회가 곁들여진 모차르트의 여름이 개최된다. 오이틴에서는 그곳에서 태어난 오페라작가 카알 마리아 폰 베버를, 할레와 괴팅엔에서는 게오르크 프리트리히 헨델을, 뮌헨과 가르미쉬-파르텐키르헨에서는 리햐르트 슈트라우스를 기념하는 축제가 열린다. 바이로이트의 리햐르트 바그너축제는 이미 1876년부터 개최되어 왔다. 이 축제는 다른 어떤 곳에서도 내보일 수 없는 독특한 행사들을 통해 바그너 애호가들을 끌어 모으는 자석과 같은 역할을 한다.

음악축제가 없는 도시는 거의 없다. 뮌헨은 오페라축제(7월), 프랑크푸르트 암 마인은 프랑크푸르트축제(9월), 슈투트가르트는 유럽 음악축제(8월과 9월), 베를린은 재즈축제(11월)를 연다. 하이델베르크에서는 매년 8월에 낭만적인 성의 축제를 베푼다. 1986년에 피아니스트인 유스투스 프란츠에 의해 이루어진 슐레스비히-홀슈타인축제는 매년 세계적인 명성을 지닌 음악가들을 끌어 들이고 관객들에게서 엄청난 반향을 일으키고 있다. 연극 애호가들을 위한 대표적인 축제로는 5월에 최고의 독일어로 된 연극이 공연되는 베를린 연극회합, 역시 5월에 루르지역의 중앙에 위

2010년 그리스도 수난극 공연 당시의 극장 무대

치한 렉클링하우젠에서 주로 노동자 관객을 대상으로 고전 및 현대연극이 공연되는 루르축제가 있다. 그밖에 유서 깊은 성곽들과 교회들이 있는 매혹적인 분위기에서 주로 고전작가들의 연극이 공연되는 곳으로 바트 헤르스펠트, 슈베칭엔, 슈베비쉬 할, 야크스타우젠 등이 있다.

가장 오래된 축제는 오버암머가우의 그리스도 수난극인데 이는 페스트가 창궐하던 1634년에 마을 사람들이 페스트로부터 구제받기 위해 신에게 기원하는 의식을 바탕으로 처음 행해진 후 10년마다 공연되고 있다.

카니발은 부활절 7주 전부터 대단한 열기 속에 남, 서부 독일에서부터 열리기 시작한다. 쾰른과 뒤셀도르프에서는 재의 수요일 이틀 전인 월요일에 가장행렬과 함께 축제가 절정을 이룬다. 보다 전통적인 형태의 카니발로는 슈바르츠발트 지방과 보덴호수 근방의 라인강 상류에서 열리는 카니발을 들 수 있다.

가을은 대규모 민속축제의 계절이다. 독일의 가장 유명한 포도주축제는 9월의 둘째 및 셋째 주말에 열리는 뒤르크하임의 소시지시장이다. 뮌헨에서 열리는 10월축제Oktoberfest는 축제를 좋아하는 독일인의 흥겨움을 대변하는 것이 되었다. 이 축제는 매년 9월 둘째 토요일부터 10월 첫째 일요일까지 열린다. 이와 견줄 만한 것으로는 슈투트가르트에서 열리는 축제와 10월 중순에서 말까지 열리는 브레멘축제이다.

　베를린은 가장 큰 영화축제를 연다. 그곳에서는 2월에 국제 영화제가 개최되어 금곰상과 은곰상이 수여된다. 그 밖의 영화축제로는 매년 11월에 뤼벡에서 스칸디나비아 국가들의 영화가 상영되는 북유럽 영화축제와 10월에 열리는 만하임 국제 영화주간이 있다.

　독일의 축제 주최자들은 국제적인 행사들에 가치를 두고 있다. 그리하여 바이로이트는 리햐르트 바그너축제와 함께 1950년부터 국제 청소년축제를 병행하여 열고 있다. 또한 베를린의 세계 문화축제인 '지평선 Horizonte'에서는 유럽과 유럽 밖의 문화들이 만나고 있다.

독일문화사 연표

768-814	카를대제 재위
	게르만영토 프랑크제국에 통합
772-804	작센전쟁. 북독일과 남독일간의 분열 가능성 제거
800	레오 3세 로마에서 카를에게 황제 대관
843	베르둔조약으로 제국 분할. 동프랑크가 해체되어 카롤링어제국의
	루트비히 지배 아래 놓임
919-1024	작센황제 시대
919-936	하인리히 1세 재위
936-973	오토 1세 재위
955	레히펠트에서 통일된 독일부족들이 헝가리에 대해 승리
	제국 동쪽에서 슬라브족 진압
962	오토 1세 로마에서 황제 대관
1002-1024	하인리히 2세 재위
1024-1125	잘리어황제 시대
1077	카놋사. 세속권과 종교권으로 인한 하인리히 4세와 교황 그레고르
	7세간의 갈등 조정
1098	시토교단 설립
1122	보름스협약
1125-1137	로타르조약. 동부독일 식민지화 시작
1138-1250	슈타우펜황제 시대
1152-1190	프리이트리히 1세(바르바로사) 재위. 하인리히 데어 뢰벤과의 끝
	없는 싸움
1184	마인츠 기사서임식. 기사문화의 전성
1190	3차 십자군원정에서 바르바로사 사망
1215-1250	프리이트리히 2세 재위

1241	리크니츠 근교에서 몽고족들과 전투
	한자동맹 결성
1248	쾰른 돔 초석 놓음
1250-1273	대공위 시대
1273-1291	루돌프 폰 합스부르크 재위. 1278년 오토카르 폰 뵈멘에 승리.
	가권정치 전면에 등장
1346	전쟁목적으로 화약 사용 시작
1348	프라하에 독일의 첫 대학 설립
1348-1351	검은 죽음 페스트 창궐
1356	황금문서
1370	한자동맹의 절정
1414-1418	콘스탄츠 종교화의
1438-1806	합스부르크황제 시대
1440	요한 구텐베르크 활판인쇄술 발명
1453	터어키에 의한 콘스탄티노플 점령
1492	콜럼버스 아메리카 발견
1493-1519	막시밀리안 1세 재위. 용병이 기사군 대체
1517	비텐베르크에서 루터에 의한 종교개혁 시작
1519-1556	카를 5세 재위
1521	루터 보름스제국회의에서 심판받음. 바르투부르크로 도주하여 성 서 번역
1524-1525	농민전쟁
1545-1563	트리엔트 종교화의
1555	아우크스부르크 종교평화조약
1602-1604	갈릴레이의 낙하법칙
1609	케플러의 새로운 천문학
1618-1648	30년전쟁
1632	스웨덴 왕 구스타프 아돌프 사망

1634	발렌슈타인 피살
1640-1688	브란덴부르크 대선제후 프리이트리히 빌헬름 재위
1648	뮌스터와 오스나브뤼크에서의 베스트팔렌 평화조약
1681	슈트라스부르크 점령
1683	터어키에 의한 빈 포위
1686-1699	오이겐 왕자 헝가리 정복
1713-1740	프리드리히 빌헬름 1세 재위. 프로이센의 정치적 중요성 부상
1740-1780	마리아 테레지아 재위
1740-1786	프리드리히 대왕 재위
1756-1763	7년전쟁
1772, 1793, 1795	폴란드의 분할
1776-1783	미국 독립전쟁
1780-1790	요제프 2세 재위. 사회질서에 대한 계몽주의의 영향
1789-1797	프랑스혁명
1814-1815	나폴레옹 지배권 획득
1806	신성로마제국 독일국의 종말
1807-1810	훔볼트, 슈타인, 하르덴베르크, 샤른호르스트, 그나이제나우에
	의한 프로이센에서의 개혁
1813-1814	해방전쟁
1814-1815	빈회의
1815-1866	독일동맹
1815-1848	메테르니히 체제
1817	대학생동맹의 바르트부르크 축제
1830	프랑스 7월혁명
1831	하노버, 헤센-카셀, 작센에서의 진보적 헌법
	독일에서의 소요
1832	함바허 축제
1834	독일관세동맹

1848	베를린과 빈에서의 혁명적 봉기
	마르크스와 엥엘스의 공산주의 선언
1848-1849	프랑크푸르트 파울교회에서의 국민의회
1862	비스마르크 프로이센 총리 취임
1863, 1869	사회주의 정당 설립
1866	오스트리아에 대한 프로이센의 승리 – 오스트리아 독일동맹에서
	탈퇴
1866-1870	프로이센 주도 아래 북독일동맹 결성
1870-1871	독-불전쟁
1871-1918	독일제국 시대. 프로이센 왕 빌헬름 1세 독일 황제가 됨
1872-1874	문화전쟁법
1883, 1884, 1889	비스마르크 사회보장법 제정
1882	바이로이트의 새로운 축제극장 개관
1884-1885	아프리카에서의 독일 식민지 개척
1888-1914	빌헬름 2세 재위
1890	비스마르크 퇴위
1895	뢴트겐선 발견
1900	플랑크의 양자론
	시민법전
1905	아인슈타인의 상대성이론
1910	프로이드의 정신분석학
1914	사라예보의 암살
1914-1918	1차 세계대전
1917	러시아 10월혁명
1918	독일 11월혁명, 빌헬름 2세 퇴위
1919	베르사이유 평화조약
	바이마르에서의 국민의회
1919-1933	바이마르공화국 시대

1920	제네바에서의 국제연맹
1923	뮌헨에서의 히틀러-쿠데타 실패
1926	독일 국제연맹 가입
1929	세계 경제공황
1933-1945	국가사회주의 독재
1933	1월30일, 아돌프 히틀러 제국총리에 임명됨
	3월21일, 전권위임법 제정
1935	뉘른베르크 인종차별법
1936	베를린 올림픽
	일본-독일 협약
1938	오스트리아 합병
	유대인에 대한 조직적 테러
1939-1945	2차 세계대전
1939	독-러 불침조약
	9월1일, 독일군 폴란드로 진격
1940	덴마아크, 노르웨이, 프랑스 점령
1941	발칸전쟁. 러시아와의 전쟁
	대서양헌장
1942-1943	동부전선에서의 독일 패배(스탈린그라드)
1944	서방연합국 공격
	7월20일, 히틀러 암살 기도
1945	5월8일, 독일 항복
	포츠담협약
1945-1946	뉘른베르크 전범재판
1947	유럽경제를 위한 마샬플랜
1948	화폐개혁
1948-1949	베를린 공수
1949	독일연방공화국과 독일민주주의공화국 성립
1949-1963	콘라트 아데나우어 연방총리 재임

1951	유럽 석탄철광공동체 성립
1953	6월17일, 동독에서의 봉기
1955	서독의 완전한 주권 획득, NATO에 가입
	모스크바와의 외교관계 수립
1957	자아르란트 11번째 연방주로 편입
	유럽경제공동체(EWG) 성립
1961	베를린장벽 설치
1963	독—불 우호조약
	케네디 독일방문
1966-1969	CDU/CSU와 SPD와의 거대연합 정부
1968	비상사태법 제정
	학생소요 시작
1969-1974	빌리 브란트 연방총리 재임
1970	소련과 서독과의 협약
	동독의 새 헌법 제정
	폴란드와 서독과의 협약
1971	베를린에 대한 4강협약
1972	서독과 동독간의 기본조약
	뮌헨올림픽
1974-1982	헬무트 슈미트 연방총리 재임
1975	헬싱키에서 유럽안보협력회의(KSZE) 폐막
1979	유럽의회 첫 직선
	NATO 이중결의
1981	핵무기 및 무장 반대 시위
1982	헬무트 콜 연방총리에 선출
1983	CDU/CSU와 FDP 연합
	녹색당 첫 의회 진출
1985	미하일 고르바초프 소련 공산당서기장에 선출
1986	12개 유럽공동체 가맹국들의 통일유럽결의서(EEA) 서명

1989	재래식 무기 감축협상 시작
1990	동독 SED정권 붕괴
	3월18일, 동독 첫 자유 총선
	10월3일, 양 독일 재통일
	12월2일, 첫 통일독일 총선
1994	헬무트 콜 4연임 연방총리에 선출
1998	게르하르트 슈뢰더(SPD) 연방총리에 선출
2005	앙겔라 메르켈(CDU) 연방총리에 선출
2009	앙겔라 메르켈 연방총리에 연임
2013	앙겔라 메르켈 연방총리에 3연임

독일의 이해

초판 1쇄 | 2015년 2월25일

지은이 | 이관우
편　집 | 김재범
내지 디자인 | 임예진
표지 디자인 | 김남영
펴낸이 | 강완구
펴낸곳 | 써네스트
출판등록 | 2005년 7월 13일 제313-2005-000149호
주　소 | 서울시 마포구 양화로 156, 925
전　화 | 02-332-9384　　　　**팩　스** | 0303-0006-9384
이메일 | sunestbooks@yahoo.co.kr
홈페이지 | www.sunest.co.kr
ISBN 978-89-91958-99-9 (03300)　　　　값 16,000원

〈우물이 있는 집〉은 써네스트의 인문 브랜드입니다.

정성을 다해 만들었습니다만, 간혹 잘못된 책이 있습니다. 연락주시면 바꾸어 드리겠습니다.

이 도서의 국립중앙도서관 출판시도서목록(CIP)은 서지정보유통지원시스템 홈페이지
(http://seoji.nl.go.kr)와 국가자료공동목록시스템(http://www.nl.go.kr/kolisnet)에서 이용하
실 수 있습니다. (CIP제어번호 : CIP2015005539)